叢書・ウニベルシタス　1056

私たちのなかの私

承認論研究

アクセル・ホネット
日暮雅夫／三崎和志／出口剛司／庄司 信／宮本真也 訳

法政大学出版局

私たちのなかの私——承認論研究　目次

第Ⅳ部　精神分析的拡張

凡例

一、本書は Axel Honneth, *Das Ich im Wir. Studien zur Anerkennungstheorie* (Suhrkamp Verlag, 2010) の全訳である。

二、原則として、原文の » « は「 」とする。イタリックとなっている箇所は傍点で強調する。書名の場合は『 』とする。読者の便宜を考慮して訳者の判断で「 」《 》などで強調する場合もある。

三、( ) と [ ] は原文のママであるが、〔 〕は訳者が読者の便宜を考慮して新たに挿入したものである。

四、原書で注は脚注であるが、本訳書では章毎に各章末にまとめた。

五、原書での引用については、邦訳があるものはそれを参照しつつも、原著者の引用の文脈を考慮し、訳者があらためて訳し直した場合がある。

六、著者が引用・参照している箇所において、該当ページ番号を文中に記している箇所については「(原著頁＝邦訳頁)」と記す。

七、巻末の人名索引は、読者の便宜を考慮し、著作権者の了解を得て、訳者が作成した。

序文

この著作は、ヘーゲルと結びついた承認論の基本想定をさらに明瞭にするという目的で最近数年書いた論文や討論に向けて寄稿したものを集めている。『承認をめぐる闘争』で初めて自分自身のヘーゲル的アプローチの解釈の見取り図を描いた後、自分の主観的印象としては、与えられた反論に際して同書で展開した立場を修正したり一層明確にしたりすることに既に十分に従事したつもりであった。とりわけナンシー・フレイザーとの論争とバークレー大学におけるタナー講義は私に、最初はまだ漠然としていた考察により正確な枠組みを与えるという歓迎すべき機会を与えてくれた。[1] しかし、代案になる間主体性理論への刺激を与える試み[2]もまた含む私が歩んだ道のなかには、さらに多くの問題も未解決のまま残されていた。特に私は、ヘーゲルの承認論を再構成して、そこから正義概念の新しい理解のためだけでなく、社会化と個人化との関係、つまり社会的再生産と個体的アイデンティティ形成との関係においてよりよい規定のためにもなる見解を得ることを試みたいとずっと考えていた。私がこの幅広い目標設定によってここ数年取り組んだ多様な解明する努力の跡が、お手元にある著作に集められている。数少ない例外を除けば、ここでは、社会哲学のいわば周縁部に位置する規範的諸問題を、つまり他の隣接する経験的な研究成果を取り入れることによってのみ有意義な回答を与えられる規範的諸問題を扱っているのである。

ただし皮切りをなすのは、私がもう一度ヘーゲル実践哲学の本質的要素に向かった二つの論文を含んでいる部分である。私は『承認をめぐる闘争』においてはいまだ、イェーナ体系構想だけが承認論の実り多い要素を含んでいるという前提から出発していたが、後により成熟した著作にいっそう深く沈潜した結果、そうではないということを悟った。そうこうするうちに私はもはや、ヘーゲルがその発展の道においてその最初の間主体主義を精神のモノローグ的な概念の犠牲にしたと考えるのではなく、ヘーゲルがその生涯の長きにわたって、客観的精神すなわち社会的実在性を、幾層にもなった承認諸関係から生ずる関係として把握しようとしたことから出発するようになった。この新しい評価に基づいて私は、既に何年も前から、承認論の彫琢のためにヘーゲルの法哲学を豊かなものとする試みを行ってきた。初期草稿よりもずっと強く、法哲学で既に見出されていた画期的な思想とは、私たちが相互承認の必要条件を配慮することで社会的正義を規定しなければならず、その際歴史的にそれぞれ成長し既に制度化された承認諸関係から出発しなければならないということである。(3)『精神現象学』の中心的な章を取り扱う、ヘーゲルの自己意識概念についての論文のなかで、私が説明しようとしたのは、私たちがこのコンテクストにおいて何を承認のもとで体系的に説明できるか、であった〔第1章〕。そのことで私が示そうと思ったのは、成熟期のヘーゲルにおいて、私たちが他者に出会った時そもそも私たち自身という意識に到達するために遂行できねばならない一種の道徳的自己制限として把握されることである。それに対してヘーゲルの法哲学についての論文が答えようとした困難な問いとは、いかに私たちが承認のそのような形式と人間的自由との内的関係を考えるべきか、ということであった〔第2章〕。私の考えでは、この結びつきがヘーゲルによって打ち立てられるのは、ヘーゲルが同時代のリベラリズムと対立して、私たちが個体的自己制限という制度化された慣習的実践（Praktiken）へ参加することによってのみ、私たちの意思を実際のところ無制約的に自由なものとして経験しうることを示すことによってである。

第二部は、私が以上でスケッチしたヘーゲルの諸理念を自立させてさらに展開して、それらを用いて現代の正義論のいくつかの中心的問題を解明する諸論文からなっている。その際、第二部の最初の論文は、これらすべての試みを一貫して貫いている体系的枠組みを示すものとして理解しうる。この論文は、社会正義についての、今日私たちに周知の理解を、財分配の原理へ固定化することから、対称的な承認関係を創造する措置へと転換することによって修正するはずである〔第3章〕。私がその次の二つの論文で示したかったのは、確かに、そのような理論的な転換が、労働の所与の組織を問題化せずに立ち止まることはできないし〔第4章〕、また承認関係のどのような形態が今日の社会的支配の固定化に寄与しているのかという難しい問題の前でも立ち止まることはできないということである〔第5章〕。社会的労働の領域も、支配を安定化するイデオロギーの作用も、〔既存の〕正義論の集積に基づいて概念的な先行規定によって単純に説明されることはできない。私は、リュック・ボルタンスキーとローラン・テヴノーの『正当化の理論』という非常に啓発的な研究と対決する際に、彼らの社会道徳を脱構造化する傾向に対して承認の既に制度化された領域に規範的重点を置くことによって、以前に展開したいくつかの考察をそれにもう一度組み合わせた〔第6章〕。同じようなことを私は、『社会正義の諸原則』というこの間に古典となった単著の序文としてもともと出版された、デイヴィッド・ミラーの正義論についての寄稿論文で企てた〔第7章〕。このなかで私が示そうとしたのは、熟考された正義構想が社会的現実により強く方向づけられるべきならば、歴史的に既に制度化された承認諸原理を、ヘーゲルの精神において「再構成」を企てることが不可欠であるということである。

「社会理論的適用」という比較的曖昧な概念の課題を扱っている第三部において重要なのは、今まで展開した理念を説明に役立つという目的のために使うことである。したがって、もはや規範的な問題ではなく、社会学的な説明の問いが第三部に集められた諸論文の中心にある。しかし、すぐに示されるように、その種の「適用」においても、社会的事実と規範的妥当要求とのきっぱりとした分離は企てられえない。私たちがヘーゲルとともに、承認諸関係をすべての社会的現実に対して構成必然的と把握するや否や、私たちはむしろ、社会的過程を、妥当している規範や原理を持ち出さなければ説明できないものであることに気づくのである。これらの規範と原理とは、すなわち義務や確信内容として、いわゆる純粋に「客観的な」事態と同じように、説明されるべき現実に属している。この部の最初の論文は、国際関係内部の緊張とダイナミクスを承認概念の助けを借りて説明する、政治学内部の最近の試みにまだ非常に試験的に対応したものを示している〔第8章〕。その際、私にとって問題であるのは、国家間の諸関係を、承認の期待によって統制されていると考えることが解釈的に重要でありうる範囲を明確にすることにほかならない。第三部の他の二つの論文は、社会研究所において理論的に自己了解する過程に負っている〔第9章・第10章〕。私は第二論文では、マーティン・ハルトマンとともに、歴史的に増大した承認期待が今日、経済的構造転換によって主体を規律訓練する要求へと転倒する程度を経験的に説明することによって、私たちが社会研究所で学際的に探求した現在の資本主義の発展における「パラドクス」を、より正確に説明することを試みている。確かに〔承認論をいっそう展開するという〕この著作との関連では、これら二つの厳密な意味で社会学的な論文は、承認論的な現状診断がどのようにあるべきかについての最初の示唆を与えてくれるにすぎない。

最後に第四部は、私が『承認をめぐる闘争』以降ほとんど全くやりかけのまま残していた理論的主題を再び取り上げている。(4) 最初から確信していたのは、社会的承認関係は、対象関係論（Objektbeziehungs-theorie）という精神分析学派によって典型的に探求されるように、人間精神内部に社会的承認関係と対応する構造が形成されるということを前提してのみ展開されるということだった。この精神分析への遡行が時折、承認論を総じてあまりに「心理学的」なものとするという非難をもたらしたとしても、私は今日に至るまで、外的承認と心理学的構造形成との交差を企てることを躊躇するいかなる理由もないと考えている。確かに、承認諸要求を心理的侵害の危険を指摘することによって正当化する発生論的誤謬推理を犯してはならないが、その誤りさえ犯さなければ、承認論と精神分析との組み合わせにはただ利点だけがあると思われるのである。私はこれらの認識の成果のいくつかを、ここで掲載する社会集団の意味についての論文と心理的解放の位置価についての論文において浮き彫りにしようとした〔第12章、第14章〕。他の二つの論文、とりわけわが友ジョエル・ホワイトブックとの論争が示しているのは、精神分析の私自身の承認論的解釈を、破壊的な反社会的衝動をなおざりにしているというよくある反論から擁護する試みである〔第11章、第13章〕。

この本の仕上げで技術的に手助けしてくれたことに対して、ステファン・アルトマイアーとフラウケ・ケーラーとに感謝したい。二人は、独立して出版された諸論文に統一的で相互に調和する形式を与えるために配慮してくれた。出版社ではエヴァ・ギルマーがいつもどおり優れた助言を与えてくれた。彼女には、幾年にもわたって信頼できる共同作業を行ってくれた件で感謝したい。

フランクフルト・アム・マイン　二〇一〇年

アクセル・ホネット

原注

（1）　Nancy Frazer und Axel Honneth, *Umverteilung oder Anerkennung? Eine politisch-philosophische Kontroverse*, Frankfurt/M. 2003〔『再配分か承認か？——政治・哲学論争』加藤泰史監訳、法政大学出版局、二〇一二年〕; Axel Honneth, *Verdinglichung. Eine anerkennungstheoretische Studie*, Frankfurt/M. 2005.〔『物象化——承認論からのアプローチ』辰巳伸知／宮本真也訳、法政大学出版局、二〇一一年〕

（2）　Axel Honneth, *Unsichtbarkeit. Stationen einer Theorie der Intersubjektivität*, Frankfurt/M. 2003.〔『見えないこと——相互主体性理論の諸段階について』宮本真也／日暮雅夫／水上英徳訳、法政大学出版局、二〇一五年〕

（3）　Axel Honneth, *Leiden an Unbestimmtheit. Eine Reaktualisierung der Hegelschen Rechtsphilosophie*, Stuttgart 2001.〔『自由であることの苦しみ——ヘーゲル『法哲学』の再生』島崎隆／明石英人／大河内泰樹／徳地真弥訳、未來社、二〇〇九年〕

（4）　例外は以下。Axel Honneth, »Objektbeziehungstheorie und postmoderneIdentität. Über das vermeintliche Veralten der Psychoanalyse«, in ders., *Unsichtbarkeit*, a. a. O., S. 138–161〔「対象関係論とポストモダン・アイデンティティ——精神分析は時代遅れだという思い違いについて」、『見えないこと』、一九九—二三三頁〕; Axel Honneth, »Aneigung von Freiheit. Freuds Konzeption der individuellen Selbstbeziehung«, in: ders., *Pathologien der Vernunft. Geschichte und Gegenwart der Kritischen Theorie*, Frankfurt/M. 2007, S. 157–179.

第Ⅰ部　ヘーゲル的根源

第1章　欲望から承認へ
――ヘーゲルの自己意識の基礎づけ

最初からヘーゲルの著作のテキストで、『精神現象学』における「自己意識」の章以上に人々の注意を引きつけたものはなかった。この著作全体がいかに難しく近づきがたいものであったかもしれないとしても、ヘーゲル自身の言葉によれば精神が、「超感覚的彼岸の空虚な夜から、現在という精神の昼のうちに」(1)(145=182) 歩み入るとされるここ〔自己意識章〕では、ついに、理解するための手がかりが与えられたように見える。つまり、精神の自己経験の記述は一挙に生き生きとした彩りをえ、孤独な自己意識の脇には思いもかけず他の主体(Mitsubjekt)が現れ、今まで単に認識的で抽象的だった出来事は「生死を賭する闘争」という社会的ドラマとなった。――一言で言えばここには、ポスト観念論哲学が現実性を渇望するに際して、具体化と彫琢のための素材を与えることができたすべての要素が集められていた。ヘーゲルの直接の弟子たちも既に、ヘーゲルの思弁哲学を理念と概念との霊気ある(ätherisch)国から社会的現実の大地へと引き戻すために、この一つの章が提供する好機を利用した。そしてそれ以来、ルカーチからブレヒトを経てコジェーヴに至るまで、欲望、承認、闘争の連続のなかで、歴史の中に位置づけうる政治的成り行きの輪郭を発見しようとする試みが途絶えることはなかった。

しかしながら、具体的な手に取りやすいものへと絞り込むことは、常にまた、すべてのコンフリクト的な相互行為の傍らでこの章の論争的な核心部分が視野から失われる危険を伴っている。ヘーゲルにとっては、諸主体にとって社会的相手への依存性が明らかになるやいなや、相互に闘争に入らざるを得ないことを単に証明するより以上の別のことが重要だった。ヘーゲルは、むしろ現象学的方法の助けをかりて、ある主体が自分自身の「自己（Selbst）」の意識に到達しえるのは、ただその主体が他の主体と「承認」の関係に歩み入るときのみであることを示そうとした。ヘーゲルの目標設定は、歴史化したり社会学化したりする解釈がそれを認めようとしたよりも、ずっと根本的なものだった。つまり、彼にとって第一義的なものであったのは、歴史的な出来事でもなくコンフリクトの生起でもなく、まさに、すべての人間が持つ前提として示されるべき社会性という超越論的な事実であったのである。そもそも『現象学』の「自己意識」章に歴史的社会的出来事の記述があるならば、ヘーゲルが本来関心を持っていること、つまり、単なる欲望の自己関係性から大きく歩み出て主体が相手の人間に結びつける依存性を知るに至る後にはじめてその記述は始まる。自然的実在から精神的実在への移行、人間的動物から合理的主体への移行こそ、ヘーゲルがここで記述を企てたものにほかならない。そしてヘーゲルは、この章における社会的戦いに即して生じるすべてのものを、人間にとってまず先に露わにされた精神性が持つ含意を手続き的に記述するものとして理解しようとするのである。

私は以下で、ヘーゲルの論証における決定的な歩み、「欲望」から「承認」への移行を再構成しようと思う。その際、決して簡単な試みが問題となっているのではないことは、字句をほんとうに考察することなく、まさに我流でむしろ逸脱したテキスト解釈に至った諸解釈が長蛇の列をなしていることで既に明らかである[2]。これらの無駄な饒舌という風潮の原因は、『現象学』のこの章の、中心的な証明と残りの部分との間にある量的な不均衡にあるのかもしれない。「自己意識」章の全体をなすほとんど四〇頁のなかで、事実上一頁半だけが、自分の自己の意識が他の自己による承認を必要とするというテーゼに捧げられている。私は、最初「欲望」における出だしの部分を解明することによって（I）、それから「承認」への内的移動を解明することによって（II）、最初の一頁半を私の再構成の中心にしようと思う。正確な字句内容に即して厳密に方向づけられた解釈の結果として、なぜ自己意識の獲得が間主体的な承認という前提と結びつかねばならないのか、その理由のための単なる論拠以上のものをヘーゲルが準備したことが示されるだろう。

I

ヘーゲルは周知のように『精神現象学』において、私たちが私たちのすべての知の前提の理解に到達する過程を、考察する哲学者と、参加する（involviert）主体という二つのパースペクティヴから記述する。この理解を完成するためのすべての歩みは、熟考する考察者（Beobachter）にとってだけでなくその過程に参加する行為者にとってもまた追体験可能で（nachvollziehbar）あり続けるように再現されねばならない。私たちがこれから取り上げるこの章の出だしの部分では、二人の当事者が、以前記述された歩みに関して、認識対象が、彼ら自身の関与つまり彼ら自身の成果に依存するという洞察を既に学んでいるという確認がなされる。すなわち、客体の世界は、彼らにとってもはや、外から確証しなければならない単なる「所与のもの（Gegebenes）」ではなく、自分自身をそれらへ関係づける「仕方（Weise）」であることが明らかにされたのである。「しかるに今やこれら従来の諸関係（感覚的確信、知覚、悟性――ホネット）においては成立していなかったもの、すなわち確信であっても己れの真理に等しい確信が『発生』してきている。

なぜと言って、確信は己れ自身にとって己れの対象であり、意識は己れ自身にとって真なるものだからである」(137=171)。ヘーゲルにとってこのことが最初に意味しているのは、主体が今、自分自身を世界についての自分の知の権威ある源泉であると知りうる、ということである。つまり、主体がいつでも現実についての「真理」に即して経験しうるものは、受動的な感覚に基づくのではなく、「対象」と思われたものを前もって構成した能動的な、意識の働き(Bewußtseinsleistung)に基づくのである。そのことによってある意味で、考察者と、考察者によって考察される主体は既に、カントがその超越論的哲学において際立たせた認識論的立場に至っている。それに即して、今や二人の当事者に対して、主体が、真である言明をそのように主張する者としての自分自身について持ちうる知とはまた、いかなる種類のものであるのか、という問いが生じる。したがって、ヘーゲルにとって今後、「自己(Selbst)」の自分自身についての意識が問題になって行くのだが、この「自己」は、自分の構成的で世界創造的な認識の働きを既に抽象的に知っている合理的個人なのである。

ヘーゲルが、このように素描された問題を解決しようとするのは、最初に彼が現象学的な考察者に、経験の歩みを確証されたモデルにしたがって先取りさせることによってであり、次に、当事者主体がはじめてその経験の歩みを実際に通過し続けねばならないことによってである。考察者のパースペクティヴからは、新しい段階がどのような不都合や不完全性によって最初から特徴づけられるかは容易に分かるので、考察された主体は、それから引き続き行われる経験過程へと歩み入らざるを得ないように見える。つまり、この主体が実際に自己意識を持つためには、それ自身、その現実を創造する、すなわち活動的な役割における自分自身を知らなければならないだろう。しかし、主体が自分を、カントによればすべての「表象」を伴うことができていなければならない「意識」としてだけ知る限り、主体は自分を、自分の対象構成的な活動のなかで経験するのではない。すべての現実性は結局私の心的状態の内容であるという私の意識は、自分の総合し規定する活動性を本当に確信するためには十分ではない。むしろ私は、この〔自分を意識としてのみ知る〕立場に立って、私の意識を、私がこの瞬間に意識に向ける心的注意のように、瞬間的で（punktuell）受動的なものとして思い描く。[3] したがってここでヘーゲルは、カントとフィヒテを明確に批判して意識の単なる二重化について語っている。「しかし自己意識が区別を立てるにしても、ただ自己自身としての自己自身を自己から区別するにすぎぬから、他的存在としての区別は無媒介に撤回されており、区別が存在するのではない。そのかぎり自己意識はただ『自我は自我である』という運動を欠いた同語反復であるにすぎぬ。しかし、こうなって自己意識にとっても区別が存在の形態をも持っているのではないときには、自己意識も自己意識ではない」（138=173）。

私が自分の心的な活動性について持つような意識と、この心的な活動性そのものとの間には、自己意識の開始段階にはまだ現存しえない区別があるに違いない。区別ができるようになるためには、私には、自分の意識の働きが私の随伴し漂う注意と区別され、現実を変化させる活動的な性格を持つことを私に明確に示すような経験が欠けている。したがって、最初の段階のこのように描かれた不十分さを知る哲学的考察者は、前もって既に一度、この区別を意識するために必要であろう経験の種類を素描している。ここでヘーゲルは、こんなにも早く非常に驚くべきしかたで、この第二段階のタイトルとして、欲望の概念、つまり心的ではなく身体的な活動を示す表現を選ぶ。しかしながら当事者主体がブランダムが「エロス的」[4] と名づけたそのような態度に到達しうる前に、当事者主体は、現実を、基本的欲求の満足という目標を持って目指さなければならない何かとして把握することを最初に自発的に学んでいなければならない。ヘーゲルは、なぜ考察された主体が「欲望」の態度へと動機づけされるのか、を説明するこの中間段階を、生命の概念の助けを借りて解明する。私たちが生命の概念なくしては、諸個人が自己意識の探索の過程を継続せざるをえなくする移行を理解できないだろう点で、生命概念は重要な位置にあるのである。

ヘーゲルは、既に前の章で「生命」について語っていて、そこでは「悟性（Verstand）」は知の対象に関する、「知覚（Wahrnehmung）」を凌駕した形態として導入されていた（A－Ⅲ）。現実全体を悟性の助けを借りて「生命」として理解することが意味するのは、知覚という脈絡のない境位に「力（Kraft）」によって統一的な原理を想定することだけではなく、とりわけまた、自分の意識の総合する能力を知のこの新たな種類のもとで把握することを学ぶことでもある。その限り、生命のカテゴリーの創造は、自己意識章の前提を作る転換点である。というのも、主体が今や既に、世界を自分の認識に依存したものとして解釈しており、したがって「自己意識」を展開し始めることになるからである。しかし驚くべきことに、今や、生命の同じカテゴリーがこの新たなコンテクストのもとで、もう一度姿を現し、まさにこの箇所で、自己意識の最初の空虚な、またはたんに二重の形態から、第二のそれを越えた形態への移行が開かれることになるのである。つまり、考察者が、主体が「欲望」の立場においてのみ「自己」のより良い意識に到達しうるという予測をし終えたのち、当事者主体の思慮（Besinnung）がなすこととしてはっきり特徴づけられる、生命概念のすべての含意の記述が始められる。「自己意識が存在するものとして己れから区別するところのものは、存在するものとして定立されているかぎりにおいても、またただ単に感覚的確信と知覚とのありかたを具えているだけではなく、己れのうちへ還帰せる存在である。そこで直接的な欲望の対象は生命あるものである」（139=174）。この命題から結論されるのは、ヘーゲルがここで、いかに考察された主体が以前に展開された「生命」概念から自分自身の自己理解にとって結論を引き出し始めるのかを、考察された主体が示すことに移行することである。つまり、自分の心的な活動の、つまり自分の「表象すること（Vorstellungen）」のたんに受動的な考察を主体に与えたモデルにしたがってのみ、つまり世界や身体がない、状況に位置づけられていない（unsituiert）自我としてのみ、主体が今までこの「自己」を表象することができたのに対して、〔その移行によって〕今や主体は自分自身を、「生命あるもの（Lebendige）」という認識的に既に利用可能な概念との対立から理解し始める。主体そのものは始めて次第に、主体が生命概念を反省的に世界への自分自身の立場に適用することを通じて、考察者が既に知っていること、すなわち主体がより良いより完全な自己意識に到達するためには、欲望の態度に移行しなければならないということを知ることになる。つまり、主体は、自分の自己が場所を持たない点的な意識ではなく、実践的に行為し有機体的現実に関係するものであることを知るに至っているのである。というのも、生命あるものに満ちた世界に対して、主体は、もはや純粋に認識的にではなく、ただ活動的に振舞う、つまり自然的に再生産する生命体として振舞うからである。その限り、フレッド・ニューハウザーとともに方法論的に、主体はここで超越論的な経験をしていると言うことができよう(5)。つまり、主体は、それが対象に活動的に干渉するという実践的な態度で出会っていることからのみ、「生命」の概念を作り出すことができたことを後づけ的に知るのである。

もちろんのこと、ヘーゲルがそのような〔知る〕経験を主体に想定しうる前に、彼はまず「生命」概念を、個人的な世界との関係にとって、対応する結果が自動的に生じる地点までカテゴリー的に展開しなければならなかった。というのも、生命概念を反省するもとで変化するものは、考察者からのたんに外的な規定ではなく、むしろ考察された主体自身による内的推論であるはずだからである。主体が生命のカテゴリーの助けを借りて作られた、現実性の統一のなかに見るものについての考察において、個体は二つの洞察（Einsichten）を同時になさざるをえない。つまり、個体が確認するのは、個体自身から構成された世界が恒常的な変化によって維持される全体であることであり、つまり類（Gattung）という全体性であることであり、そこでは種の性質が個別的要素の生命円環によって常に再生産されることである。「かかる円環過程の全体が生命をなしているのであって、［…］己れを展開し、この展開を解消するという運動のさなかにおいて己れの単純体を維持しているところの全体なのである」（142=178）。しかし他方でまた、生命あるもののこの特殊な性質、つまりその類的性格について個体的意識だけが知りうるので、主体は同時に、主体が生命過程から部分的に除外されていることを確認しなければならない。主体は意識の担い手であるので、その性質が生命ある類であるとこれまでに知られるものとはカテゴリー的に違う種類のものであるように見える。「…この結果に到達するとともに、生命は自分とは違った他者の方を、すなわち意識の方を指示するのであるが、この意識に対しては、かかる統一としての、言いかえると、類としての生命が存在する」（143=179）。こうして到達した箇所においては、つまり当事者主体によって生命概念が自己適用された仮の結果においては、ヘーゲルのテキストは特に理解するのが難しい。ヘーゲルが選んだ規定が、ただ予め考察者による性格づけであるはずなのか、考察された主体による経験結果であるはずなのか、を正確に区別できないというよく知られた難しさは、ここでももう一度先鋭化する。ヘーゲルの定式化はこうである。「この他の生命に対しては類が類としてあり、またこの他の生命は自ら対自的に類なのであるが、しかしかかる生命は自己意識である。最初は、この自己意識も己れにとってただかかる単純な本質としてあるにすぎず、純粋自我としての己れを対象としているが、自己意識の今後に考察せらるべき経験の進むにつれて、この抽象的な対象が自己意識にとって豊かとなり、私たちが生命の場合に見たような展開をうるであろう」（143=179）。私は一方で、この簡略な表現の最初の節における冒頭の部分を、考察された主体にも〔到達することが〕期待された経験結果が先取りされていると理解するのに対して、「最初は」によって始まる第二の文成分は、自分の自己意識の一時的な状態を記したものである。つまり、当事者個体は自分自身の「自己」を純粋な、位置づけられていない（unsituiert）意識のモデルにしたがってなお把握するが、その個体は考察者の見方からは、自分を同じく生きた類の個的分肢として理解することに到達していなければならない。ヘーゲルがここで言いたいのは、主体が、主体によって構成された現実的なものの生命性において、自分の生命性を認識しなければならない限りにおいて、主体は純粋な自己意識から「生きた」自己意識にこのように移行せざるをえないということである。主体は、有機体的な生命過程の、自分自身の概念という鏡に映った自分の自己において、主体が自分に依存した現実性と共有する自然的特徴をある程度発見せざるをえない。しかしヘーゲルはこの中間段階――ここにおいて、自ら創造した対象の生命性において自分の自然性が発見される――を飛び越したただちに、考察された主体がその新たに獲得した見解を確証するという立場に移行する。つまり、「欲望（Begierde）」の態度において個体は自分自身を生命ある意識として確認し、確かにこの生命ある意識はあらゆる現実性と生命としての性質を共有しているが、しかし、この現実性が生命ある意識に依存することにおいて現実性に優越しているのである。このように見ると、欲望は、主体が意識として、生命ある自然的な性質を持っていることをまさにそこで確認する身体的表現形態なのである。「だから自己意識は、自分自身であることを確信しているのは、ただ自分に対して自立的な生命として現れてくるこの他者を撤廃することのみよっている。自己意識は欲望なのである」（143=180 以下）。

ヘーゲルは、その時代の意識哲学に対する広範囲な批判を自己意識の第二段階の輪郭を描く「欲望」の概念に、明らかに結びつけている。カントの超越論的哲学やフィヒテにおいて自己意識が、意識のたんに自分だけを考察するような仕方で考えられるならば、意識の活動的で総合する側面が視野から外れるだけではない。言葉を変えれば、主体から、自分の自己をその真理を保証する活動性において経験する機会を奪い去るだけではない。むしろ、そのような考えによって、主体がその知識を持つべき合理的な自己がすべての自然的規定から自由であり、したがってあらゆる有機体的な生命性も持たないという示唆もなされるのである。ヘーゲルが言おうとしているように見えるのは、意識哲学においては、主体に、自分自身の生命性のすべての直接的な無媒介な経験が否認されることである。ヘーゲルは、ヘーゲルの同時代の観念論者のこの反自然主義に特に反対するために、自己意識を獲得する過程にとって「欲望」という第二段階を予め考慮に入れる。つまり、欲望として特徴づけられた態度において、主体は、自分の生物的な本性を同時に、残りの生命あるものに対する優越性を表現する仕方で確認するのである。というのも、主体がこの有機体的な環境において自分に役立つものと有害なものとを区別しうることによって、主体には常にまた、自分の意識という自分を際立たせる事実が確かなものであり続けるからである。したがって欲望を実行すること、すなわち基本的有機体的欲求を満足させることは、ヘーゲルにとって、自己意識との関係において何か二重のものである。つまり、主体は、決定的で他律的な、「生命の運動」と関係しているので、自分が自然の一部であると知るのと同時にまた、主体は、自分の意識によって本質的に〔自分にとって有益なものと有害なものを〕区別しうるので、自分が自然の活動的に組織化する中心であると知るのである。おそらく、ヘーゲルが欲望の概念で示したかったのは、どの程度人間が予め最初に常に自分の「風変わりな(exzentrisch)立場」」(ヘルムート・プレスナー)を意識しているのか、とさえ言えるだろう。つまり、人間が自分を、自分の欲望の枠組みの中で活動的である、欲求を満足させる実在として理解する限り、人間は、自然の内側と同時に外側にも立っているという自分の二重の本性に関する直接的な知を持っているのである。

二次文献にはしばしば、このように描かれた〔欲望の〕段階を何か単に否定的なもの、つまり克服されるべきものとして片づける傾向があるから、「欲望」のこの成果を明確にすることは、些細なことではない。それどころか、私には、ヘーゲルが、衝動〔の〕満足と結びついた経験が、内容と複雑さにおいて先行する最初の形態をはるかに超えている自己意識を創造することを主張しているように見える。つまり、主体が自分自身を、自分のすべての心的な活動性のなかに常に現存し続ける瞬間的な意識として経験する代りに、自分の欲望の満足は、人間に、自己の心的な活動によって風変わりに（exzentrich）自然へ移し替えられるという自己の直接的確信をもたらすのである。この自己意識は人間の生物的な本性という事実を正当に評価するので、ヘーゲルはまた、この自己意識が根本的成果をもはや放棄しえないとも確信している。つまり、主体が実際適切に自分を意識するためにさらなる前提において必要とされるものがなんであろうとも、それは、「生命ある分肢」として自然へと関係しているという意識を含んでいなければならない。しかし、「欲望」の成果が強調されればされるほど、いっそう、何によっていったいヘーゲルが「自己意識」の欲望によって特徴づけられる段階を挫折させるのか、という問いが今やいっそう切迫したものとなるだろう。ここでヘーゲルにはそのようなさらなる移行の必然性を理由づけるためには、一つの短い節で十分である（143/144=180/181）。今や私たちは、この節に再構成の次なる歩みにおいて取り組まねばならない。

Ⅱ

ヘーゲルは自己意識にとっての欲望の本質的意義がどこにあるかを記述するや、たちまち欲望に結びついた経験が挫折する理由を描くことに移行する。しかしながら、欲望への移行、つまり自己意識の第一段階から第二段階への移行の解明とは異なって、ここでは、考察者のパースペクティヴと参加者のパースペクティヴとの明確な区別が欠けている。ここでは以前のように、哲学的な立場から既に一度前もって次の経験の歩みの目標をスケッチして、それからそのあと主体自身に学習過程を通り抜けさせるのではなく、二つの経過はどういうわけかほとんど一緒に生じるように見える。非常に要約された、まさに大慌てと言うべき記述の出発点をなすのは、欲望の成果の総括である。つまり、この立場において、主体は自分の相手、すなわち生きた現実の「無であること（Nichtigkeit）」を確信している。つまり主体は、その風変わりな位置において自然の残りのものより優越していることを知っているのである。この優越性を表現する的確な仕方は、人間的動物としての主体にとって、自然的対象を自分の欲求を満足させることにおいて食い尽くすことである。ヘーゲルの考えでは、欲望において、自己は、「自己自身だという〔主観的な〕確信を真実なる確信として、すなわち自分自身に対象的な仕方で生じている確信として」（143=180）うるのである。しかし変換は、すぐにそれに続く短く語られる文で既に生じている。「しかしながら、この満足において自己意識は自分の対象の自立性を経験する」（143=180）。ヘーゲルは四行後でよりはっきりと、自己意識が対象に「否定的に関係することによっては」それを「なきものにすることは」できない、と語る。つまり、「自己意識はこの関係によってはむしろ対象を再び生み出すのであるが、これは欲望を生み出すのと同じである」（143=180）。ヘーゲルは、これによって、欲望の態度で、自己欺瞞の契機を示そうとしているのは明らかである。つまり、主体が、欲求の満足において、すなわち自分の欲望の満足において対象を無きものにできると考えるならば、主体は自己欺瞞に陥っているのであり、主体は自分の世界への関係についての誤ったイメージを持っている、とも言いうるだろう。しかし、なぜこの種の自己欺瞞が新たな段階への移行を動機づけるとされるのか、その上、なぜ対象の自立性についての失望が他者との出会いに、つまり承認に至るとされるのか、これは遥かに答えるのが難しい問題である。ここで、私が知っているこの箇所のほとんどすべての解釈は、隠喩的な橋渡しか、テクスト自身には見出せない補助構造かに頼っている(6)。

最初に、より正確な解明が必要であるのは、ヘーゲルによれば、どこに自己意識との関係において欲望に不足したものがあるのか、である。この点では、自己欺瞞を指摘することは、確かに探求されるべき方向を示す最初の示唆でしかなく、まだ解決それ自身を含んでいるのではないのである。哲学的考察者の台本のト書きに従う読者として、私たちはすでに、考察された主体が今まで分析された段階を通じて到達したとされる自己がどんな種類のものかを知っている。つまり、この主体は実際、自分を獲得していなければならないのである。すなわち、この主体は、この主体が、この章の始まりにただ普遍的で抽象的にだけ知っていた、合理的で現実構成的な行為者であると自分の力で知らなければならないのである。私たちはまた、自我が、自我が客観的世界を創造する構成的な活動性において自分を理解することに到達していなければならないとも言うことができる。しかし同時に、そのように記述された経験過程の流れの中で、主体が最初には決して知ることができなかった、自己意識への新しい欲求も現れる。つまり、この主体が、生きた現実という自分自身の概念から生じる「超越論的帰結」において、消費する実在として自然の中に入れられることによって、主体は自分の現実創造的な活動性を、もはや自分の自己の特殊性としてだけではなく、人類全体の特徴として知ることができねばならない。というのも、生命の類的性格の認識とともに、つまり自然的現実がそれぞれの個体の持続から独立して存在するという事実の認識とともに、並行して、自分の自己をも、完全な、つまり人類の実例として把握する必然性が生まれるからである。最初の段階、つまり自分に伴う考察する意識の段階では、主体は、自己意識のそのような〔人類の〕形態からまだ非常に離れていた。それに対して、主体は第二段階において少なくとも、自分自身の生命概念の含意による合理的必然性によって、自分が優越した実在であるという意識とともに自然の中に移し入れられるのを見る端初にまで迫って行くことができた。つまり、この主体は自分を自然的で有機体的な自己として把握するのであり、その自己は自分の欲求を満足させる道程において、自分の生産したものとしての自然の残りのものを無きものとしうるという確信を作り出す。今やヘーゲルは、この存在論的な想定に関して突然、自然的な現実がどんな消費的行為にもかかわらず維持され続けるのでこの想定が必然的に挫折せざるを得ない、と主張する。つまり、主体が自分の欲望を不断に満足できたとしても、「生命の過程」全体は常に個的分肢を無きものにすることのなかで維持されるので、対象は自分の「自立性」を持ち続ける。したがって厳密に言うならば、「欲望」の経験の不十分さは、二つの点にある。第一に、欲望は主体に、すべての現実は自分自身の個体的な意識活動性の産物であるという全能幻想（Allmachtsphantasie）を与え、そうすることによって第二に、主体に、自分を類の分肢として把握しうることを拒むのである。この段階が自己意識にとって必然的にもたらすあらゆる保持すべき長所にもかかわらず、この段階は、全能である（omnipotent）自己という誤った考えを創り出していることによって挫折しなければならない。主体は、欲望の枠組みにおいては、その現実を創造する活動においても、その類的性格においても、自分を把握できない。なぜなら、現実はその生きた全体性において、主体が単に個的に自分の欲求を満足させる活動によっては手つかずのままであるからである。

　たった今使った「全能幻想」と「全能である（Omnipotenz）」という表現は、この箇所で役立つかもしれない個体発生と比較するために注意深く選んだものである。独創的な精神分析家ドナルド・ウィニコットは小児（Kleinkind）の経験世界を、小児が、自分自身に対して環境世界が自分の意思に依存することを示そうとするほとんど存在論的な欲求に従っている状態であることを記述している。小児が自分で意のままにできる対象を虐めるどんな破壊行為も、小児が、現実がすべてを包含する自分の力に従うことを示すことに役立つ、と考えられる(7)。この考察において興味深いのは、経験的に適切であるかという問題ではなく、ただ、この考察がヘーゲルが意図したものの解明に何らかの仕方で貢献しえるではないか、ということである。ヘーゲルは、確かに個体発生との関係によってではないが、彼が考察する主体の経験の歴史の観点から、ウィニコットが言おうとしたのと同じことを言おうとしたように見える。つまり、この主体は、その環境を衝動に従って食い尽くすことによって、対立する現実が総じて自分自身の思考活動性の産物であるという確信を自分に与えようとする。しかしその際主体は、世界が現実の個別的契機の生き残ることから独立しているので世界は「自立性」を維持していると、ヘーゲルが、言うことになる経験をしなければならない。ウィニコットにおいては、嬰児（Säugling）がその全能であるというレベルからの出口を見出すのは、嬰児が、母親か準拠人格を、嬰児の破壊行為に対して意図して場合に応じて異なった反応をする存在者として発見しうるようになることによってである。母親や準拠人格は、状況や気分にしたがって、子どもの攻撃に、あるときは理解を示し、別な時には拒絶で答えるので、子どもは時が経つにつれて、世界への自分の干渉が依存しなければならない意思という別の源泉が自分の傍らにあることを受け入れるようになる。ウィニコットのこの議論展開は、ヘーゲルが自己意識の第二段階から第三段階へと移行することを動機づけようとする考察を理解するための、一つの鍵を提供しうるのである。

ヘーゲルが「欲望」が挫折することを確認した後に直接続けた文は、おそらく、「自己意識」章のなかでも一番難しいものだろう。知る考察者の予告もなく、ここで主張されるのは、主体が自分の自己意識の完成のためにはある相手が必要なことであり、この相手は、以前には主体が自分自身で自然的現実に即して行った否定を今度は「自分において（an ihm）」行うのである。「そこで対象の自立性を顧慮すると、自己意識が満足に到達しうるのは、対象自身が自分のほうで否定を実行してくれる場合にのみ限られたことである。しかも対象というものは、自分自身の否定を自分で実行せざるをえないものである。なぜなら、そもそも対象とは自体的に否定的なものであるから、他者に対してもまたその然るところのもの（否定的なもの）たらざるをえぬからである」（144=180 以下）。おそらくまず、どんな欲求がここで考えられうるのか、を問うことは有意義なことであろう。この欲求についてヘーゲルが主張するのは、この欲求がいわゆる相互的否定という条件のもとでのみ満足されうることである。以前に扱われた「欲望」において表現された有機体的な衝動は、ここではもはや問題になっていない。なぜなら、この衝動は、自然的世界の消費において満足に到達したからである。自ら招いたどんな幻滅にもかかわらず、それでも主体は、自分の動物的欲求または「エロス的」欲求を満たすことができた素材を、自分のなす差異化にしたがって現実から獲得したという成果を得ている。その限り、ヘーゲルはこの点で、「欲望」に同じように含まれている、深みにある欲求を取り上げなければならない。この欲求は、現実の存在性格についての特定の考えを確証することに向かっているので、「存在論的」と名づけることができる。つまり、自分の欲望を満足させるべきだった破壊的活動において、主体は、世界の、つまりたんなる生産されたものであることの「無きこと（Nichtigkeit）」についての確信において自分を確証することを目指している。したがって、以前には失望させられたこの存在論的欲求に関して、ヘーゲルは今度は、この欲求が以下の二つの条件のもとでのみ充足されうると主張する。つまり、一方で、欲求に満たされた主体は、以前には営まれた否定を自分から主体自身に即して行わなければならない現実の要素にぶつからざるを得ず、他方で反対に、この主体は同様な否定を、自分自身において、または自分自身に向かって行わなければならないのである。[8]

この複雑な議論においても、考察された主体が今や、他の主体、つまり第二の意識に出会わなければならない必然性を指し示すことを見ることは難しいことではない。というのも、自分自身から否定をなすことができる唯一の「対象」は、同じように意識を備えた存在者でのみありうるからである。その限り、ヘーゲルが自己意識の第三段階の性格づけを始める文は、疑いようもなく主体の経験過程における新しい枠組みを開くものである。つまり、自己意識は今や自分が、生きた現実と対立しているのを見るだけではなく、現実の中で、自分の世界を同じように意識的に否定することができる行為者に出会うのである。しかし、そのような間主体性への転回より理解するのが難しいのは、存在論的欲求の希望された満足が実現しうるために、かの第二の主体が明らかに、否定をそれにおいて、つまり最初の考察された主体において (an ihm, dem ersten beobachteten Subjekt) なしえなければならない、というヘーゲルの見解である。——とにかく、少なくとも、新たな「対象」が「それにおける否定 (Negation an ihm)」を行うという定式化の従来の解釈はそう言っている。しかし、ここで、破壊行為または衝動に操られた消費が考えられているという意味で、この考えを文字通り受け取らない方がよいだろう。むしろ「それにおいて (an ihm)」は、「自分自身において (an sich selbst)」と理解すべきだろう。そうであれば、ヘーゲルの定式化は、第二の主体が、自分自身に向けられた一種の自己否定を行うという方向で解釈される。つまり、最初の主体は、それ〔最初の主体〕に基づいて、またはそれ〔最初の主体〕に面して、第二の主体において自分自身〔第二の主体〕における否定をなすある存在者に出会うのである。いずれにしても、このような解釈は、なぜ考察された主体の存在論的な欲求が他の主体との出会いにおいてのみ満足に到達するのか、を理解させる。というのも、かの第二の主体が自己否定、つまり脱中心化をなすのがただ、第二の主体が最初の主体に気づいたからのみであるならば、そのことのうちには、最初の主体が現存することを理由に自分の状態を変える現実の契機が、最初の主体に対して現れているからである。ウィニコットのテーゼとの比較に戻るならば、私たちは、主体は自己制限の行為によって自分の「存在論的な」依存性を、他者において主体に知らせる存在者に出会うと言いうるのである。

しかしヘーゲルは、この最初の否定の運動で満足するのではなく、考察された主体の側からの否定の運動もまた補足的に対置する。つまり、他我（Alter Ego）が一種の自己否定を行うのみならず、それと同時にいっしょに、ここでその経験の歴史が記述されている自我も自己否定を行うのである。しかしこの第二の歩みによってヘーゲルは、彼が以前に定式化したことからただ帰結のみを引き出す。つまり、第二の主体が自分自身の否定を行うのがただ、最初の主体において同じ種類の存在者に出会うからだけであるならば、最初の主体もまた、同じ種類の生命を目にするやいなや、同種の自己否定を行わねばならないのである。したがってヘーゲルは、ここで自己意識の必然的な条件として演出するこの種の間主体的な出会いに対して、相互性の厳密な形式を持つと主張するのである。つまり、二つの主体は、両者が出会う瞬間に、相互にそれぞれ自分自身であること（Eigene）から距離を取る否定を自分自身に対して行うのである。この考えをさらに、カントの「尊敬（Achtung）」の規定によって補うならば――カントは「尊敬」において、「自己愛」を「断ち切ること」つまりその否定を見ようとした(9)が――おそらく初めて、ヘーゲルが間主体的関係の導入とともに主張しようとしたものが明らかになる。(10)つまり、二つの主体の出会いにおいて、両者が他者に気づくや否や、両者が「我欲的な」欲望を制限する行いをなすことを相互に強いられる限り、新しい行為領域が開かれるのである。生きた現実が結局変化しないままにとどまる欲求満足という行為形態とちがって、相互行為においては状態の変化が自発的に、行為という出来事の二人の参加者においてなされる。つまり、自我と他我が単に〔相手を〕消費するという意図なく出会えるように、自分の自我中心的な欲望をそれぞれ制限し、または否定するとき、両者は相互に反応しあうのである。それに加えて、ヘーゲルが自己否定という彼の理念と、カントの尊敬の定義との類似性を徹頭徹尾意識していたと想定するならば、この箇所においてさらにずっと遠くまで達する意図さえも想定しうるだろう。つまり、明らかにヘーゲルは、彼によって考察される主体が、基本的な意味において既に道徳的な性格を持つ経験の助けのみによって自己意識に到達すると言いたいのである――のちに「道徳性」が明らかに問題となる「精神」章において初めてではなく、既にここで、自己意識の条件と関連して、ヘーゲルは、自己制限を、すべての道徳の必然的な前提として持ち込んでいるのである。しかしヘーゲルの記述においては、何か特別に自働的なもの（Automatisches）、すなわちまさに機械的なものが付け加わっている。つまり、両者の参加する主体がここでそれぞれの欲望を意思決定から制限するというわけではなく、むしろ、彼らにおける脱中心化の行為は、ほとんど相手に気づいた際の〔機械的〕反応（Reflex）のようになされるように見えるのである。そのことによってヘーゲルが明らかに言いたいことは、この初期の段階で、人間の間主体性の特別な道徳は相互的な反応態度の形式においてのみやっと口火が切られることである。つまり、自我と他我は相互に同時に、お互いに自己中心的な欲求を制限し、そうすることによって彼らが相手の態度に依存してさらなる行為をなすことによって反応しあうのである。ここからほんの小さな一歩踏み出すことで、なぜヘーゲルがそのような原道徳（Protomoral）を自己意識の条件として捉えたのか、を理解することができる。

既に示されたのは、ヘーゲルが間主体的な出会いにおいて、彼によって考察された主体の存在論的欲求が満足されているのを見たことである。と言うのも、この主体が他の人間に出会うやいなや、この主体は、その〔他の人間の〕自己否定の行為において、現実の重要な要素がその〔この主体の〕単なる現存に反応しているのを確認しうるからである。他者の疑似道徳的な（quasimoralisch）反応において、この主体は、ある程度、〔他者がその主体の〕意識に依存することを読み取ることができる。しかしヘーゲルは、自己意識に関して、現実が自分の意識された自己が創造したものであるという、たんなる存在論的な見方以上のものを試みる。考察された主体は、それを越えてむしろまた、主体が現実を創造する活動性において自分を知覚できるはずである。この箇所でヘーゲルは、自分が導入した相互行為の状況の相互的性格を、それを手がかりに、自分自身の活動の知覚可能性を説明するために利用する。つまり、自我がいわば、自我がその瞬間において〔他我という〕他者において実践的な変化を及ぼすような種類の活動性を眼前に考察しうるのは、他我の自己制限する行為なのである。両者の主体は相互にそれぞれの相手において、彼らが自分自身の生産物として把握できる現実を創造する否定的活動を知覚する。その限りヘーゲルとともに推論できるのは、自己意識の可能性がある種の原道徳の前提と結びついていることである。つまり、私たちは、他者の道徳的自己制限においてのみ、私たちの自己が世界において即座に持続する変化を引き起こすような仕方で作用する活動性を、すなわち私たちの自己が新しい現実を創造するような仕方で作用する活動性を、認識できるのである。

しかしヘーゲルにとって、自己意識の過程のこの完成はただちに、ともに共有された理性の世界に至るようなものではない。ヘーゲルは、そのような「理由の空間」が創造されることを、諸主体が引き続き相互的な依存性への洞察にもとづいて初めて行わなければならない闘争の出口のために取っておく。そうではなく、ヘーゲルによれば主体が学んだものを、ヘーゲルは、「欲望」の段階に対して基準をなした生命概念の意味において、ほとんどまだ自然主義的に定式化する。つまり、個人は、道徳的相互性のおかげで自己意識に到達した後、自分を人類の生きた分肢として把握でき、個人は、「自ら自覚的に類（für sich selbst Gattung)」(144≡181) と言われるものとなっているのである。その限り、ここ、導入部の終わりで、ヘーゲルが再構成に従って自己意識へと立てた三つの要求がすべて、満たされているのが分かる。つまり、主体は、他者が自己制限するまさにその瞬間に、主体が(社会的)現実を創造する活動性を知覚し、主体は同時にその活動性のうちに、自分を類(Gattung)の構成員として知るのである。この類の現存は、まさしくその〔諸主体の〕相互性によって維持されるものである。したがって、ヘーゲルが最後に、この今まで構成された類の特殊性を特徴づけるものとして、唯一の表現を取っておいていることは驚くには当たらない。つまりその表現とは、「承認」——それぞれの他者のために自分の自己中心的な欲望を相互に制限すること——なのである。

原注

(1) 以下のすべての括弧にくるんだ頁数は、次による。Georg Wilhelm Friedrich Hegel, *Phänomenologie des Geistes*, in: *Werke in zwanzig Bänden, Theorie Werkausgabe*, hrsg. von Eva Moldenhauer und Karl Markus, Bd. 3, Frankfurt/M. 1970.〔『ヘーゲル全集4 精神の現象学(上巻)』金子武蔵訳、岩波書店、一九七一年、この翻訳の頁数を≡の後に付記した——訳者〕

(2) この傾向は、ほかの点では印象深いピンカードの全解釈にも見出される。Terry Pinkard, *Hegel's Phenomenology. The Sociality of Reason*, Cambridge 1994. この本は、私の印象では、「欲望」から「承認」への移行というこの中心的箇所の解釈において、ヘーゲル法哲学に依拠した思考の歩みの助けを借りている。

(3) この箇所の非常に信憑性を持つ明確な以下の解釈を参照。Hans-Georg Gadamer, »Die Dialektik des Selbstbewußtseins«, in: ders., *Gesammelte Werke*, Bd.3, Tübingen 1987, S. 47–64, u. a. S. 48f.〔『ヘーゲルの弁証法』山口誠一/高山守訳、未來社、一九九〇年、一〇五—一四一、特に一〇九頁〕

(4) Vgl. Robert Brandom, »Selbstbewusstsein und Selbst-Konstitution«, in: Christoph Halbig, Michael Quante und Ludwig Siep

(Hg.), *Hegels Erbe*, Frankfurt/M. 2004, S. 46–77.

(5) Frederick Neuhouser, »Deducing Desire and Recognition in the Phenomenology of Spirit«, in: *Journal of the History of Philosophy*, Vol. 24 (1986), S. 243–262.

(6) この点に関して偉大な例外であるのはニューハウザーの解釈である。Neuhouser, »Deducing Desire and Recognition in the Phenomenology of Spirit«, a. a. O. 私はこれに、第一歩において本質的な点においても従っている。

(7) Donald W. Winnicott, »Von der Abhängigkeit zur Unabhängigkeit in der Entwicklung des Individuums«, in: ders., *Reifungsprozesse und fördernde Umwelt*, Frankfurt/M. 1984, S. 105–119.

(8) したがってここで、コジェーブにしばしば関連させて、「承認への欲求」について語るのは誤りである。ヘーゲルは、これから続けて記述された相互否定による「満足」について語っているので、ヘーゲルが実際に想定しているように見える欲求はむしろ、現実を自分自身の意識活動性によって変えうるという考察された主体の欲求である――つまり、私の言葉で言えば、「存在論的」欲求である。コジェーヴの解釈に対する批判としては、以下を参照。Hans-Georg Gadamer, »Die Dialektik des Selbstbewußtseins«, a. a. O., S. 54, Anm. 4.〔『ヘーゲルの弁証法』、一三九頁、原注(4)〕したがって「承認」はヘーゲルにとって、ある希望、またはある欲求の持つ意思的な内容なのではなく、現実を変化させる自分自身の活動が経験しうることに対する希望を満足させる(社会的)手段なのである。

(9) Immanuel Kant, *Grundlegung zur Metaphysik der Sitten*, Hamburg 1965, S. 19.〔『カント全集 7 実践理性批判・人倫の形而上学の基礎づけ』坂部恵/伊古田理/平田俊博訳、岩波書店、二〇〇〇年、二四頁〕

(10) Georg Wilhelm Friedrich Hegel, *Enzyklopädie der Wissenschaften Bd. III, Werke in zwanzig Bänden (Theorie Werkausgage)*, hrsg. von Eva Moldenhauer und Karl Markus, Bd. 10, Frankfurt/M. 1970, S. 218.〔『ヘーゲル全集 3 改訳 精神哲学 哲学体系 3』船山信一訳、岩波書店、一九九六年、二九五頁〕

第2章　実現された自由の国
――ヘーゲル『法哲学』の構想

政治哲学の分野において、ヘーゲルはカントやフィヒテとは対照的に、決して小物の学者ではなかった。とは言え、当時の政治的出来事に関してヘーゲルが書き残した比較的短めの、ジャーナリスティックでさえある一連の論稿[1]は、体系的な重みという点でも論理構成のスタイルという点でも、他の二人の哲学者の壮大な試論とは比べ物にならない[2]。したがって、ヘーゲルの政治哲学の根本的特徴に関する私たちの洞察が主として依拠するのは、ヘーゲルが彼の中心的アイディアを適切にというよりは不適切にまとめた本、すなわち、一八二〇年にベルリンで出版された『法哲学』である[3]。

1　テキスト誕生にまつわる諸事情

今日、私たちが手にするような形で本書が誕生するにあたっては、定期的に繰り返された講義がもとになっているということを常に記憶にとどめておく必要がある。すなわち、ヘーゲルは本書において、リベラルな国家秩序の根本原則に関する彼の考えを展開しているが、たいていは短いパラグラフによってであり、それがよりよく理解できるように、文字として記録された注解が後から補足されるという構成になっている。[4] しかも文体は飾り気がなく簡潔で、ほんのときたま力強いイメージが語られるだけである。ヘーゲルは、すでにハイデルベルクで教授であった時期（一八一六／一八一七）に政治哲学に関する公開講義を行っていたが、その講義では、一八一七年に出版したエンツィクロペディーで、精神の実現の「客観的」段階、つまり制度的段階に関する説として概略を描いた事柄に中身を与えようと試みていた。一八一八年に、ヴィルヘルム・フォン・フンボルトの計画に基づいて創設されたベルリン大学の招聘に応じて以降も、新しい環境のもとで、この定期的な講義を継続した。早くも最初の学期（一八一八／一八一九年の冬学期）に、エンツィクロペディー講義のほかに、「自然法と国家学」に関する講義を行っているが、この講義が過大な注目を集めるということはなかった。[5] この時期、ヘーゲルは初めて、それまでにない大いなる安らぎと、揺るぎない評価と、穏やかな家庭生活に恵まれたが、散在する講義用原稿から一冊の独自の本を作ろうと決意したのも、この時期である。この本は、ハイデルベルクで出版されたエンツィクロペディーと同じように、「講義用本」としての利用を予定したものであり、ゼミナールにおいては必要に応じて口頭での注解という形で補足的説明がなされることになっていた。プロイセンで改革に対する反動の動きが起きると、それまで以上に不安定な状況が生じたが、ヘーゲルは一八二〇年六月に無事、原稿を書き終えた。そして、なんとか同年の一〇月中には——表題紙には一八二一年と記されているが——ヘーゲルの法哲学がニコライ書店の店頭に並んだ。しかし、本のタイトル、さらには改革の反動期に本が完成したという事情が災いして、長い間、本書の基本的意図は適切に受け止められてこなかった。というのも、ヘーゲルは、近代法を単により深く基礎づけることだけでなく、もっとはるかに多くのことを意図していたからである。彼は、リベラルな社会秩序の原則と前提に関する私たちの観念を根底からひっくりかえすような新たな理解を目指したのである。

2　根本思想と構成

今日、ヘーゲルの法哲学を手にした人が、リベラルな国家秩序をカントかロックに依拠して基礎づけるという従来からのやり方にしか馴染んでいなければ、その人は本書の区分と構成に困惑を覚えるであろう。探究の中心を占めるのが、通常の場合のように法の構成的原理やそれに対応する道徳原則についての考察ではなく、「人倫」というタイトルのもとに集められた、制度としてすでに存在するものに関する詳説だからである。しかも、ヘーゲルは、第一部から第二部、第二部から第三部への移行部分に付けた見出しおよび本文の配列から、この最後の領域が、法および道徳性の諸原理にまつわる欠陥を克服するものとしてあるということを、読者に推測させたがっているように見える。したがって、この本は全体として、人を大いに困惑させるような論じ方をしているという第一印象を与える。つまり、法や道徳の諸原理よりも「人倫的」と称される特定の諸制度の方が、リベラルな社会秩序の核心をよりよく表すことができる、という大胆なテーゼを擁護しようとしているという印象である。

こうした理論的革新を理解するための鍵を提供するのは、ヘーゲルが、リベラルな国家秩序の各領域に関して論じ始める前に置いた、長文の「緒論」である。ここには、法哲学の構想上の基礎となるものが全て含まれ、しかも政治と法に関する近代的理論が、なぜ最終的に自由を保障する諸制度の叙述へと至らなければならないかが明らかになるところまで論じられている。ヘーゲルが議論の出発点として取り上げるのは、ルソーやカント、フィヒテも国家秩序の諸原理を基礎づけようとした際に依拠したのと同じ理念である。すなわち、国家という形成物が、つまり法によって創設される社会システムが、啓蒙された近代的諸条件のもとで、正当なものと見なされうるのは、全ての構成員に対して個人の自由の行使を保障できる場合だけである、という理念である。それゆえ、§4でさっそく言っているように、「法の基盤は［…］意志である。意志は自由であり、したがって［…］法の体系は実現された自由の国」である。当然ながら、こうした言い方によってヘーゲルは、法を単に個人の自由を認め、守り、あるいは保障する制度と規定すること以上のことを意図しているということをも認識させる。つまり、法の体系は、そうした制度である以上に、そこにおいて諸個人の新しい自由が実現しうるような「国」を作り出すべきなのであり、したがってそうした自由な自己実現にとっての目標と見なしうるような諸規定あるいは諸契機を明確に含んでいなければならないのである。その気になれば、このきわめて早い段階での言い方のうちに、ヘーゲルは彼の法哲学において法の概念を従来考えられてきたような範囲に制限するつもりはないという事実についての最初の示唆を垣間見ることもできよう。つまり、カントもフィヒテも、そしてルソーも、基本的には法を、国家によって保障され否定的に定式化されるだけの普遍的原則と考えていたが[6]、単に個人の自己実現の範囲を定めるだけでなく、自己実現の「国」を形成する一切のものが「法」と呼ばれるべきであるならば、法をそういう原則に還元することは許されないのである。このように、先人たちに比べてヘーゲルの意図がはるかに包括的なものであることは、実現された自由の国という概念において明らかになるが、それがよりいっそうはっきりするのは、「緒論」の中で自由な意志の概念自体についての説明に取りかかるところである。ヘーゲルは、「緒論」において（§§5–28）、この概念に、多種多様な要因が絡むきわめて複雑な規定を与えようとしているが、ある意味ではこの概念こそが、彼の政治哲学全体の最重要問題を表していると言ってもよいくらいである[7]。問題を解明するためにヘーゲルがここで用いている方法は、大幅に弁証法的操作に依拠しており、この操作によってヘーゲルは精神の自己生成を描くことができると信じていた。しかしこの間、ヘーゲルの体系構想が依拠している存在論的前提を考慮しなくても、法哲学における意志の自由についての規定やそれ以外の論述が、説得力のあるものになりうることが、二次文献において示されてきている[8]。

ヘーゲルは、意志の自由の二つのモデルを対置することで説明を始めるが、どちらも同じように不十分あるいは一面的とヘーゲルは見なしている。一方で、個人の自己規定が、自覚的決定によって、自我の独立性を制約するものとして経験されうる「欲求、欲望、衝動」(§5)に対して距離を取れる能力として把握される。確かに、こうした規定によって、人間の一大特徴である自殺する能力に見られるような、個人の自由の基本的要素が捉えられる。そのことはヘーゲルも確信している。しかし、こうした規定では、結局、行為を全く起こせないということになってしまう。なぜなら、行為とは常に、自我に制約を課す目標の設定と結びついているものだからである。第一のモデルのこうした欠点を回避するために、意志の自由の第二のモデルは、行為に対して目標を設定することになる「内容」を合理的に決定することを模範にして、個人の自由を捉える(§6)。ここでは主にカントを意識している(§15参照)ヘーゲルにとって、このように描かれた考え方は「恣意の自由」の構成要件を満たすものである。すなわち、ここで問題になっている意志は、当人にとって所与の好みや行為衝動の中でどれを優先するかということを決定することで自己規定を行う意志である。ヘーゲルは、この第二のモデルの欠陥を、個人の自由が決定の素材そのものにまでは徹底しておらず、素材の「有限性」に依存したままであるという点に見る。「恣意のうちには、内容が私の意志の本性によってではなく、偶然性によって私のものであると規定されている、ということが含まれている。したがって私もまたこの内容に依存している。これこそ、恣意のうちにある矛盾なのである」(§15 Z)。

恣意の自由は、決定行為が、それ自体は他律的なままである、つまり単なる所与にすぎない「衝動」に関わるがゆえに不完全あるいは一面的であるとすれば、個人の自由の適切なモデルは、当然こうした致命的な欠陥を回避できるように考えられなければならない。ヘーゲルは、そうした意志の自由の第三の概念を特徴づけるために、「緒論」においていろいろな言い方を試みている。その際、たいていは弁証法の根本命題、すなわち事態の正しい規定は、二つの一面的で補完的な規定の総合によって得られるという根本命題に依拠している（典型的なところとして§7参照）。しかし、ヘーゲルが考えていることを明確にする上でおそらく最も適切な概念は、そうした形式的な描き方とは関わりがなく、初期の論稿に由来するものである。それによれば、意志は、「他のもの」のうちにありながら「自分自身のもとに」ある場合にこそ、真に自由である（§7 Z）。近年、この定式と結びついたヘーゲルの自由の考えを明らかにしようとする有益な試みがいくつか登場してきている(9)。そうした試みの成果をまとめるならば、次のような簡潔な特徴づけが得られる。すなわち、主体は意志の決定によって世界の中の何ものかに関わるが、その何ものかのうちに自分自身の延長あるいは一部を認識できないがゆえに、それが主体にとって疎遠なものであり続けるかぎり、主体はいまだ真に自由ではない、ということである。主体が完全な自由に達するのは、むしろこの「他のもの」のうちにありながら、次のような意味で自分自身のもとにあり続けるときである。すなわち、この「他のもの」の特性あるいは独自性を、主体がそれと「一体化」しうるものとして経験することである。ここで、ヘーゲルは初期の論稿で、こうした自由の形式を常に愛の事例をもとに説明していたことをちょっと想起してみることは有益かもしれない。「緒論」の今話題にしている文脈においても、「他のもののうちで自分自身のもとにある」という構造が最も容易に見て取れる感情的形式として、またしても友情と愛が挙げられているのである（§7 Z）。つまり、明らかに承認関係の構造を想起させるこうした範型によって、ヘーゲルは、まさに彼の法哲学においてその実現をこそ問題にしたい特定の自由を考えようとしているのである。ヘーゲルがまぎれもなく目標にしたのは、各主体が、自分の意志を、自分自身の表現として把握できるような活動ないし対象にだけ向けることができるようになる法的あるいは社会的諸条件の概略を描くことである。

「緒論」の中には、個人の自由についてのヘーゲルの第三のモデルを説明するために、今日好んで引用される第二の定式がある。[10] 二三パラグラフにわたって延々と続く論述の最後、法哲学の全般的な目標の設定に立ち戻る少し前のところで、ヘーゲルは次のような言い方もしているのである。すなわち、自由な意志とは、自らを「自由な意志として意志する」意志である、と（§27）。ここでハリー・フランクフルトの意志の二段階モデルを想起させる反省的な表現が用いられていることを無視するならば、[11] ここでの思考過程が言わんとすることも、先に取り上げた規定によって含意されていたこととほとんど違わない。つまり、主体は、意志のあらゆる努力が、その性状自体が主体自身の意志の表現であるような世界のうちにあることに向けられているときにのみ、真に自由である、とヘーゲルは主張したがっているように思われる。この二つの表現がどれほど強く補完しあっているかが、とりわけはっきりわかるのは、ヘーゲルが個人の自由に関する自らの論説をまとめている最後の規定においてである。そこ（§28）では、意志の自由という「理念の実体的な内容」について次のように言われている。意志の自由とは、「主観性と客観性の矛盾を揚棄し、自分の目的を主観性の規定から客観性の規定のなかへ移し入れ、客観性のなかで同時に自分自身のもとにあり続ける」そうした「意志の活動」である、と。

この最後の総括的な定式から、ヘーゲルが彼の法哲学において実際にもくろんでいることを完全に見通せるようになるまでは、あとほんの一歩である。すでに見てきたように、法とは「実現された自由の国」

であるべきだとすれば、そのためには、近代の伝統において法に対して引かれていた境界を大幅に踏み越えて、法の概念を拡大することが必要である。なぜなら、法を、個人の自由の領域を否定的に画定する普遍的原則のみからなると理解するだけでは足りず、個人の自由を実現する個々の目標に先だって整えられるべき諸条件あるいは諸事情も含める必要があるからである。私たちは、ヘーゲルが適切と考える意志の自由の概念についての説明をすでに聞いたのだから、個人の自己実現に関わるそうした積極的領域として何が問題かを、今やより正確に知っている。つまり、各個人が自分の個性の表現と見なしうるような特性を備えた、外的社会的世界の「客観的」所与が問題にされなければならないのである。ヘーゲルがこの主観と客観の中間的立場をまず最初にはっきりさせるのは、「緒論」の有名な§29で、法とは「自由な意志の定在」である、と述べるときである。すなわち、万人が権利を持つならば、つまり個人の自由の実現のための条件である（国家によって保証された）社会的世界のうちで生存する権利を享受すべきならば、その権利には、各個人が自分自身の「他者」として一体化しうる客観的な施設や制度もまた含まれるのである。ヘーゲルが法哲学が扱う素材をどこまで広げるのか、すでにおわかりであろうが、彼はそれを近代社会の現実の制度の分野にまで広げる。ヘーゲルは、国家秩序に関する哲学理論が普遍的に妥当する言明をなすべき領域に、単に普遍的で形式的な法の原理だけでなく、具体的な制度をも加えたいのである。これによってヘーゲルは、近代的リベラリズムの公式の流れから離れ、今日、重視される展望に応じて「完全主義的リベラリズム」と呼ばれたり、誤解を招きやすいが「コミュニタリアニズム」と呼ばれたりする第二の陣営に道を開くことになった。

しかし、こうした大まかな方向性を指摘しただけでは、ヘーゲル法哲学の本来の込み入った意図を適切に描くには程遠い。続く二つのパラグラフ§30と§31で、早くもヘーゲルは、形式的法の既知の諸原則に自由を保障する若干の制度を単に付け足せばそれで十分だと考えているわけではないことを表明する。ヘーゲルはむしろ、主体が個人の自由を十全に実現できるようになるために、次々と卒業することができなければならない「諸段階」が、社会的現実の中の様々な「形態」（§32）のうちにすでに体現されていると見なしているので、ヘーゲルが目指すのは、そうした客観的な「形態」をただ「傍観するような」叙述あるいは描写である。ヘーゲルのねらいをこのように簡明に言い直してみることで、初めてヘーゲルの法哲学の意図が全体として見通せるようになるがゆえに、この定式は方法の点でも内容の点でもきわめて重要である。方法に関して、ヘーゲルは、個人の自由のために必要と見なす諸条件をいわば観念的に構成し、それによって社会的現実を批判するというやり方をしない。それに代わってヘーゲルが目指すのは、近代社会の社会的現実を構成する諸形成物のうちに、個人の自由のための諸前提がすでに規範的に体現されていることを確認するというやり方で、そうした諸前提を規範的に再構成することである。このような方法は、社会的な諸制度が理性的なものであるということを、もちろん理論に基づいてではあるが確信していることになるが[12]、われわれはこうした方法を、規範的再構成という方法と呼ぶことができよう。

ヘーゲルは、規範的再構成というこの方法を、当時の社会的現実において、彼の言う自由の第三形式を実現するための条件と見なしうる一連の諸制度を明らかにするためにだけ用いるのではない。むしろヘーゲルは、不十分で一面的な他の二つの自由のモデルもまた社会の現実のうちに客観的に具体化される必要があるということから出発する。なぜなら、それらも個人の自由の実現過程における必要な段階を表しているからである。「自由の理念の発展の各段階は、それぞれ独自の法を持っている。なぜなら、どの段階も、自由の諸規定の一つにおける自由の定在だからである」（§30）。したがって、ヘーゲルが彼の法哲学の目標にした規範的再構成の対象は、段階的に複雑になっていく自由の三つの領域であり、それらは社会的現実のなかで、安定的な制度を形成するか、少なくとも習慣化した態度を形成するだけの、そしていずれにしても行為に影響する力を形成するだけの、客観的意義を常にすでに獲得しているはずである。当然のことながら、制度的な実践と形成物からなるこの三段階のネットワークの全体をくまなく踏破し終えたとき初めて、近代のリベラルな法治国家を特徴づける「実現された自由の国」が全体として提示されるのである。

「緒論」をここまで読み進めてくれれば、最初は奇異に思えた法哲学の意図と構成を読み解くことも、もはやなんら難しくはないであろう。フレデリック・ニューハウザーが提案した概念上の区別を援用するならば[13]、この著作でヘーゲルがやろうとしたことは、人格的自由、道徳的自由、社会的自由の各領域を順番に描いてみせることである。したがって、各領域を詳述することこそは全探究を貫く赤い糸であるが、その各領域においてあらかじめ「緒論」においてそれぞれの自由のモデルの特性（無規定性、規定性、個別性）として明確にしておいた主要規定が、改めて見出されなければならない。その際、これら三つの領域の再構成においてヘーゲルが留意するのは、三つの自由が客観的形成物として、つまり慣習的実践あるいは制度として、社会的現実においてすでにどの程度現実化しているのかということを、各領域ごとに改めて記述することだけではもちろんない。それと同じようにヘーゲルが考慮しなければならなかったのは、自由の最初の二つの領域の約束を一面的に信じ込まず、常に次の段階の領域をいっしょに自分の自己理解のなかに取り入れることが合理的であると各自が思えるように、二つの領域を提示してみせることであった。このテーマについてはここで突っ込んだ議論はできないが、手短に言及しておきたいのは、ヘーゲルがこの課題を、まさに社会学的と言いたくなるようなやり方で果たすことである。すなわち、欠陥のある自由の概念のいずれか一つにだけ固執したりすれば社会的現実において生じかねない社会的病理について診断を下そうとするのである。[14] そのように時代を診断する箇所はあちこちにあるが、多くの点で、後にマックス・ヴェーバーやエミール・デュルケームといった人たちが社会学の分野で展開することになる病理診断を先取りしている。[15] したがって、ヘーゲルの法哲学は、リベラルな法治国家の単なる規範理論なのではなく、同時に社会の誤った発展がもたらす危険についての診断書でもあるのだ。

ヘーゲルは、彼の探究の主要部分、つまり長文の「緒論」に続くパラグラフ（§§34ff.）を、「抽象法」の叙述で始めている。それを出発点に選んだ理由は、これまで述べてきたことで明らかであろう。その理由は次のようなヘーゲルの確信と結びついているはずである。すなわち、そうした形式的法の領域において、個人の自由の最初の、ある意味では最も原初的な形式が、客観的妥当性を獲得しているという確信である。七〇パラグラフを含む（§§34–104）この部分の理解にとって重要なのは、ヘーゲルが「緒論」において区別した自由のタイプの第一から話を始めたりしているわけではないことである。「緒論」においては「純粋な無規定性」（§5）と呼ばれたものは、ヘーゲルにとって自己規定のあまりに一般的すぎる、いわば人間学的な前提であるため、それを自由の様々な側面を扱う近代的体系に取り入れることに意味はないのである。これに対して「抽象法」が扱う事柄は、「抽象法」を客観的に妥当させるものでなければならず、それは「緒論」で区別された自由の第二の形式、「緒論」では「恣意の自由」と言われていたものである。すでに見たように、「恣意の自由」とは、所与の好みの中から、自分の行為が定位することになる好みを選ぶことができるというところに本質的特徴があるがゆえに、偶然的で、いまだ合理的ではない自由である。かくしてヘーゲルは、諸主体がこのような「人格的自由」[16] を実際に享受できるためには、社会の秩序はどうあらねばならないか、と問うことで、第一の領域の規定を導き出す。

この問いに対する答えにおいて、ヘーゲルは、私的所有と基本的自由の諸権利に関する古典的学説に大々的に依拠する。すなわち、カントやロックと同じように、自ら選んだ優先事項を何にも妨げられず自分の裁量で実現できるためには、外的世界における、つまり意志も持たない客体あるいは「物件」（§42）における、排他的持ち分を自由に処分できなければならないと主張する。主体の恣意にとってのそうした実質的な自由の空間がとりわけ守られなければならないのは、他の主体がその空間に介入して、自由を保障する客体の所有権をその所有者と争うという事態が生じる危険に対してである。したがって、ヘーゲルにとって「抽象法」の領域の課題は、実質的な事物を排他的に処分できる権能の領域を創設することである。ヘーゲルは一群の諸原理によって「抽象法」が定められると見なしていたが、そうした諸原理がこの目標を達成するのは、それらの諸原理によって、諸個人に対して一定範囲の私的所有を継続的に保障する様々な権利が確定されることによってである。個人に排他的に属すべき客体として、ヘーゲルは、各自の生命、身体、全財産を挙げているが、それらを所有することで、個人は、自分の行為の目標を自分で決める権限に由来する自由を享受することができる。もちろんそうした権利の自由な行使は、権利の担い手が、他の主体もまたそれぞれの人格的自由を誰にも妨げられずに実現する権利があることを当然認めるということを前提にしている。その限りで、ヘーゲルにとって抽象法の領域の基盤をなすのは、「一個の人格であれ、そして他の人々を人格として尊敬せよ」（§36）という命令を皆で守ることを核心とする、承認の間主体的形式である。このように個人の自由にとっての「抽象法」の価値を展開するその同じ諸章において、当然ながらヘーゲルは、自由のそうした具体化の限界を認識させる議論も展開しなければならない。ヘーゲルは、こうした単なる法的な自由を絶対化することで生ずる病理を指摘しようとして、先に言及した社会診断をここでさっそく展開しているが[17]、それを除けば、第二のより複雑な段階への移行が必然的であることを示すために提示される理由は一つである。すなわち、各主体が、抽象法の領域が許容する自由の形式にだけ定位するなら、彼らの恣意の内容を決定するのは、所与の偶然的な好みにほかならないということである。そのような何にも統制されない恣意的な決定においては、所有と契約の権利の代償として従わなければならない間主体的掟は、各主体にとっては全く外的なもの、単なる強制として現れることになる。しかし、そのような異質な要素がまだ残っているということは、結局のところ、主体の自己規定の要求とは相いれないことなので、自由の理解の新たな段階へ進むことを避けることはできない。その新たな段階に達すれば、各主体は法の諸原理の合理的目的を洞察できるようになり、それは自分たちが自ら望んだことであるということを理解できるようになるのである。(18) もちろんここで、この議論で問題になっているのは超越論的な論証なのか、概念的な論証なのか、それとも経験的な論証なのか、という問いを解明するために、さらに突っ込んで論じることも必要であろうが、いずれにしてもヘーゲルが示そうとしているのは、個人の意志が外的な強制に拘束されているとわかっているという事態は、近代の自己規定の原理とは決して相いれないということである。したがって、ヘーゲルにとって、自由を実現するために次のより複雑な段階へ移行することの必然性は、単に抽象的な、観念的に考え出された要請ではなく、自己規定の要求が抽象法の領域において陥らざるをえない自己矛盾から内的に生じることなのである。

以上のことから、ヘーゲルにとって自由の第二の領域の特性がどのようなものでなければならないか、その見当をつけることはもはや難しくはないであろう。抽象法の段階の欠陥は、各人格が抽象法の間主体的な諸原理を自ら措定したものと理解することができず、真に自分のものとすることができなかったところに原因があったとすれば、自由の新たな形式は、自己の意志を普遍的善の観念と結びつける能力をその特徴とするものでなければならない。したがって、こうした自己規定のありようは、合理的であることが洞察された普遍的規則についてはこれを尊重することができるということを前提にしているので、ヘーゲルはこうした自己規定をカントをはっきりと意識して「道徳性」と呼ぶ。そして、そうした「意志の立場」（§105）とともに生じる「自由」の社会的具体化を、私たちは「道徳的自由」と呼んでよいであろう。「緒論」での区別に立ち戻るならば、自己規定のこのような形式は、もちろんこれまでまだ扱っていない新しい現象である。いわば、ヘーゲルが「緒論」で「規定された自由」の段階として導入したものを、ここでもう一度追加的に区分して、恣意の自由とならんで、自律というカント的理念もまた近代の自由の形態として中心的で不可欠であることを認識できるようにしたようなものである。いずれにしても、道徳性に関するヘーゲルの論述（§§105–141）は、カントがその道徳哲学において「善なる意志」を特徴づけた諸規定に大幅に依拠している。それによれば、この第二の領域においては、各個人は常に自らの行為の原則が、善についての普遍的に合意可能な理念と、つまり定言命法と、調和しうるかどうか確かめることでのみ、自らの自由を行使する。自己規定のこの形式が、複雑性において「人格的自由」の形式に優るのは、今や道徳的「主体」（§105）となった個人が、規範的原則を自ら措定したもの、自分自身の原則と理解しうるようになり、それと自分の意志とをしっかりと一体化させることをこの形式が含んでいるからである。それゆえ、「人格」が、今自分は抽象法に由来する間主体的な行動要請に直面していると思うや否やはっきりと意識せざるをえなかったあの外的な強制という契機は消えている。

しかし、道徳性の場合、なぜそれが社会的現実という外的世界のうちに常にすでに具体化されていなければならないのか、またどんなふうに具体化されていなければならないのか、ということを規定するという課題は、ヘーゲルにとって、明らかに抽象法の場合よりもずっと難題であったはずである。国家の権威に支えられた制度という形を取ることが常に必要な抽象法の諸原理と違って、道徳的立場の拠り所は、ただ個々の主体の精神的活動のうちにしかないように思われるからである。しかし、そもそも哲学的に重要と見なされる近代の自由の観念は、すでに何らかの「形態」を取ったものだけであるというのが、緒論の結論の一つだったことからして、当然このような推測は、ヘーゲルにとって誤ったものである。言い換えれば、ヘーゲルは、意志の自由の道徳的形式は現在すでに行為に関する現実の力になっているのだから、それは単なる主観的態度以上のものであるということを、いわば心情の文化として確立しているのだから、と言ってもよいかもしれない。いや、それどころかヘーゲルは、道自明であるかのように前提していた、と言ってもよいかもしれない。いや、それどころかヘーゲルは、道徳的反省は実際、個人の事実上の権利をなしていて、社会の制度的秩序は、道徳的反省に対して繰り返し繰り返し改めてその有効性を示さなければならない、と見なすことで上記の問題を解決する。自由の第二の領域においては、カントの定言命法が個人に要求する合理性テストに合格するような社会的世界に自分が身を置いているということを、個人が知りえなければならないのである[19]（§138）。

さて、この自由の道徳的形式の不十分さ、「実現された自由の国」の諸条件との関係でのそれの欠陥を、ヘーゲルは、またしても「抽象法」に対する批判の文脈ですでにお馴染みの二つのやり方で示してみせる。すなわち、一方で、各主体が自らを道徳的な意味においてのみ「自由」であると見なした場合に生じるであろう社会的病理を鋭く指摘する[20]（§§140, 141）。他方で、そのような立場それ自体に欠陥があり、補完が必要であることをわからせる根拠を提示する。後者の系列に属する論拠（§§134–137, 141）には、今日に至るまで道徳のカント的構想の価値をめぐる論争において必ず持ち出される「抽象的当為」に対する有名な批判も含まれている。すなわち、ヘーゲルによれば、各主体が自己の意志を、普遍的同意可能性の原理に基礎を置く善の理念に従わせるだけならば、彼らには、自分の行為が目指すべき目標についての十分具体的なイメージが一切欠けているという批判である。というのも、善の理念のような形式的な規則は、それについてあれこれ述べる主体が、まさにその瞬間に担っている社会的役割や社会的制度に言及することで内容的に裏打ちされない限り、「空虚」なままだし、それどころかある意味では循環論法的であり続けるからである。

人格的自由から道徳的自由への移行のときと同じように、ヘーゲルは、自由の次の領域、つまり第三にして最後の領域の中心的規定を、前の段階を特徴づけていた欠陥を埋め合わせるという着想によって獲得する。またしても三段階の叙述によってヘーゲルが自らの探究を完結させる「社会的」[21]あるいは「人倫的自由」(§§142–360)にとって、このことが意味するのは、社会的自由は、まずは個人の善の観念を、具体的な目標の設定と責任事項という内容によって満たすことができなければならないということである。それゆえ、この第三の領域は、近代においては、主体にとってこれまで十分実現できなかった共通善の実現の場となりうるということが合理的に示しうるあらゆる制度的形成物と慣習的実践とを含んでいなければならない。そのような社会的自由の具体化として三つの制度を取り上げるようにヘーゲルを促したのは、弁証法的方法に由来する構想上の必然性にすぎないのか、それとも結局はそれとは別の社会理論的根拠なのかという問いは、当然ながら答えることに全く意味のない問いである。いずれにしても、人倫の領域を「家族」、「市民社会」、「国家」の三つへ区分したことは、その後も近代社会の制度的秩序を、異なった社会的統合のされ方をしていて、規範的にも独自に構成されているいくつかのサブシステムに分割する試みが、社会理論の分野で何度も行われてきたことからすれば、今日に至るまでその有効性は実証されてきたと言ってよいであろう[22]。

しかし、法哲学の最後の部の最大の業績はおそらく次の点にある。すなわち、三つの制度的形成物の全てについて、それぞれが社会的自由の実現にとって特定の役割を果たせることを示す「主観的な」構成要素と「客観的な」構成要素[23]とを挙げることに、ここでヘーゲルが成功していることである。つまり、「人倫」の領域の叙述によってヘーゲルが成し遂げようとしているのは、個人の自己規定のための社会的諸条件とともに、近代社会の存続をその存在と活動によって支えている社会の制度的構成物をも同時に示すことにほかならない。したがって、家族、市民社会、国家という三つの下位領域は、個人の自己実現の場をなすとともに、社会の再生産のためのサブシステムをなすものでなければならない。ここで概略を示した課題はきわめて高い目標を掲げるものだが、ヘーゲルは三つの制度的複合体のそれぞれについて、次のことを示すことでこの課題を遂行する。すなわち、これら三者は、(a)各主体が社会の構成員として様々な自由を実現できるために必要である主体的能力の形成にどのように貢献するのか、(b)各主体にとって、それを担うことが自己実現の理性的で普遍的な目標となりうるような社会的役割と責任事項をどのように用意できるのか、最後に、(c)近代社会の再生産が依拠する「物質的」諸条件を維持するために必要であり、全部合わせれば十分でもある貢献をどのように行うのか、以上の三項目である。最後にここで、今日論争になっている問題についてのみ言及しておこう。それは、ヘーゲルがこのように自由の理論と社会分析とを融合させるなどという驚嘆すべき、しかも指針となるような試みを成し遂げることができたのは、彼が最後の人倫の領域の三つの制度的構成物を一貫して、かつ精力的に、相互承認の異なった形式が体現されたものと捉えていたからだけなのかどうか、という問題である。

3　影響史

ヘーゲルの法哲学の受容の歴史は、不幸なことに偏見に満ちたきわめて一面的な受容の歴史であり、この著作を改めて取り上げて生産的な議論を展開しようとする者は、今日に至るまで、この不幸な歴史と戦わなければならなかった。かつて右派ヘーゲル主義が、旧体制を賛美して現状を正当化するものという作品像を一般の人々の意識に定着させようとして成功することはなかったものの、左派ヘーゲル主義が、マルクス主義的立場から、近代の政治的思考の主流からこのテキストが孤立してしまうというこのプロセスを完成させてしまった。おそらくイギリスのヘーゲル主義だけが、観念論と社会改革の意図とを独特の仕方で織り混ぜながら、後世の知的世界に、ヘーゲルの意図を正当に評価する適切な解釈を残すことができた。したがって、ヘーゲルの自由論の社会的な核あるいは制度論的核を、現代の政治哲学にとって実り豊かなものにするという試みが今日再び増えているのは、この一つの伝統の匿名の影響のおかげであろう。

原注

（1） Georg Wilhelm Friedrich Hegel, *Politische Schriften. Mit einem Nachwort von Jürgen Habermas*, Frankfurt/M. 1966.

（2） Immanuel Kant, *Schriften zur Anthropologie, Geschichtsphilosophie, Politik und Pädagogik, Werke XI (Theorie-Werkausgabe)*, hrsg. von Wilhelm Weischedel, Frankfurt/M. 1984〔『カント全集 14 歴史哲学論集』福田喜一郎／望月俊孝／北尾宏之／酒井潔／遠山義孝訳、岩波書店、二〇〇〇年〕; Johann Gottlieb Fichte, *Schriften zur Revolution*, hrsg. von Bernard Willms, Köln und Opladen 1967.〔『フィヒテ全集 2 初期政治論』井戸慶治／田村一郎訳、哲書房、一九九七年〕

（3） Georg Wilhelm Friedrich Hegel, *Grundlinien der Philosophie des Rechts, Werke in zwanzig Bänden (Theorie Werkausgabe)*, hrsg. von Eva Moldenhauer und Karl Markus Michel, Bd. 7, Frankfurt/M. 1970. 本論で言及したパラグラフはすべてこの版による。〔『ヘーゲル全集 9a・b 法の哲学 上巻・下巻』上妻精／山田忠彰／佐藤康邦訳、岩波書店、二〇〇〇年、二〇〇一年。ただし訳文は本稿に合わせて若干変更してある。〕

（4） Ebd., S. 524.

（5） Terry Pinkard, *Hegel. A Biography*, Cambridge 2000, Kap. 10 参照。また Franz Rosenzweig, *Hegel und der Staat*, Frankfurt/M. 2010 (Neuausgabe) も合わせて参照。

(6) Allen W. Wood, *Hegel's Ethical Thought*, Cambridge 1990, S. 71ff.; Ludwig Siep, »Vernunftrecht und Rechtsgeschichte. Kontext und Konzept der Grundlinie im Blick auf die Vorrede«, in: ders. (Hg.), *Grundlinie der Philosophie des Rechts*, Berlin 1977, S. 5–30 参照。

(7) Frederick Neuhauser, *Foundations of Hegel's Social Theory. Actualizing Freedom*, Cambridge (MA) 2000; John Rawls, *Geschichte der Moralphilosophie*, Frankfurt/M. 2000, S.434ff.〔『ロールズ哲学史講義』(下)坂部恵監訳、みすず書房、二〇〇五年、四八三頁〕参照。

(8) 同上。および Axel Honneth, *Leiden an Unbestimmtheit. Eine Reaktualisierung der Hegelschen Rechtsphilosophie*, Stuttgart 2001〔『自由であることの苦しみ――ヘーゲル『法哲学』の再生』島崎隆/明石英人/大河内泰樹/徳地真弥訳、未來社、二〇〇九年〕参照。

(9) Wood, *Hegel's Ethical Thought*, a. a. O., S. 45–51; Neuhauser, *Foundations of Hegel's Social Theory*, a. a. O., S. 19–21.

(10) Rawls, *Geschichte der Moralphilosophie*, a. a. O., S. 434–438〔『ロールズ哲学史講義』(下)、四八三―四八九頁〕参照。

(11) Harry G. Frankfurt, »Freedom of the Will and the Concept of a Person«, in: ders., *The Importance of what we Care about*, Cambridge 1988, S. 11–25.

(12) Rawls, *Geschichte der Moralphilosophie*, a. a. O., S. 427–434〔『ロールズ哲学史講義』(下)、四七五―四八三頁〕参照。

(13) Neuhauser, *Foundations of Hegel's Social Theory*, a. a. O., Kap. I.

(14) Honneth, *Leiden an Unbestimmtheit*, a. a. O., Kap. 3〔『自由であることの苦しみ』、第三章〕参照。

(15) Axel Honneth, »Pathologien des Sozialen. Tradition und Aktualität der Sozialphilosophie«, in: ders., *Das Andere der Gerechtigkeit. Aufsätze zur praktischen Philosophie*, Frankfurt/M. 2000, S. 11–69〔「社会的なものの病理――社会哲学の伝統とアクチュアリティ」、『正義の他者――実践哲学論集』加藤泰史/日暮雅夫他訳、法政大学出版局、二〇〇五年、三―七一頁〕参照。

(16) Neuhauser, *Foundations of Hegel's Social Theory*, a. a. O.

(17) Honneth, *Leiden an Unbestimmtheit*, a. a. O., S. 59f.〔『自由であることの苦しみ』、六七頁以下〕参照。

(18) Neuhauser, *Foundations of Hegel's Social Theory*, a. a. O., S. 27f. 参照。

(19) 同上、S. 26 参照。

(20) Honneth, *Leiden an Unbestimmtheit*, a. a. O., S. 67ff.〔『自由であることの苦しみ』、七五頁以下〕参照。

(21) Neuhauser, *Foundations of Hegel's Social Theory*, a. a. O.

(22) Axel Honneth, *Kampf um Anerkennung. Zur moralischen Grammatik sozialer Konflikte*, Frankfurt/M. 1992, S. 151f.『承認をめぐる闘争――社会的コンフリクトの道徳的文法（増補版）』山本啓／直江清隆訳、法政大学出版局、二〇一四年、一二七頁以下〕参照。

(23) Neuhauser, *Foundations of Hegel's Social Theory*, a. a. O., S. 32f. 参照。

第Ⅱ部　体系的帰結

第3章　正義の織物

——現代における手続き主義の限界について*

リベラリズムとコミュニタリアニズムの関係をめぐる論争は、急速に鎮静化していった。その速さは、ちょうど二〇年前にその論争が始まったときと同じである。しかし論争の鎮静化ののち、今では理論と政治的実践の溝はさらに深くなっているように思われる。マイケル・ウォルツァー、ジョン・ロールズあるいはチャールズ・テイラーの著作が知的公共圏において広く議論された当時は、[1] 政治哲学が政治的実践に対して、理論上の理念や根拠を提供することができたのは明らかであった。そしていかなる場合でも、ほんのごくわずかな期間ではあるが、社会的正義に関する適切な概念を手にしようとする哲学的努力が、さまざまな目的と綱領を政治的に討議し、決定するうえで重要性をもつように思われたのである。[2] しかし、コミュニタリアニズムの挑戦が下火となってしまった今日では、再び政治哲学と政治的活動、理論と実践の横並びという旧態依然とした難題が幅をきかせはじめている。確かに、リベラル・デモクラシーに基づく社会はすべての市民の個人的自律に対する法的保障を要求する規範的根拠に拠って立つ、という一般的な合意が存在しているように思われる。そしてその上さらに、それを上回るような要求に関しても多数の合意が存在していた。その要求とはすなわち、このような法的、政治的な平等化の原理が経済的な再分配を要求し、それによって恵まれない人々も、自分自身が所属する国家が保障する諸権利を現実に行使することが可能となるというものである。しかし、社会的正義のこうした一般的な原理は、政治家や社会運動による実践にとって価値ある情報を何も持ち合わしてはいない。複雑な問題の解決という課題、たとえば社会国家の再編と結びついた課題に直面すると、これらの広く受け入れられた原則も、すぐにその説明力や勧告力を失ってしまうのである。こうして新たに口を広げた溝は、哲学的な基礎づけと実践的応用のあいだに生じる一種の時間的なずれということではない。つまり、理論的に展開された正義の原則を政治的活動方針へと転換するために、労力、時間そして忍耐力が必要とされるということではないのである。むしろ一般的に、規範的原理がそこから主として政治的な行動指針を導き出すことができないような水準で定式化されているように思われる。すなわち、「正義にかなった（gerecht）」解決への見通しが開けてくる前に、追加で別の、哲学的に基礎づけがなされていない規範を常に援用しなければならないように思われるのである。(3)

哲学的な正義の理論と政治的な実践の間の溝が拡大するこうした状況にあっては、少し離れたところから二つのうちの前者を見直すために一歩後退してみることが有効かもしれない。というのも、政治への距離を大きくしている原因が理論的作業それ自体がもつ構想上あるいは概念上の欠陥である可能性が十分にあるからである。したがって、以下で私は支配的でリベラルな正義の理論に対する批判的検証作業を可能にする外部視点を導入できるように、そうした正義の理論の前提的世界から一歩一歩距離をとることを試みる。最初の一歩として、私はまず今日ほとんどすべての正義の理論に広く行き渡った合意を構成すると目されている三つの契機を摘出する形で作業を進めていく。ただし、個別の構想のあいだに存在している多くの相違点にはこだわらず、手続き主義的な大枠の図式、分配の正義という観念、何らかの国家への固着が合わさって現在の新しい正義の理論の理論的な基礎が構成されていると主張したい（I）。第二に、これら三つの理論的支柱を順に検証し、問い直す作業に着手する。その際、私は手始めに分配のパラダイムを取り扱いたい。というのも私見によれば、この分配のパラダイムには残りの二つの理論上の基礎に対する批判を行う際の鍵となるものが含まれているからである（Ⅱ）。これら三つすべての要素の疑わしき箇所を明らかにしたのち、ようやく私は規範的な代替案の輪郭を描くことが可能になる。そして、この三つ目の作業でも再び第二の領域に議論の出発点を置きたい。すなわち、財の分配という考え方が第二の領域に対する適切な解決策ではないとすれば、私たちはいったいどのように社会的正義の資源となるもの（Materie）をイメージするべきなのか、という問題から出発したい。そしてそこから残りの二つの問題に対する解答も描き出す。この二つの問題も、手続き主義的な基本図式も国家への固執も、引き続いて納得のゆく解答とはなりえていないということから生じているのである（Ⅲ）。最後のところでごく簡潔に、こうして手にした正義の理論の新しい構造から得られる帰結について触れる予定である。ここに来てようやく私は議論の出発点にたどり着く。すなわち、正義の理論と政治的実践の関係に戻って来られるのである。私の議論のすすめ方の導きの糸となるのは、おそらくすでに明らかであろうが、私たちは社会的正義という織物（Gewebe）とその素材となるもの（Stoff）についてどのように考えねばならないのか、という問いの究明であろう。

Ⅰ

哲学業界では今日、社会的正義の理論の前提がどのような性質のものでなければならないかという問題について、幅広い合意ができているように思われる。確かにこうした普遍的な正義の構想を作る個々の要素に対して、そこかしこで異論が生じるかもしれない。しかし、正義の構想を基礎づける方法やその中心となる対象領域については、多くの場合、幅広い見解の一致が見られる。正義の正当化もその内容規定も、正義の諸原則とは互いに同じだけの主体的な行動の自由を認め合うというすべての市民に共通する意思の表現である、とする普遍的理念から導き出されることになる。こうした抽象的な原則は、渾然一体のように見えるものの、その中では自由に関する異なる規定に起因する二種類の複合的観念が混じり合っているのである。一方では、社会的正義と呼ばれるものが人格的な自律、すなわち純粋に個人を単位に捉えられた自律を保障することにおいて評価されることになる。そして他方では、相応しい正義の諸原理とは、主体と主体の協働活動（Korporation）の中でのみ実現する共通の意思形成の結果だと見なしうるとされている。[4] 私はこうした構造のうち、最初の契機、すなわち個人の自律を平等に保障することが重要だとされる契機を「資源としての（material）」構成要素と名づけ、対して正義の諸原則を産出する方法が重視される第二の構成要素を「形式原理（Formprinzip）」と呼ぶことにしたい。

上述の正義を構成する資源的要素において効力を発揮するのは、リベラルな社会が外部の後見や人格的な依存から個人を解放すべく努力することをリベラルな社会それ自身の到達した重要な成果の一つとする理解である。すなわち個人的自由は、近代の諸条件の下で原則的に、誰にとっても等しく、主観によって選択された目的を歪められることのなく実現しうるという観点から評価されねばならないのである。このような自由に対する新しい理解に伴って、正義の資源にかかわる課題と見なされることがらも、大きく変化するのである。以前、そうした正義の課題は、とりわけすべての人に対してあらかじめ与えられた身分秩序に応じて、適切な地位とそれにふさわしい生計を保障することにあったが、現在ではすべての主体に対して等しく個人の選好を追求する可能性を保証しなければならないという点にある。他意のないこうした言い方のうちに、すでにして正義に関する今日的理解にとって中心的な役割を演じる極めて重要な要素が一貫して存在しているのである。それによると、個人の自由が大きくなればなるほど、他者の側からの制約が小さくなる。つまり、個人はすべての相互行為のパートナーからも独立してゆくのである。確かに自由の個人性をリベラルに強調することから、間主体的関係性に対するこうした主体の孤立化がそのまま導き出されるわけではない。しかし、この新たな思考モデルをレトリカルに支持するイメージ、つまりそのモデルを一般の人々に受け入れやすくする事例のなかでは、社会的紐帯は概して個人の自由を制約するものと見なされねばならないという考え方が急速に広まっている。このように描かれた道筋に乗って、個人主義的に先鋭化された個人的自律という概念が近代の正義の理論に浸透している。そこではすでに、後に重要な影響を及ぼす思想、すなわち、正義にかなう社会関係の創設は、第一義的に可能な限り相互行為のパートナーから独立した自己規定の形式をすべての主体に等しく可能にするという目的に奉仕すべきである、という考え方が形成されているのである。[5] こうして描き出された一面化の最も重大な帰結は、「分配パラダイム」として理解されうる思考の図式が生み出されたことにある。すなわち、あらゆる他者への依存が個人の自由の侵害と見なされるので、そうした個人の自由は、おのおのの個人が十分に広く評価をうけた手段を自分自身の人生設計を実現するために思いのままに扱える場合にのみ、確実なものとなるのである。それに対応して、正義の資源にかかわる（material）課題も、すべての社会構成員に対して等しくそれぞれ個人の選好を追求することを可能にするような財のある種の分配に配慮することのなかに存在する。それゆえ、これまで論じてきたことがらを最後まで推し進めてみると、個人の自由が実際に財の利用や享受のモデルに従って理解されうるかどうかを考慮することなしに、最終的に正義は「分配の正義」と同一視されることになる。[6]

しかし、分配パラダイムの問題点について論じる前に、まず現代における正義概念に含まれるさらに別の構成要素を明らかにしておくべきであろう。個人主義的に理解された自由と並んで、主体間の自由意思に基づく協働活動（Korporation）という契機が求められるために、今日では社会的正義を普遍的に規定するにあたって、ある種の緊張関係が広がっている。すなわち、私たちがそれに相応しい分配原理の正当な決定についてイメージする際に役に立つ手続きを探求する場合、決まってすべての市民による共通の意思形成が参照の対象とされるのだが、規範的な根本原則の決定については、そうした共通の意思形成の帰結として考えられねばならないのである。比較的新しい正義の理論のこうした形式原理、それはまた正義理論の構成的手続き主義と理解されているのだが、そうした原理は、前提となる主体の自律を考慮に入れた熟慮の結果なのである。すなわち、社会の構成員は原理的に自由で自己規定的だと見なされるべきなので、正義の構想はそうした構成員を差し置いて、どのようにして個別に財の正当な分配がなされるべきかを決定しようとすることは許されない。その代わりに一般的に「原初状態」、契約の締結あるいは熟議が行なわれる状況を仮想し、そうしたものの偏りのない条件が正当化された推論の思考実験という意味において、どのような種類の財の分配が市民によって選好されるのか、私たちに示してくれるのである[7]。それゆえ、分配原則の決定はこうした考え方に従うと、理論からなされるのではなく、関係者が公正で正当と見なしうる審議の結果それ自体のなかで到達したとされる合意にゆだねられるのである。そしてそれと同時に起こる自己制約も、分配パラダイムの具体化が手続きの実行に関係する人々全員の一致を保障するとされる手続きの想像上の実行と結びつけられる限り、手続き主義的なものと呼びうるのである。むろん、このような手続き主義にはつねにある緊張関係が内在している。なぜならば、「原初状態」や熟議が行われる状況を規定する際に、熟慮の過程に参加している人々が〔熟議を通して〕はじめて獲得することになるはずの正義の諸条件のいくつかがすでに描き出されていなければならないからである。つまり、実際にあらゆる側面で合意可能な決定に到達するために、かの出発点〔原初状態〕において、すでに当事者たちは自由で平等な存在としてお互いに審議できるはずなのである。その結果、熟議によってはじめて明らかにされるべき自由の前提部分が、熟議に入る前にすでに決定されていなければならないことになる。したがってある意味で、理論はその明示的な意図とは反対に手続きがもたらす規範的な帰結を先取りし、自律のためのいくつかの諸条件を自ら規定しなければならないのである。(8) そしてまたこうした緊張関係は、私の印象では正義を生み出す手続きをもはや思考実験ではなく、社会的世界における一つの現実的なプロセスと捉えれば捉えるほど、ますます強まるように思われる。(9)

しかし、ここでもまた議論を次のように進めたい。すなわち、私は今日支配的な正義の理論における第三の本質的な構成要素の説明を終えるまで、あらかじめ示しておいた上記の疑念を先送りしようと思う。そしてこの第三の構成要素は、どのエージェントあるいはどの機関が、正当とされた分配原則を社会的現実へと転換させるために相応しいと考えられているか、という問題に対する答えとして与えられることになる。そのありうる選択肢の幅は、あらゆる責任を国家に移譲するというものから、それぞれの個人がそれぞれにふさわしい原理を使用する構えを持たねばならないという考え方に至るまで広がりがある。今日の正義の理論が非国家機関や個人の行動を考慮の対象としようとしているかどうかは、必ずしも明らかではないが、やはりその根本的な考え方は、唯一民主的法治国家だけが正義を実現する相応しいエージェントであるという見方によって特徴づけられている。こうした国家におけるあらゆる規範形成権力の集中という傾向は、以下の二つの考え方が組み合わさった結果であるが、こうした考え方は、そのそれぞれを単独のものとみると説得的だと思われる。一方で、正義に対する責任は、社会の構成員それ自身に負わせるべきではないとされる。なぜなら、そのことによって徳による独裁、つまり道徳的、模範的な振舞いを強いる不当な要求が生じるからである。同時に他方で、さまざまな基幹的制度において再分配のための必要な政策を効果的に実現するためには、法治国家だけが正当な手段を自由に行使しうるべきであるとされる。その点でこうした正義の理論は、たいていの場合、道徳的分業のイメージを伴って機能する。それによると、確かにその都度、市民はみずから正義の原則を生み出すべきではあるが、その実行は民主主義的に制御された法治国家の領分と見なされているのである[10]。むろん、このような国家中心主義の危険性が、国家における法の形成権力の外部に存在するものすべては正義の要求とは本来的に無関係であり続けなければならないとする点にあるのは明白である。すなわち、家族や私的企業のように十分な根拠があって限定的にしか法の影響を受けえないような社会的領域は、正義の実現に伴うさまざまな課題に対し動員されたり、責任を負わされたりすることは許されないのである。私は、これまで言及した三つの構成要素に対する詳細な分析を行う次のステップで、こうした論点にも立ち返るつもりである。

Ⅱ

これまで、今日の支配的な正義の構想の間で広く共有されていると、私自身の見解に従って考えてきたいくつかの理論的前提を概観したにすぎない。事実、多くの顕著な差異が存在しているのは確かだが、これらの理論は一人ひとりの個人に対し、個の自律を実現することが近代における正義の真骨頂だと規定している点で共通している。つまり、このような形で中心に据えられた自律は、すべての市民が個人のライフプランを実現するために不可欠な基本財を自由に手にできるようになることで、確実に保障されるとされる。ただし、こうした財が正当な方法で分配される際に従う基本原則は、理論それ自体ではなく関係者の間で決定されるとされる。こうしたことを実現するために手続きというものが考案され、それが思考実験あるいは現実的方法という形で、関係者が仮に中立性や強制のない態度表明という諸条件のもとにあったならば、どのような分配に関する基本原則に到達することになるのか、私たちに知らせてくれるのである。そしてこうした〔基本原則の〕創始者が自身の基本原則を実践に向けて転換する役割を委ねたエージェントとして、最終的に法治国家という存在が提示され、その法治国家が正当な法という手段をもってそれに相応しい〔基本原則の〕実現をもたらすのである。その際、確かに多くのことが個々の段階でなされる具体的な規定に左右される。すなわち、基本財がただ物質的資源としてのみ考えらえるのか、あるいはある種の処分権（Verfügungsrechte）という意味も含めて理解するのか、そしてどのようにして中立性の諸条件が個別に決定され、どのようなモデルにしたがって国家の活動が描かれるのか、こうしたことすべてがそうした正義の理論がもつ規範のタイプを大きく変化させるのである。しかしすでに述べたように、ここで私が関心をもっているのは、これらの〔正義の〕理論のさまざまな特殊なバージョンではなく、共通のイメージである。それはそうしたバージョンが共通して少し離れたところから示してくれるものである。最初に目を引くのは、ほぼつねに正義の資源（Material）と見なされるものが一般的に評価される財であり、これから決定される基本原則に従って、市民の間で分配されるものだということである。この場合、自律的で自己選択に基づくライフプランを作り上げ、それを追求するために必要となるはずの一般化された手段に対し、当事者として一人ひとりが関心を持つだろうということが合意としてつねに前提にされているのである。[11] それゆえ、これらの理論においてはこうした見方が基準とされ、正当な社会秩序に対する問いは基本財の正当な分配に関する問題としてしか問いえないのである。

こうして下された先行決定は、最初は現実的にも当然のことのように思われるかもしれない。なぜならば、私たちはなるほど、自分たちの個人的自由の多くの部分を、自ら選択した目標を実現するために、機会や手段を意のままに扱うことができる状況に完全に依存しているように思われるからである。つまり、金銭的資源が私たちの人生における多くの選択肢を開放し、幅広く多様な就労機会が私たちのさまざまな能力を努力によって実現することを可能にしたのである。しかし、こうした言い方ではほとんど注目されることのないままに何かが前提とされてしまっている。それは、分配財の解釈図式の中に容易に回収できないものである。そもそも意のままに使用可能な貨幣を自由への可能性として認識することができるためには、あらかじめある人物のなかに獲得するに値するある目標が形成されていなければならないし、就業の機会を能力を実現する道として理解することができるためには、その人物は前もっていくつかの自分の資質と能力を価値があり、実現に値するものと見なしている必要がある。こうした必要な前提条件はいずれも固定した財の形態を持たないし、「もの」のようにただ所有するというわけにはいかない。それは、人と人との関係の中で、そしてそうした関係によってはじめて、苦難の末に獲得されなければならないものなのである。とはいえ、こうした行き当たりばったりの事例をもって反論と認めてもらおうというつもりはない。分配パラダイム全体に対する批判につながる道筋を見出すための鍵としてのみ利用したいのである。

最後にごく簡単に二つのことがらに言及したが、両者を結びつけるものは以下の事実にある。その事実とは、財というものは、当事者である人物がすでに「自律的」存在として前提とされる場合にのみ、個人の自由を実現するための意味のある手段と考えられるということである。なぜならば、経済的資源あるいは就業の機会を自由の可能性として認識することの意味は、その同じような財自身の意味を通してではなく、財に対するその都度の関係からしか明らかにならないからである。それゆえ、いくら包括的で熟慮された基本財のリストであっても、主体に対して人格的自律の諸条件を与えるということが何を意味するかについては、何も情報を与えてはくれないのである。本質的に重要な事柄は、このようなリスト上にあったとしても、必ずそのリストの認識可能な限界点の先で作用している。「自律」ということで、私たちは遅くともカント以降、あるいはおそらくすでにルソー以降、ある種の個人の自己関係を指し示している。それは、自分自身の欲求に信を置き、自己の信念に向き合い、そして自己の能力を価値あるものと感じることを可能にするものである。そして確かに、こうした自己尊重の諸形式は財の助けを借りて明確な形をとり実現するのだが、それらを通して獲得されたり保持されたりすることはない[12]。自律を手にすることができるのは、むしろ間主体的な方法においてである。つまり、私たちが、他の人格からの承認によって自分自身の欲求、確信、能力が実現に値する存在として理解するようになって、自律を手にすることが可能となるのである。むろんその一方で、私たちについてそのように理解するのは、私たちが私たちに承認を与えてくれる人格に対し、同時にそうしたことを認める場合だけなのである。なぜならば、私たちは他の人格が私たちに対して向ける振舞いを手掛かりに、まさに鏡の中に映し出されているようにして私たち自身の価値を認識することが可能となるはずだからである。したがって個人の自律は、それが成立し発展可能になるためには主体の間での相互承認が必要なのである。すなわち、私たちは自律を自分たちだけの力で勝ち取ることはできず、ただ唯一、他の人格に対する関係の内部においてのみ、それを手にすることができるのである。そしてそうした他の人格は、私たちが彼らの存在を価値あるものとして評価することができねばならないのと同じように、私たちの価値をすでに認めていなければならないのである[13]。

しかし、もしなんらかの財ではなく、そうした相互性の諸関係のみが自律の諸条件であるならば、今日の正義の理論は出発点から根本的にその対象の構造を把握し損ねているということになる。正義の理論が依拠している分配のパラダイムは、あたかも自律を等しく可能にするものが何らかの形で特定の基本原則にしたがって分配されるかのような示唆を与えてしまっている。つまりそこでは、こうした正義の「資源（Material）」があらかじめ生産されたモノのような状態にあること、加えて個々の主体によって個別に蓄積されうるということが前提とされているのである。しかし、相互承認を通してのみ手にすることができるとすれば、こうした二つの前提は全く不可能に違いない。というのはこうした〔相互承認の〕関係性は、財には可能であるような自己完結性や固定化が不可能だからである。さらにその関係性を何らかの形で個別に消費したり、享受したりすることもできない。なぜならば、関係性はつねに他の主体の協力が必要となるからである。自律とは関係的で間主体的な存在である。モノローグ的な獲得物ではないのである。こうした自律を獲得する手助けを私たち全員に対してしてくれるものは、分配可能な財をなしている成分とは別の素材から生み出される。つまり、それは相互承認という生きた諸関係から構成されている。そしてそうした相互承認の関係は、私たちが相互承認やそれらの諸関係の中にある私たちの欲求、確信そして能力を相互に評価するようになる程度に応じて、公正なものとなるのである。当然、私たちは実践的間主体性をアリストテレス的な意味において「財＝よいもの（Güter）」とよぶことも可能である。しかし、ひそかにそれを分配パラダイムを思い浮かべることから生じる経済的な意味で考えてはならない。[14]

こうした異議を受け、さしあたり、今日支配的な正義の諸理論を支えている一本目の支柱だけが揺らぎを見せる。正義の理論の基礎にある分配パラダイムは、近代における正義の資源（Material）を規定するには適当ではない、ということが明らかにされたのである。つまり「財」にかわって承認関係について語り、「分配」にかわって正義を守るそれ以外のモデルについて考えるべきであろう。しかし、さらにこの問題に立ち入ることができるようになるには、その前にまず、こうした転換がここで論じている〔正義の〕諸理論を支える他の二つの支柱に対しても影響を与えるのかどうかを明らかにする必要がある。つまり、正義の第一の素材（Stoff）と見なされうるものが、もはや分配の対象となりうる財ではなく、相互性という間主体的関係であるとすれば、ここで論じられる手続き主義や国家中心主義は、果たしてそのまま維持されるのであろうか。

手続き主義はこれまで見てきたように、正当な（分配の）基本原則に関する決定を理論にゆだねることは誤りであるという考え方に依拠している。主体は部分的に自律していることが前提とされればならないので、主体自身あるいはその代理者が思考実験という形式で、公正、中立の諸条件それ自身のもとで例の基本原則に関する決定に到達する創始者として想定されることになるのである。しかし、こうした構築物をどうひっくり返してみても、それは必ずつねに自分たちの決定の資源（Material）を（仮想された）熟議のエージェントが好き勝手に扱うことができるという前提から出発せざるをえない。その際に調整の対象とされるはずのもの、それに関して中立の決定が導き出されるものは、好きなように変形できる量的な存在（Masse）としてイメージされえねばならない。なぜならば、かりにそのようにイメージできないとすれば、決定の可能性の領域は外部の無関係な諸条件によって強く限界づけられることになるからである。この一点において、今日人気を博している手続き主義は内在的に分配のパラダイムに結びつけられている。すなわち、正義の諸原則の決定を公正な手続きの帰結と見なすことが意味をもつのは、その際、同時に手続き的な主体が、あちらこちらに意のままに動かせる財と同じくらい自由にそして無制約に、決定が下されるべき対象に決定を下すことができる場合だけなのである。手続き主義においては、正当な基本原則が自律的に創設されるというフィクションを維持するために、こうした正義の資源（Material）は、自由に処理可能な素材（Stoff）というイメージにしたがって思考されなければならない。私たちが規範的に正当化された決定を導き出したいと考えるものは、量的な存在（Masse）としてイメージされなければならない。そしてそれは、資格のある主体あるいは集団に対して提供するために、ある割合で分割可能なものでなければならないのである。それゆえ、財の分配という理念は、こうした類の手続き主義にとって完全に適合的な前提なのである。しかし、こうした前提を外し、正義の資源（Material）をもはや好き勝手に分割できる財の形ではイメージできずに、相互的な社会関係として想定しなければならないとするならば、それに関する手続き主義の参照枠組みもそのままでは済まされない。というのも、たちまち私たちは熟議に参加する行為者を、自由にまた自分自身の正義の信条だけに従って処理できるものに向かいあっている行為者として描くことができなくなるからである。承認関係は、これまで述べてきたことによると、人格的自律の決定的条件であることが示されたのだが、任意の配置が可能な素材（Stoff）の類いではない。私たちは承認の関係に対しては、たとえばテーブルに就いて、正当な組織や分配について審議しようとする決定の担い手という役割に身を置くことは不可能なのである。[15] 承認の関係はむしろ、歴史的に発展してきた力であり、私たちの背後から私たちに働きかけるものである。いわばその全体を射程に収めることができるようにするために、承認関係の外に出ようとすることは空しく馬鹿げた幻想であり、それはちょうど、承認関係を好き勝手に作り出し分配しようとする意図と同類なのである。

私にはこうしたことから今日支配的な正義の理論を支える第二の支柱も崩れたように思われる。正義の資源（Material）として分配可能な財の妥当性が失われるや否や、したがって私たちが分配のパラダイムから距離をとるとすぐに、虚構の手続きを形成することで、適切な正義の原理がある種の原初状態において創設されると考えることも、もはや不可能となる。つまり、たとえ公正、中立、そして支配からの自由のもとでこうした手続きが仮想的に形成されたとしても、そこに共に関わる利害関係者（Parteien）は、分配図式が失効すると、正当な社会秩序に対する疑問をもっぱら自由に利用できる資源（Ressourcen）あるいは手段（Mittel）の問題としてイメージする能力をも同時に失ってしまうのである。それに対峙して存在する他の選択肢について後にもう一度言及するつもりだが、その選択肢によれば、このような手続きは民主主義的な公共圏において現実的で実感可能な出来事として理解されるべきものである。しかしここではまず、これまで取り組んできた解体作業の観点から見て、残っている現在の正義の理論の第三の構成要素はどうなるのか、という問題に取り組みたい。

この最後の支柱は、唯一法治国家のみが、根拠があると見なされた正義の基本原則を社会において実現するために、適切で一般的に受け入れられた手段を自由に使用することができる、という前提にある。国家は、サンクションに支えられた法という道具をもって、社会の関係行為者があらかじめ仮想の熟議において一致を得たはずのモデルにしたがって、基本財の分配を上から成し遂げるというのである。こうした分業の図式と分配のパラダイムがもつ前提条件とのつながりは自明であるがゆえに、詳細な言及を行う必要がほとんどないほどである。つまりこの場合、正義の実現という課題は、以下の理由からすでにして国家に委ねられるほかないのだが、その理由というのは、国家だけが何種類もの規則制定能力のおかげで、個人の自律の平等な実現を本質的に左右する財を全体として分配する権力を所有しているということである。分配の正義という考え方が放棄され、とりわけコミュニケーション的な相互性の関係が個人の自律にとっての母体となり、可能性の条件となるという見方にとって代わられた場合、自明のごとく前提とされているこうした国家中心主義はどうなるのだろうか。このとき最初に直面させられる困難は、今日、私たちが自身の自律というものをこうした社会関係の異なった形態の中に組み込まれることに依存しているという事情に由来しており、そうした関係はおのおのそれ自身代替不可能だと考えられる。そしてそうした関係には、私たちがそこに根をおろし互いに自由で平等な存在として尊重し合うような民主主義的な法的共同体に加えて、この間に多様化した家族的関係や不安化してきた労働的関係が不可欠であり、そうした関係の中でも私たちは自己尊重のもつ別の側面を手にすることができるように思われるのである。[16] さしあたってここで重要な点は、こうした一覧表の作成によってリストアップされる個々の項目ではなく、こうした実践的間主体性の諸形式の一つだけが直接かつ無媒介に国家の活動によって影響を蒙りうるという事態である。というのも唯一法的関係のみを、国家が主観的諸権利の範囲を変更したり、新しい社会集団を包摂したり、あるいは現実の変化を法的な意味のある事態であると宣言することによって、民主主義的な自己立法の行為主体として承認関係の諸条件に操作的に介入する社会的領域と考えることができるからである。したがって、私たちが相互に自由で平等な国家公民として承認し合い、またそのことによって私たちの政治的自律の意識を拡大するこの領域において、上からの国家活動のモデルにしたがって正義の実現をイメージすることはこれからも意味があることである。しかしそれに対して、すでに言及した相互的な承認の他の二つの領域は、こうした法治国家の影響力の行使が逆に極めて強く制限されている。すなわち、国家に強固な存続条件を侵害する意思がないならば、家族関係においても、また社会的な労働関係においても、承認の諸条件を改善するために国家が直接介入することはできないのである。しかし他方で、個人の自己尊重を普遍的かつ広範囲に及ぶ影響力をもって促進することに対して特別な意味を持っているように思われるのは、まさにこれら二つの行為領域なのである。すくなくとも家族の内部には、のちに私たちの自己信頼、欲求を表出する能力を構成するものすべての獲得に向かう感情的方向づけが存在している。[17] そして労働の社会的な交換においても、私たちはけっして重要度の低くない能力、すなわち私たちの仕事や能力において自分自身を価値のあるもの、社会的に必要なものと感じる能力を伸長させる。[18] これらはともに、社会的公共圏の中に「恥と不安」（アダム・スミス）を感じることなく、したがってまた自律的に参加することができる力のまさに中心的で本質的な構成要素である。しかし、これらの領域の承認関係に修正目的で介入できるようになるために、民主的法治国家が高度な制約を伴った手段しか行使できないとすれば、どうであろうか。法治国家以外の正義を実現する行為主体が私たちには与えられていないように思われるという理由だけで、私たちはこれらの領域においてもより公正で自律を促進するような諸条件を調達できるようにするという目的を放棄しなければならないのであろうか。

こうした難題に関して私が重要だと感じるのは、過去一〇年の間にミシェル・フーコーの影響を受けて権力概念の脱中心化が進み、それが正義論の領域にも引き継がれたということである。最近まで政治理論や社会理論の内部では、政治的統制は上から下に向かってただ直線的に国家の行為を通して実行されるものだと強く信じられていたが、この間に事態はそうではないと理解されるようになった。というのも、政治的権力はかなりの程度、広範囲に及ぶ脱中心化された準国家的・市民的機関を通して確実に維持されるからである。そこで、正義の理論に対してもこうした考え方を実りのあるものにしようとすれば、これまでのアプローチが国家の行為というものに過剰にとらわれてきたという事実がただちに明らかになる。政治的支配は、互いにごく緩やかに結びついているにすぎない異なった機関を通して再生産されるが、それと同じように以前考えらえていたよりもはるかに強く、社会的正義は、多くのネットワークを通して相互に影響を及ぼし合う行為主体、市民社会という国家以前の領域で展開する行為主体によって達成されるのである。法治国家の政策から別に目を向けるとすぐに視界に入ってくる諸制度は、一貫して国家以前の組織、結社、団体であり、それらは正義の名の下で承認条件の改善のために設立されたものである。そして、私たちの社会のどれほど多くの問題点に対して、正義の実現を担うこうした行為主体が存在しているか、それをはっきりとイメージするには、家族に類似した自助グループ、労働組合、教会、あるいはそれ以外の市民グループの存在を思い起こしさえすればよい。こうした国家以前の存在でありながら、正義に対する実効性をもつ行為主体の構造的なモデルを、例えばヘーゲルのいう職業団体（Korporation）のようなものが与えてくれるだろう。[19] そしてその機能はまさにヘーゲルにとっては、とくにある種の社会的領域における道徳的基本原則、すなわち「市民社会（bürgerliche Gesellschaft）」における道徳的基本原則を補完しながら実効性のあるものとし、また実際的な政策を通して構成員の間で確実なものとする点にある。[20] 確かにこうした組織には、国家の法的政策に強力な影響力を付与するような義務及び拘束を課す力が備わっていない。そしてまたこうした組織は、個人の自律を確実なものとしたり、それを促進したりする際に果たす固有の役割を明確にするための規範的な語彙を今日では欠落させてしまっている場合も多い。しかし、このことからこうした国家以前のネットワークが、社会的正義を確固としたものとし、またそれを拡大する役割を担う現実の相互行為関係にいかなる影響も及ぼさないということにはならない。私が主張したい点は、正義に関する私たちのイメージが、今日当たり前のものとなっている国家への固定化という事態によって強く制約されてしまっている、ということである。私たちが市民組織の活動を道徳的な介入として、正義の社会的促進として認知できないという事実は、今日支配的な正義の諸理論が私たちを誘い込んだ視野狭窄の帰結なのである。

Ⅲ

いみじくも最後の言明が示しているように、私はこれまで本質的に以下のような方法で議論を進めてきたが、それはあえて名づけるとすれば、おそらく「治療的」という表現がもっとも適切であるように思われる。つまり私はこれまで、今日の正義の諸理論が提示するイメージは、正義の実際の構造や効果について私たちに誤った認識をもたらしている、ということを単に消極的に示そうとしてきたのである。分配モデルや原初状態に関する学説を備えた公式理論によって想起させられる図式に従って正義を理解しようとすると、私たちはいわば、日常実践の内部で正義の占める位置を誤認することになる。第三の、私の論文の最終部分では、これまでただ間接的に示唆してきたにすぎないオルタナティヴの中から、別の、私がより適切だと思う構想についてその概要を展開してみたい。かりにこうした構想をごく僅かなキーワードで描かねばならないとすれば、以下のように言いたい。第一に、分配の図式をすべての主体をその都度の発展段階にある承認関係に組み入れるという考え方と入れかえる必要があるだろう。第二に、仮想の手続きを構築する代わりに、承認関係の道徳上の根本規範を歴史的・発生論的に解明する規範的再構成に進まなければならない。そして第三に、規制を行う法治国家の活動に対する排他的なまなざしが非国家的な行為主体や組織に対する脱中心化した反省的視点によって補完されなければならない。私の論考の残された部分で、こうした三つの段階について簡単に明らかにしたい。

以下の点は、はっきりとしている。注目に値する対抗モデルでさえも、近代社会の構成員が受け入れることで、個人の自律の能力や条件を平等に手にすることができるようになるべきだという規範的理念から、議論を始めなければならない。したがって、私たちの今日の正義に対する捉え方の道徳的な核心部分のずれのなかに、先ほど描き出した〔別の構想の〕立場との相違点があるのではなく、両者の違いはその実質的な（material）含意に関する全く別の規定のなかにある。この場合、重要な問題はどちらのモデルにしたがって自律の社会的促進について考えるべきなのかという問いであり、そうした自律の中心的価値については、双方の立場が一致しているのである。このように捉えられた自由が、原理的に個々人がそれぞれ独力で到達することができる何ものかと理解されている限り、正義の資源（Material）として、個人が好き勝手に処分できる財を考えるだけで事足りる。つまり、個人はそうした財の力を借りて、自分自身が選択したライフプランを追求する可能性を手中におさめることができねばならず、したがって可能な限り平等かつ十分にこうした財をそれぞれの個人が備えられるように配慮することが、近代における社会的正義が果たすべき使命ということになる。それに対して、私が先に別の形で示唆しておいた構想では、個人の自律とはモノローグ的ではなく、間主体的な偉大さ（Größe）として理解される。したがって、個々人はただ相互承認の関係の内部で自己の欲求、信念、そして能力を公の生活の場で表現され追求されるべき価値のあるものとして理解するようになることによって、自己決定の自由を手にすることができるのである。おそらくここで、だからといって分配の正義がすっかりその意義を失ってしまうわけではないということを指摘しておくべきであろう。とはいえ、極めて重要な原理からそれぞれの承認関係の道徳上の基準となる枠組みにおける一つの従属変数に変化することによって、分配の正義はその位置づけを変える。[21]つまり、自律に関する別の間主体的な理解によって正義の理論の構成が根本的に変化するのである。個人の自由が承認関係の結果として把握されるならば、正義の資源（Material）と見なされているものだけでなく、その形式原理や行為との連関も新たな規定を被ることになる。

ここで論議の対象とされるべき資源（Material）とは、ある一群の特別な間主体的関係からなる。その関係の内部では、市民は互いに規範的な地位を認め合い、そうした地位は彼らに特定の権利を付与する。そして、互いにある種の配慮を期待し合うことができるということこそが、こういった種類の相互に認められる権利なのだが、その配慮のなかで主体は間主体的な観点から自己を尊重に値する存在として経験し、またそのことによって自律を手にすることができるのである。しかし、このような承認の関係は財とは異なって、社会的に簡単に作り出すことはできないし、なんらかの規則にしたがって想定される受益者に自由に配分することもできない。むしろ重要となるのは、制度として結晶化した実践の形をもつ歴史的な形成物である。そしてそこへは、主体は包摂されることもあれば、排除されることもある。私が想定している中心的な理論の対象領域を形作っているのは、歴史的にすでに与えられているこうした承認関係なのである。そして、私たちはそうした承認関係に抗して孤独な立法者あるいは討議する立法者の役割を担うのではなく、まずは存在への気づきや受け容れるという視座にとどまる必要がある。しかしながら、私たちがこのような強い制約を伴った役割にあっても、目の前にある承認関係がその本質的機能を果たすためには、いつでも何らかの道徳的な基本原則を前提とせねばならない、という事実をすくなくとも熟知しているのである。というのも、主体はその下でつねに自分たちを高く評価し合うことが可能となるような規範的地位を認め合うが、それは主体が互いに責任を負わせあったり、権限を与えあったりする根拠として役立ちうる道徳原理を共通して認める場合だけだからである。主体が互いを異なった存在として尊重してきた承認関係は、相互に受容された規範というものを前提とすることなしには成り立ちえないし、過去、こうした前提なしにそのような承認関係が可能であったこともない。互いの承認という実践をおしなべて確実に発展させ、安定させせられるのは、共通して正しいと見なされる何らかの基本原則である。ところで、目下の正義の理論が現在の制度や政策を判断する際の最初の規準も、あらゆる承認のこうした規範的基礎の内部にある。というのも、その都度ある特定の承認関係に対して道徳原理が要求するものは、これまでの議論に従えば、主体が理想的な形で自己尊重の局面に到達することを可能にする諸条件にやはり一致しているからである。したがって、暫定的かつ無防備に述べるとすると、社会領域の根底にある承認規範がその都度要求するような形で、現在の社会領域そのものが設定され、社会的に整備されるならば、それが「正義にかなっている（gerecht）」のである。[22]

私がこうして概略を示したテーゼがさらに説得力のある、より実質的なものとなるためには、まずここではどのような正当化の原理が適用されるべきなのか、という問いに取り掛かる必要がある。私はすでに以下のことを確認している。すなわち、先に議論した理論では、その理論が代表している基本原則の正当化を中立的な討議方法を仮説的に構築することによって試みており、そうした議論の中で、すべての市民がそれに適合する規範にすでに同意していなければならないのである。しかし、このような手続き主義はここで描かれるはずの立場にとってはけっして選択の対象にはならない。なぜならば、その立場の前提に立つと、正義の資源（Material）は、歴史的にすでに存在しているものとして前提にされねばならないからである。しかし、私たちの道徳的意図の素材（Stoff）を自由に移動させたり、分配したりすることができない場合、私たちが従うことができる仮想的な基本原則を探求する価値も失われる。すでに存在している承認関係の帰結が、正義の原理の基礎づけが歴史的資源を通り抜ける中で生み出されることを要求する。つまり、構築された手続きの観点から、それにふさわしい基本原則を正当化するということはもはや認められず、私たちがそうした基本原則を基礎づけなければならないのだが、それはそのときどきのコミュニケーション関係の内部において、そうした関係に固有の妥当性の条件としてそれらの基本原則を発見することによってなされるのである。それゆえ、新しい対象規定にしたがって使用されるこの方法は「再構成的」と名づけることができる。理論はもはや、正義の諸原理に基礎づけを与えうる中立的な視点を「構築する」ものではなく、それらを承認関係の歴史的過程から「再構成する」ものとなる。その歴史的過程の内部では、こうした正義の諸原理がすでに相互的な価値評価と配慮の規範として作用しつづけているのである。[23] このような再構成という形で構想された正義の理論は、手続き主義的なアプローチと比較すると、歴史的現実に対してより強い懐疑の念を抱いているが、同時にそうした懐疑の念をもつ以上に、より深い信頼をも歴史的現実に対し置いているのである。それが信頼を置くのは、社会的正義に対する要求が当然依拠することができる規範的な基本原則が、歴史的にすでに確立されたコミュニケーション関係それ自体の中で生きて作用しているのを見出すからである。したがってこの理論は、社会化された主体をその承認関係の中で暗黙のうちにすでに導いている諸原理の効果を明示的に発揮させることに自己を限定することが可能である。しかしこうした前提が欠落し、倫理的に (sittlich) 完全に崩壊し、脱道徳化した社会関係に歴史的にかかわらねばならない場合、こうした種類の正義の理論は相対的に無力である。そしてまたそのような場合、社会的正義の基本原則を完全に見失わないために、中立的な視点の構築に逃げ道を求める必要がある。[24] しかし、こうした例外的状況の適用条件において、再構成的方法をとる正義の理論が一般的に手続き主義的な代替案よりも懐疑的である理由も説明される。というのもこうした正義の理論は、仮想的に設計された合意の方法が正義の原理に対して実在する社会関係に過剰な要求を突き付けないかもしれないという疑惑をいつも抱いているために、われわれに現実的に正義の原理について情報を与えてくれるとは考えていないからである。

しかし、ここで考えられている正義の理論が抱く懐疑は、先に私がごく簡単な言及によって示唆したものよりもはるかに大きい。こうした〔正義の〕理論は、規範を再構成する過程で歴史的事実として、まさに手続き主義的な立場が仮想的に依拠しているだけのかの討議の方法と出会うという希望があるかもしれない。もしそうしたことがあったならば、近代社会の社会的現実から中心的かつ特別な承認関係について知ることができるかもしれない。その承認関係の枠組みの内部では、すべての市民が意見や意思の民主主義的な形成過程に参加し、またそうした道筋を通して社会的正義の基本原則を共同して決定することによって、個人の自律が達成されるのである。[25] こうした状況のもとで、理論は基本原則を決定するという役割から撤退することができるかもしれない。なぜならば、理論がなさねばならないことはただすでに存在している方法の生み出した討議の成果が正当化されたものと見なされうるような規範的な前提を前もって引き出し、確定することだけだからである。私がこうした歴史の中に位置づけられた手続き主義[26]に信頼を置かないのは、個人の自律のためには、ただ公的な意思形成の過程に参加することによって保証されるより多くの、そして別の形の社会的承認が要求されると考えているからである。すなわち主体は、間主体的な価値評価と配慮を社会的役割においても必要とする。その社会的役割とは主体が法（権利）の主体としての活動を超えて実行するもので、またそれゆえに、そうした社会的役割の中にある主体は、彼ら自身が共同して実現した自己立法によっては、法的に不十分な形でしか保護されないのである。こうして私は最後に、ここで描き出した正義の手続き原理を論じる前に中断してあった議論の流れに立ち返ることにする。

これまで繰り返し言及してきたように、自律して社会生活に参加できるようになるために、主体は同時に欲求、信念、能力について承認されることを必要としている。主体の自律をその合理的な判断能力や意思決定能力に対する間主体的な尊重のみから生じるという形で考えるだけでは不十分である。むしろそれに加えて、個別の欲求の性質や個人の業績に対する価値評価が必要である。市民は、人格に関するこれらすべての要素において尊重され承認されていると感じることによってはじめて、自己尊重の感情をもって公の場で行動し、それぞれ自分自身の生活に向かうことができるのである。それゆえ、私がたった今、オルタナティヴとなりうるこうした正義の理論の正当化モデルとして考えてきた再構成的方法は、すでに確定された法（権利）的関係に対する承認原理の発掘に限定されてはならない。主体は法（権利）的関係においての反省的な判断能力の形成のために互いにその能力を尊重し合う一方で、欲求や能力においてもその価値が認められるという経験を個々人に対して可能にする、その他同様に重要な承認関係が存在している。規範的再構成が、実際に主体が自律を達成するためのあらゆる条件を解明しようとするのならば、それが向かわねばならないのはこうした相互的な社会関係全体なのである。それゆえ、法（権利）的関係と並んで、すくなくとも家族的な親密な関係や社会的な労働関係を私たちの正義の理論の対象とする必要がある。たとえ、市民たちがここで述べた社会的領域に民主的法制定という方法のみに限定して介入することが可能だとしても、それでもやはり個人の自律の成功と失敗に対して決定的な影響を及ぼすという理由から、〔家族関係や労働関係における〕承認関係の条件は、正義に関連する事柄にとっても重要であることは明らかである。

法治国家における民主主義の平等な法的関係の場合と同じく、個人は近代において、家族内部の関係においても社会的な業績の交換においても、相互に自由で平等な存在として承認するよう促される。そして伝統社会とは異なり、今日ではこうした法制度化の弱い二つの領域でも、構成員間の対称的で平等な承認を達成する要求を原則として満たす必要がある。[27] しかしながら、規範の再構成の過程で実にすばやく、相互的な価値評価を支える源泉がその都度奉仕するのがこの場合、全く別の道徳的観点であることが明らかにされた。すなわち、民主的法治国家においてすべての主体の熟議における平等が、互いに与え合う尊敬に対する規範的基礎を形作る一方、承認に関する規範的準拠点となる観点は、家族内部の関係では構成員の特殊な欲求であり、社会的な労働関係においては関係者の個人の業績なのである。しかし、そのことによって再構成的方法を採用する正義の理論は、現在、個人の自律という名のもとに規範的原理のみならず、同等に三種類の原理を擁護しなければならない、という課題に直面している。すなわち、正義の理論が取り組むそれぞれの領域に応じて、熟議に対する平等性、欲求に関する正義あるいは業績に関する正義という道徳的観点を強調し、強化しなければならないのである。[28] こうした多元主義は、一見扱いにくいように見えるのだが、主体が正義自身に関する問題が生じている場面でみずから直面して処理している差異化に対応するものである。数多くの経験的研究によって明らかにされてきたことだが、それぞれ相応しい正義の原理を適用するために、主体もまた通常どおり日々の協力関係をめぐる問題に対処する際、先に述べた三つの領域を正確に区別しているのである。[29]

ここで描き出した正義の理論に政治的実践に向かう溝を再び埋め合わせることができるかもしれないという希望を与えてくれるものは、こうした経験における一致なのである。正義の理論の課題は、さまざまな社会領域がその基礎となる承認規範を現実的に考慮しうるようになるために、目下充足する必要のあるあらゆる制度的、物質的そして法的諸条件を私たちに明確に示すことになるだろう。そして個人の自律という目的のために、正義の理論は民主主義的な法的関係において熟議における平等性の原理を、家族関係において欲求に関する正義の原理を、そして社会的な労働関係において業績に関わる正義の原理を擁護するだけなく、こうした承認関係の中にあらゆる主体を包摂することも要求せねばならないだろう。そしてそうしたときに、こうしたタイプの正義の理論が、日常の参加者があらゆる理論に先だってすでに主張し続けている道徳的確信との一致を見出すことができるのである。しかしその一方で、正義の理論は、それ自身の基本原則の適用や、もっと言えばそのさまざまな区別をそういった参加者の間でなされる民主的意思形成の結果にさえゆだねることができないのである。というのも、正義の理論にとって以下のことがあまりにも明白だからである。すなわち、こうした意思決定は、市民たちがあらゆる不安や恥から解放され公共圏において自分たちの声をあげることができるようになるまで、暫定的、党派的で、歪曲されたものであり続けるということが明白なのである。個人の自律を形作る根本的な要素、つまり公的な態度や意見の基本的自由のために、ここで主張されてきた正義の理論は代弁者として、主体が民主的公共圏だけでなく、家族的関係や労働関係においても自己尊重を獲得することができる状況を支持し要求しなければならない。しかしこうした目的を実現する際に、法治国家における法的な手段に訴えるだけではなく、非国家的組織にも協力を仰がねばならない。そしてともかくこうした非国家的組織の活動に対しては、実行力があり同時に現実に密着した正義のイメージを通して推進力が再び与えられる必要がある。そしてその結果、適切な場所で相応しい道徳的語彙があらためてその効力を発揮することができるようになるのである。すくなくともこうした展望が、再構成的に進められ多元主義をめざす正義の理論によって政治的実践に対する距離が埋められうるという希望をはぐくむことができるであろう。

原注

＊　本稿は、二〇〇八年一二月にシーメンス財団（ミュンヘン）で実施した講演に基づいている。ハインリッヒ・マイヤー氏による心のこもった招待、ユルゲン・ハーバーマス氏によるとても好意的な紹介と司会に感謝したい。

（1）　Vgl. Axel Honneth (Hg.), *Kommunitarismus. Eine Debatte über die moralischen Grundlagen moderner Gesellschaften*, Frankfurt/M./New York 1992.

（2）　こうした政治的な応用可能性は、アミタイ・エッツィオーニの綱領的な著作に関する論争の中に最も明瞭に見て取ることができる。たとえば、以下を参照。*Die Entdeckung des Gemeinwesens. Ansprüche, Verantwortlichkeiten und das Programm des Kommunitarismus*, Frankfurt/M. 1998. ドイツにおける政治的論争については以下を参照。Christel Zahlmann（Hg.）, *Kommunitarismus in der Diskussion: Eine streitbare Einführung*, Berlin 1992.

（3） David Miller, *Grundsätze sozialer Gerechtigkeit*, Frankfurt/New York 2008, Kap. 1.

（4） このような近代の正義の理論に内在する緊張関係を概観したものとして以下のものがある。Bernd Ladwig, »Freiheit«, in: Gerhard Göhler, Matthias Iser und Ina Kerner（Hg.）, *Politische Theorie. 22 umkämpfte Begriffe zur Einführung*, Wiesbaden 2004, S. 83–100. また以下も参照。Albrecht Wellmer, »Freiheitsmodelle in der modernen Welt«, in: ders., *Endspiele: Die unversöhnliche Moderne*, Frankfurt/M. 1993, S. 15–53.

（5） こうした個人主義的あるいは私的な個人的自由の構想に対する批判として以下のものやその他の文献を参照。Charles Taylor, *Negative Freiheit? Zur Kritik des neuzeitlichen Individualismus*, Frankfurt/M. 1988; Joseph Raz, *The Morality of Freedom*, Oxford 1986; Michael Sandel, *Liberalism and the limits of Justice*, Cambridge 1982.

（6） 分配パラダイムに対する体系的な批判は、私の知る限りではまだ展開されてはいないが、アイリス・マリオン・ヤング及びユルゲン・ハーバーマスの見解を参照。Iris Marion Yong, *Justice and the politics of Difference*, Princeton 1990, Kap. 1; Jürgen Habermas, »Versöhnung durch öffentlichen Vernungtgebrauch«, in: ders., *Die Einbeziehung des Anderen. Studien zur politischen Theorie*, Frankfurt/M. 1996, S. 71ff.〔「理性の公共的使用による宥和」、『他者の受容——多文化社会の政治理論に関する研究』高野昌行訳、法政大学出版局、二〇〇四年、六二頁以下〕

（7） さしあたっての古典的な定式化については以下を参照。John Rawls, *Eine Theorie der Gerechtigkeit*, Frankfurt/M. 1979, Kap. 3.〔『正義論　改訂版』川本隆史／福間聡／神島裕子訳、紀伊國屋書店、二〇一〇年、第三章、一五九頁以下〕

（8） これについてはハーバーマスを参照。»Versöhnung durch öffentlichen Vernunftgebrauch«, a. a. O., S. 69.〔『他者の受容』、六六頁〕

（9） 私は『事実性と妥当性』の中でハーバーマスによって展開された正義の理論の基本的な見解をそのように理解している。それは、近代の法治国家の諸原理を開かれた（öffentlich）自己立法における制度化された民主的方法の実現条件と見なしているのである。Jürgen Habermas, *Faktizität und Geltung. Beiträge zur Diskurstheorie des Rechts und des demokratischen Rechtsstaates*, Frankfurt/M. 1992.〔『事実性と妥当性——法と民主的法治国家の討議理論にかんする研究』（上・下）、河上倫逸／耳野健二訳、未來社、二〇〇二／二〇〇三年〕のちに私はこうした見解を「歴史的に位置づけられた手続き主義」とよんでいる。

（10）　トーマス・ナーゲルは、まったく異なった意図、すなわちグローバルな正義という誇張された観念に対する批判の意味で、どの程度までリベラルな（liberal）正義の理論において、民主的法治国家のすべての正義の構成権力が確定されるのかについて明らかにしている。Thomas Nagel, »The Problem of Global Justice«, in: *Philosophy and Public Affairs* 33 (2005), S. 113–147.

（11）　再度、以下を参照。Rawls, *Eine Theorie der Gerechtigkeit*, a. a. O., S. 111 ff.〔『正義論　改訂版』、一二二頁以下〕; ders., *Politischer Liberalismus*, Frankurt/M. 1998, 5. Vorlesung, §4.

（12）　もちろんルソーとカントの二つのアプローチのあいだには、ルソーだけが自己尊重の態度を相互の承認や他者による尊重という前提に結びつけたのに対して（それに関して現在では草分け的研究となっているものとして以下を参照。Frederick Neuhouser, *Rousseau's Theodicy of Self-Love. Evil, Rationality and the Drive for Recognition*, New York 2008）、カントは同様の態度を個人が道徳律に服したことの結果と見なした、という違いがある（以下を参照。Hennig Hahn, *Moralische Selbstachtung*, Berlin/New York 2008, S. 52ff.）。フィヒテとともに始まるこれに関連する理論史について、ここではこれ以上踏み込まないことにする。

（13）　Vgl. Axel Honneth, *Kampf um Anerkennung. Zur moralischen Grammatik sozialer Konflikte*, Frankfurt/M. 1992〔『承認をめぐる闘争――社会的コンフリクトの道徳的文法（増補版）』山本啓／直江清隆訳、法政大学出版局、二〇一四年〕; Catriona Mackenzie und Natalie Stoljar (Hg.), *Relational Autonomiy: Feminist Perspektives on Autonomy, Agency and the Social Self*, New York 2000; Diana T. Meyers, *Self, Society and Personal Choice*, New York 1989; Paul Benson, »Taking Ownership, Authority and Voice in Autonomous Agency«, in: John Christman, Joel Anderson (Hg.), *Autonomy and the Challeges to Liberalism. New Essays*, Cambridge 2005. 当然ここでは、ロールズが当初から「基本財としての自己尊重の社会的基盤」を基本財として、しかも「おそらくは最も重要な基本財として」(Rawls, *Eine Theorie der Gerechtigkeit*, a. a. O., S. 479〔『正義論　改訂版』、五九五頁以下〕）導入した点に言及しておく必要がある。おそらく自己尊重の条件を分配されるべき「財」と見なすことがすでにのべた困難に陥ったために（この点に関しては他に以下の文献その他を参照。Gerald Doppelt, »Rawls's System of Justice: A Critique from the Left «, in: *Noûs* 15 (1981), S. 259–307）、のちの *Politische Liberalismus* では、他の特定の基本財（「平

等の基本権と自由」に並んで「公正な機会の平等」と呼ばれている）を「自己尊重の社会的基本財」に含めるとされ（Rawls, *Politischer Liberalismus*, a. a. O., S. 160）、その結果、こうした財自身、もはや基本財としては扱われていない。私にとっては、こうした概念の転位は、分配のパラダイムの内部では解決できない困難、すなわち間主体的関係や承認関係それ自体をリベラルな正義の理論の対象としたことを示しているにすぎない。とはいえこの場合、他の箇所と同様、ただロールズが彼によって明確に捉えられた困難を論じる際の、その知的誠実さに敬意を表すべきであろう。

（14） アリストテレスによって特記された「倫理的」財には、より多くの、あるいはすべての人びとがその享受に与れるために、そうした財を特定の原理に従って「分配する」という考え方を生み出す物理的大きさというものが欠如している。倫理的財を人知れず、分配を許容するような物質的客体へと画一化してしまうことは、それ自体、独立して考察する価値のある問題であろう。代わりに以下を参照。Max Scheler, *Der Formalismus in der Ethik und die materiale Wertethik*, Bern 1966, S. 110ff.〔『シェーラー著作集 1 倫理学における形式主義と実質的価値倫理学（上）』吉沢伝三郎訳、一八〇頁以下〕; Charles Taylor, »The Diversity of Goods«, in: ders: *Philosophy and Human Sciences. Philosophical Paper 2*, Cambridge 1985.

（15） アンソニー・ラーデンは、私に対してある議論の中で以下のようなテーゼを支持した。ロールズによってなされた「割当の（allokativ）」正義と「分配の（disributiv）」正義の区別（Rawls, *Eine Theorie der Gerechtigkeit*, a. a. O., S. 109f.〔『正義論 改訂版』、一二二頁以下〕参照）は、ここで投げかけられた問題を回避することができる。またそれにしたがうと、割当の正義が「すでに知られた願望と欲求」を抱いた人々のあいだで、与えられた財の量を特定の形で分配する一方、人々が公正に協力し、彼らによって生み出された生産物を正当に互いに配分し合うことができる規則を制定する、いわば規範的原理が分配の正義として理解されている。しかし、依然として私にはこうした区別によって私（そして私以外の論者）が描き出した困難が回避されるとは思えない。つまり、確かにロールズが「分配の適切性」を「社会的協働関係の正義」に結びつけた点では正しいが、そうした正義は、何を、どの程度、どのようにして生産されるのか、そして誰が生産されたものに対する正当な要求を所有するのかを決定する基本原則の意味で理解されている（同箇所を参照）。その上、正義の物質的意味は、原理的に「製造可能」と考えられる何かの分配ということのうちに求められるのである。

（16） Vgl. Axel Honneth, »Umverteilung als Anerkennung. Eine Erwiderung auf Nancy Fraser«, in: Nancy Fraser und Axel Honneth:

Umverteilung oder Anerkennung? Eine politisch-philosophische Kontroverse, Frankfurt/M. 2003, S. 129–224.〔「承認としての再配分——ナンシー・フレイザーに対する反論」、『再配分か承認か?——政治・哲学論争』加藤泰史監訳、法政大学出版局、二〇一二年、一一七—二一六頁〕

(17) Vgl. Axel Honneth, »Zwischen Gerechtigkeit und affektiver Bindung. Die Famile im Brennpunkt moralischer Kontroversen«, in: ders., *Das Andere der Gerechtigkeit. Aufsätze zur praktischen Philosophie*, Frankfurt/M. 2000, S. 193–215.〔「正義と愛情による結びつきとの間——道徳的論争の焦点としての家族」、『正義の他者——実践哲学論集』加藤泰史/日暮雅夫他訳、法政大学出版局、二〇〇五年、二一〇—二三三頁〕

(18) Vgl. Axel Honneth, »Arbeit und Anerkennung. Versuch einer Neubestimmung«, in diesem Band, S. 78–102〔「労働と承認——新たな理論的規定の試み」、本書、八一—一〇九頁〕; Diana T. Meyers, »Work and Self-Respect«, in: Gertrude Ezorsky (Hg.), *Moral Rights in the workplace*, Albany 1987, S. 18–27.

(19) Georg Wilhelm Friedrich Hegel, *Grundlinien der Philosophie des Rechts, Werke in zwanzig Bänden (Theorie Werkausgabe)*, hrsg. Von Eva Moldenhauer und Karl Markus Michel, Bd. 7, Frankfurt/M. 1970, §§250–256.〔『ヘーゲル全集　9b　法の哲学　下巻』上妻精/山田忠彰/佐藤康邦訳、岩波書店、二〇〇一年、二五〇—二五六節〕

(20) ヘーゲルにおける「職業団体(Korporationen)」概念の複雑性については、ハンス・クリストフ・シュミット・アム・ブッシュの以下の文献を参照。*Hegels Begriff der Arbeit*, Berlin 2002, S. 129 ff. 正義を構築する機関のこうした脱中心化された見方のさらなるモデルを、私は近代社会における社会的道徳は正義を形成する機能を備え、相対的に独立し、制度化された団体(Körperschaften)の全ネットワークを通してのみ維持されるというデュルケームの考えの中に認めている。Emile Durkheim, *Physik der Sitten und des Rechts*, Frankfurt/M. 1999.〔『社会学講義——習俗と法の物理学』宮島喬/川喜多喬訳、みすず書房、一九七四年〕

(21) このことは次の内容と同じことを意味している。すなわち、社会領域に特徴的な(分配可能な資源という意味での)「財」を正当に分配する基準は、規範的原理から帰結するが、それはその都度、社会領域における相互承認の様式が決定する。アンソニー・ラーデンが提案する解釈によると(注15を参照)、「分配の正義」というロールズの構想は、次のようにのみ理解されるべしということになろう。すなわち、ロールズは異なった種類の承認関係を区別することがなく、ただ国家公民のあいだの平等な関係のみが先行する承認関係と見なされるにすぎないのである。

(22) これに関しては原則的に以下を参照。Honneth, »Umverteilung als Anerkennung. Eine Erwiderung auf Nancy Fraser«, a. a. O., S. 201ff.〔「承認としての再配分――ナンシー・フレイザーに対する反論」、一九四頁以下〕

(23) 同様の方法でハーバーマスは *Faktizität und Geltung* (a. a. O., S. 87ff.)〔『事実性と妥当性』(上)、八六頁以下〕の中で方法上の手続きを正当化している。ただし、彼の試みと私の試みの相違点は以下の点にある。すなわち、ハーバーマスは、近代の法治国家の歴史的発展を規範的再構成の対象に据えたいと考えているが、その一方で私は、正義論の担う課題という観点から、こうした再構成を近代社会にとって中心的で制度的なすべての承認領域の歴史的発展全体に対して行うことが妥当だと考えている。その結果、私は当然以下のような主張を展開する必要があるという課題を抱えている。すなわち、これらすべての(三つの)異なる承認領域は、それぞれ承認原理の具体化したものであり、その相互行為における承認原理の実践的現実化が機能に特有の方法で個人の自律を促進するという主張である。

(24) こうした定式化は、社会的現実が「空疎で精神を欠いた」した場合にのみ「単なる道徳的な観点」、すなわち道徳的良心の内面性に対し正当な役割が割り当てられる、というヘーゲルの思想とパラレルに選ばれたものである。Hegel, *Grundlinien der Philosophie des Rechts*, a. a. O., §138, Zusatz.〔『法の哲学　上巻』、一三八節補遺〕

(25) Habermas, *Faktizität und Geltung*, a. a. O., Kap. III und IV.〔『事実性と妥当性』(上)、第三章、第四章〕

(26) 手続き主義のこのような形態として、私はハーバーマスによって『事実性と妥当性』の中で描かれた正義の理論を理解しておきたい。

(27) Honneth, »Umverteilung als Anerkennung. Eine Erwiderung auf Nancy Fraser«, a. a. O., Kap. II, 1.〔「承認としての再配分――ナンシー・フレイザーに対する反論」、第二章第一節〕

(28) 結果的に私の社会的正義という構想は、日常的な正義の信念を基礎として欲求原理、平等の理念、報酬原理への三分割を提唱している点で、デイヴィッド・ミラーが多元的正義論の中で提案したものと重なる(Miller, *Grundsätze sozialer Gerechtigkeit*, a. a. O.)。私が、「再構成的」方法に基づいて異なる「正義の領域」に区別することを、正当化の必要な事態と見ることから帰結する多様な相違点については、以下の文献を参照。Axel Honneth, »Philosophie als Sozialforschung. Zur Gerechtigkeitstheorie von David Miller«, in diesem Band, S. 158-178.〔「社会研究としての哲学――デヴィッド・ミラーの正義論によせて」、本書、一七九―二〇〇頁〕

(29) Miller, *Grundsätze sozialer Gerechtigkeit*, a. a. O., Kap. 4.

第4章　労働と承認
——新たな理論的規定の試み

過去二〇〇年間で、労働の解放的で人間的な概念を擁護しようとする努力が、今日ほど悪い状態に置かれたことはなかった。工場労働やサービス業が組織化されていく実際の動向は、労働の質を向上させようとするあらゆる試みを無効化してしまっているように見える。つまり、一方でますます多くの民衆たちはひたすら、生計を安定させてくれる雇用に従事するチャンスの獲得をめぐって争っていて、他方でまた別の多くの民衆たちは法的にもはやほとんど保護されていないきわめて規制が緩和された状況のもとで活動している。最後に民衆たちの残りの部分が現在経験しているのは、かつてはまだ身分にふさわしい形で安定していた職場が、生涯にわたって携わる職業の場という意味を急速に失い、〔メディアの発達によって労働のモビリティが高まり〕事業所という形式を失っていくという過程である。したがって今すぐにでも賃金労働が社会国家的に保障されていた短い期間の終わりを経験することに私たちが直面するだろう、というロベール・カステルの時代診断には反論できないであろう。[1] 実際に労働が組織化される際に起きていること、つまり社会的に保護されていない派遣労働、パート労働、在宅労働が再び数を増やしつつある傾向は、知識人たちの興味と社会理論的関心の移動にも奇妙な仕方で反映している。つまり、つい四〇年前には労働の人間化と解放にあらゆる期待を寄せた人々が失望し、労働世界に背を向けて、全く別の、生産からは遠のいたテーマに取り組むに至っているのである。批判的社会理論はこの変化した条件のもとで、生産領域において得られた過去の成果が再び危険に晒されていることにいまだに目を向けることもなく、とりわけ政治統合や公民権の問題に従事しているように見える。資本主義的産業化の学問的な申し子である社会学すらも、その以前の中心領域から大きく逸れ、ますます文化的な転換過程を対象としているのである。

　もちろん民衆の雰囲気は、労働世界から知識人が撤退するというこの傾向と合致しているというわけではけっしてない。対立しながらもいずれの予測においても、労働社会の終焉と言われているにもかかわらず、社会的生活世界における労働の重要性がなくなっていることはない。つまり以前と同じように、民衆の大多数にとっては、自分の社会的アイデンティティがまず第一に依拠するのは組織された労働過程における役割であり、労働市場が今まで見られなかったほど女性に開かれた後では、組織された労働過程の役割はむしろますます際立って増加したと言ってもよいだろう。しかし労働の意義喪失は、生活世界的な解釈においてのみならず規範的な解釈においても問題になっていない。つまり、失業はいまだに社会的スティグマとして個人的不名誉として経験され、難しい雇用状況は重荷として感じられ、労働市場の〔規制緩和のような〕柔軟化は多くの人々のあいだに気後れと居心地の悪さを引き起こしているのである[2]。生活を保障するのみならず個人的に満足もさせる勤め口への憧れは、決して消えたのではなく、おそらくもはや公共の議論と政治的論争のアリーナに影響していないだけなのである。しかし、この奇妙で居心地の悪い言葉の筆舌に尽くしがたい状況から、労働関係の再編成への要求がついに過去のものとなったと推論するならば、それは経験的に誤っているだろうし、ほとんどシニカルであると言ってよい。おそらく、社会的生活世界の経験と社会理論的な絶えざる反省というテーマとの間の距離が今日ほど開いたことはなかったのである。つまり、社会的労働の概念理解が普遍的意義を持っていない一方で、当事者の困窮、不安、そして希望はかつてよりも強くその概念理解に関わっているのである。

社会理論が労働の問題領域から離脱したことには、もちろんのこと単に日和見主義的な理由以上のものがあった。知識人と社会学の理論家たちが沈黙することに、彼らが人々の現実的窮状にもうこれ以上関わる気がないとだけ思うならば、それは非常に短絡的であるだろう。労働領域が問題でなくなることにおいてはむしろ、実際の所与の生産関係を目の当たりにして労働の組織化の徹底的な改善への提案がすべて即座にただの当為要求の性格を持っているにすぎないとする見解も強くなってきている。つまり、この間、社会的あり方と労働ユートピア的な期待との間の裂け目が深くなり、現実の労働関係と解放への努力との間の距離が広がったので、社会理論はそのすべての理論的努力がここ当分役立たないことを認めなければいけないほどであった。[3] 日和見主義的でもなく、よもや勝ち誇ることなどとうていなく、歯ぎしりし不快を顔に表わしながら、社会運動の知識人の代表者たちは社会的労働の領域から外れていったのだった。つまり、労働を他者規定と疎外とから解放するという理念は現実に接してお笑い草となっているので、労働関係の編成は今や資本主義的な労働市場のグローバル化を押し進める諸勢力に委ねられることになるのである。ハーバーマスの「規範自由な」経済システムの自己調整[4]という言い方によって最も根本的に明確に示された転換によって、私たちが今日醒めた目で直面している（批判的社会理論の）状況への道は準備されてしまったのである。その状況とは、働き場所があるだけではなくその労働の質についてもまた心配を抱えているすべての者たちの困窮が、批判的社会理論の用語のなかにもはや全く反映されないというものである。

私は以下の考察で、以上のように描かれた動向が概念的にさらにもう一度反転させることができるのか、という問題に取り組みたい。そのためには次のように問わなければならないだろう。つまり、批判的社会理論の枠組みが労働において質的改善への単にユートピア的であるだけではないパースペクティヴを切り開くためには、社会的労働のカテゴリーは批判的社会理論の枠組みにどのように関係づけられねばならないのだろうか。この複雑な問題に着手するために、私は、第一の、特に方法論的段階において、外在的批判と内在的批判との区別を、現状の労働関係を批判するために使うことを提案しようと思う。つまり、規範的要求がもはや単なる当為性格を持つだけではない内在的批判について語ることができるのは、ただ、有意義であり保障されているという労働の理念が、理性要求として社会的再生産そのものの構造のなかに組み込まれているときにだけ限られるのである（Ⅰ）。引き続いて第二段階で示されるのは、社会的労働が近代的成果交換（Leistungsaustausch）のなかで承認条件に結びつけられる時にのみ、社会的労働は内在的規範の役割を荷いうるということである。つまり、単に私的な、つまり、自律的活動であることを越えたすべての労働に当てはまるにちがいないのは、社会的に約束された、承認に値するという特性（Anerkennungswürdigkeit）を持つために社会的労働が一定の仕方で組織され構成されていなければならないということなのである（Ⅱ）。最後の段階で私が展開したいのは、どのような内在的要求が近代労働世界の編成の観点から労働と承認との構造的結合と結びつかねばならないかということである。この点に関して明白に示されるべきは、最終的にデュルケームにまで遡る、分業の正当な組織化の理念が、一見してそう見える以上の規範的衝撃力を含んでいることである（Ⅲ）。

Ⅰ

産業革命の開始以来、社会的労働を再編成するユートピア的な構想が存在しなかったことはなかった。

以来資本主義的に活用され経営的に組織された形式の賃金労働がこんなにもすべての生活領域に貫徹して形成する力を繰り広げたので、時代の思潮は最初、とりわけ生産の領域に規範的な望みを見出していた。この解放的イメージを持つ原動力として最初から決定的に作用していたのは、手工業のなかでずっと直観的に与えられていた活動様式という体験であった。そこでは労働の営みは、労働する諸個人の手のなかに完全に委ねられているのであり、彼らはすべての作業を原材料となじみながら創造的に組織化し、最終的に完成した生産物のなかに鏡におけるように自分の技能の客体化を見ることができた。それに対して、工場ではそのような全体的な経験が労働者には完全に閉ざされていたのである。なぜなら、労働者の活動は他者規定的でばらばらに引き裂かれ、自発性を欠いたものだったからである。どのような世界観に導かれるのかにしたがって、手工業労働のモデルにおいては、自由意志にしたがう、自己調整される協働（Ko-operation）という特徴か、個人的な自己客体化の要素かのどちらかが強く表れていた。第一の場合において、賃金労働の新しい資本主義的形式が非難すべきものと見なされたのは、それが労働主体たちの創造的な共同作業を無効なものとしたからである。それに対して第二の場合には、それが自分の能力の対象化の有機体的過程を分解し、それぞれを、それだけでは意味をなさない断片へと切り分けてしまったからである。労働の資本主義的な組織形式へのこの批判がさらに燃え上がったのは、生産の美的なモデルが、疎外されていない、自分自身の意志によって導かれる活動のビジョンへと関係づけられたときであった。とりわけ、ドイツ初期ロマン主義の社会主義的な志向を持つ後継者たちのあいだでは、すべての人間労働が、芸術作品の制作において典型的に現れるような自己目的的な創造性という特徴を持つはずであるという考えが既に広まっていたのである。(5)

このようにこれらの労働の解放という理念全体が分かりやすく魅力的だとしても、それらは結局のところは、社会的労働の組織形式の現実の歴史にはやはり何の影響を与えていないままだった。手工業活動のロマン主義的に変容されたモデルと芸術創造の美的な理想は、私たちの善き成功した生のイメージを持続的に変えるために確かに十分な推進力を持っていた。しかしそれらは、労働運動の闘争、つまり労働条件を改善し可能な限り生産者の利害関心に委ねる社会主義的試みには、いかなる影響もまず与えることはできなかった。一九世紀の労働ユートピアに端を発する分裂した作用は、そのユートピアが経済的に組織された労働の諸要求とはほとんど関連を持たなかったという事情から説明される。つまり、労働ユートピアが浮き彫りにしパラダイム的な模範として選んだ活動様式は、社会の再生産のために要求されるあらゆる制度のモデル形態となりうるにはある意味で奇抜なものでありすぎたのである。確かにこの重大な欠点は古典的な労働ユートピアによって補われたのであり、それは手工業や芸術の例において、見通しの良い対象化性格のゆえにただちに善き生の必然的な構成要素であると考えることができた活動様式の構造を強調することによってであった。つまり、私たちは人間存在として、原料に即して学習された能力を試し、何らかの形で対象化するという経験を必要としているので、今日に至るまでそのような完遂する活動は成功した生の営みの要素として把握されているのである[6]。しかし、手工業的な行為や芸術的生産というタイプの労働が善き生に属しているという事情を引き合いに出したところで、社会的に組織された労働がどんな規範的な基準を満たさなければならないのかという問いについては何一つ答えたことにはならない。というのも、ここで、つまり経済領域において、個人的に営まれる活動が、それらの活動が社会的な成果交換に提供されねばならないという必然性から生じる個別の要請の基礎になっているからである。それゆえ私は、所与の資本主義的な労働関係を有機体的なただ自己調整的な生産のモデルに照らして批判するすべての試みを、外在的批判の形式と特徴づけたい。というのも、この批判形式は諸々の活動様式に規範的にしたがっているのであるが、それらは経済領域のなかで要求されるどんな労働にとっても同じくらい本質的であるとは言えない実行構造を指し示すものであるために、批判される対象に対して単に外在的であり続けるからである。諸個人の善き生にとって労働経験について必要でありうるものは、同時に社会的に組織された生産領域を評価するための基準として用いてはならないと言ってもよいだろう。というのもここで支配的であるのは、考えられうる限り広く解釈をしても手工業や芸術とは全く異なる性格の活動を営むことを要求してしまう、そうした強制や諸条件なのである。

確かに一九世紀の労働ユートピアは私たちの社会的想像力を駆り立てて、近代にとってまったく新しいイメージ空間を開いた。私たち一人ひとりが抱く充実感と成功した協働のイメージはこれらのユートピアに負っているであり、それらがなければ、より善き生についての私たちの夢のアーカイブはより貧相なものとなっていたであろう。倫理学は、手工業的営みや芸術的な営みのそのようなユートピアから、労働の活動について従来の「善」の概念を拡大する刺激を受けた。それ以来私たちの人生の成功は、対象化する行為の要素なくしてはもはや全くイメージできない。しかしこのような成果のうちのいかなるものをもってしても、手工業的理想の名のもとに行われた資本主義的な労働組織への批判が常に単なる外在的な立場を取るという欠点を抱え続けているという事情に変わりはなかったのである[7]。労働条件の改善をめぐる社会闘争においてこの経済領域のなかで生じたものは、全体的活動の理想のなかでユートピアとして保持されたものとは全く異なる規範に依拠しなければならなかった。社会的労働の実際に存在する組織化のあり方に対する内在的批判へと向かう境目が越えられるのは、社会的成果交換そのものに理性要求として内在している道徳規範が考慮に入れられる瞬間である。というのも、自分の労働を社会的分業への寄与として理解するという制度化された理念は、職場の組織化のレベルにまで貫徹する規範的要求と結びついているからである。[8] しかしそのような内在的批判の諸条件について論じる前に、簡単に、全体的手工業的活動という理想そのものにもなお内在的意味があるとする試みを検討しておこう。

手工業的理想を引き合いに出した批判の弱さとしては、社会的再生産の構造のなかで何らかの仕方で保障された要求として見出せない活動の形式に規範的に重きを置いていることがすでに分かっていた。社会的に不可欠な労働のいくつかのセグメントがこの理想に近づきえた場合ですら、だからと言ってすべての必要な労働が同じ理想的な形態を取るに違いないという理由を示すどんな論拠も生じることはなかろう。しかしそれでも、社会的労働のすべての営みのなかに、有機体的に完結していることや、自律的な自己調整や、それゆえ疑似手工業的な組織化への何らかの傾向がおのずから内在していることが示せるようであるなら、この論争状態にも次第に何らかの変化が生じるように見えるかもしれない。つまり、どんな種類の活動が問題であろうと、ただ単に個々に目標を設定された行為であるという性格からは、その活動が仕事を実際に行う主体による最大限の制御を受けることを余儀なくされるかもしれない。私自身がかつてそのようなタイプの論拠を展開しようとしたのは、産業社会学的な研究を利用して次のことを示そうと試みたときのことであった。つまり、労働者たちは日常的に抵抗を実践することで自分たちの活動を自律的に組織化したいという願望を人に分からせたいのである。当時の私の確信からすると、被雇用者たちが、彼らの労働の営みそのものへの制御をなきものとするために絶えず破壊的な抵抗を行うという事実が明らかになっただけで十分な証拠を得て、職場での自己制御への要求を正当化できると思われたのである。[9] 私が今まで用いてきた区別を振り返るならば、この当時の議論の目的は、手工業的な理想を労働の資本主義的な組織化を判断するための外在的ではなく内在的な基準として提示することと言えよう。つまり、従業する主体が彼らの活動そのものの構造に基づいて労働を制御したいと望むならば、そこでは道徳的要求が問題となっているのであり、それは歴史的所与の労働関係に内在的に備わっていて、外側から理想として提示されないにちがいないのである。

ほどなく私はユルゲン・ハーバーマスから反論を受けた。それは、私が特定の希望と要求があるという単なる事実からだけ道徳的正当化可能性を推論しているから、私のその証明が「発生論的誤謬推理」に陥っているというものであった。つまり、ハーバーマスによると、当事者の先取りされた要求ではなく、実践的討議だけが、所与の労働組織においてどんな規範が支配的であるべきかについての決定を道徳的に基礎づけうるというのである。[10] この反論が正しい適切な批判であると同時に、ここで取り扱っている問題のずっと良い解決のための鍵をはらんでいることが分かるまで、数年がかかった。疑いもなく正しいことは、内在的批判の意味するものが、特定の集団がそのつどの現状において自分たちの社会状態や労働環境から掲げる主張や要求をたんに押し通すことであってはならないことである。確かにそのような訴えは実際のところ、現存する諸規則に対して社会の内側からなされるので内在的性格を持ってはいる。しかしそうは言っても、同時にそれらの訴えには、内在的批判の正当な基準となりうる証明可能という理性的性格の要素が全く欠けているのである。当時私は、被雇用者の反抗的要求について、それがすべての労働行為の営みに「人間学的に」組み込まれた自律的構造と対応しているかのように示すことが可能だと思って、そのような合理的な補足を行おうとした。しかし、すべての労働者のもとでの対抗実践が経験的に示されうるかどうかはまったく別としても、目的行為そのものの基礎として手工業的構造を置くことは私には次第にあまりにも不自然なものに思われたのである。今日例えばサービス労働の領域においてなされているほとんどの活動について、それらが自律的で純粋に内容に関連した、対象化的な営みであることを自分から要求すると言われたとしても、いったい何を意味しているかは私たちには全く知りえないだろう。つまり、この領域ではすでに獲得された技能が反映しうるかもしれないいかなる生産物も作られず、そのサービス業務の上でそれ相応の成果を果たさなければならない人々に向けられた、個人的なまたは匿名の要求に、せいぜいのところ可能な限りイニシアティヴを発揮して取り組むことがあるぐらいである。言い換えれば、社会的に不可欠なすべての行為について、それらが手工業的行為の種類のような完遂する有機体的な形態をそれ自身に持っていると主張したいということは、全く間違っているのである。

それに対して、私たちがハーバーマスとともに、労働活動の構造から労働組織の規範に目を転じるならば、事情はいくぶん違うことになるだろう。確かに『コミュニケーション的行為の理論』の著者が、経済の作用領域の「規範から自由なシステム」についてだけ話題にしていたのに、ここで〔反論で〕突然社会的労働の組織化を貫いているという「規範」について語ることは驚くべきことであるにとどまらない。むしろハーバーマスのこの〔社会的労働の組織化を規範が貫いているという〕定式化において同じくらい重要な意義を持っているのは、この定式化がパースペクティヴ転換とともに、近代における労働の資本主義的組織化は次のような道徳規範には基づいていないのかどうか、という問いを生じさせる点である。すなわち、了解の規範が近代的生活世界の機能作用（Funktionieren）に対して必須であるのと全く同様に、機能能力（Funktionsfähigkeit）に対して必須であるような道徳規範である。ハーバーマスが労働組織のこのような規範を持ち出すだろう視角がどんなものであるかは重要ではない。むしろハーバーマスにとって問うまでもないであろうことは、これらの規範は比較的任意のものであり、資本と労働とのコンフリクトが行き着く帰結にのみ従うことである。「システム」と「生活世界」との区別はやはり、ハーバーマスにとっては、システムにおいては行為調整が目的合理的、戦略的態度の媒介を通じてのみ生じるのに対して、生活世界においては行為調整が道徳的態度という前提と結びついていることによる。したがってハーバーマスは、近代的労働組織がある種の規範に特徴づけられていることをしばしば許容しているところでも、資本主義的な経済領域そのものには何らかの道徳的インフラストラクチャーを想定していないことになる。[11] 資本主義的な労働市場の機能能力が道徳的規範の一連の前提と結びついていることが示されるのであるならば、もちろんのことこの関係は全く違うものになることだろう。つまりそうなれば、「システム」と「生活世界」とのカテゴリー的な対立が消えるだけでなく、現実的な労働関係に対して、内在的批判というパースペクティヴを取ることが同時にまた可能となることだろう。

既に述べたように、外在的批判と違って、批判の内在的形式が前提しているのは、正当化された理性的な要求として、批判される関係そのものに内在する尺度が見出されるということである。労働世界の現存の体制に対するそのような基準を得るために、私がそれまで吟味してきた代案は、何らかの点で役立たないことが示された。つまり、活動が他者規定的であることに対抗する被雇用者の沈黙の抗議には、それ自体で証明可能な普遍化可能性を補ってくれるものが欠けているのである。もし、それがあるのだとすれば、彼らの活動は内在的批判の正当な尺度になるのかもしれない。もとから備わっている内在的な構造に基づいて特定の組織形式を要求することを労働活動そのものについて主張することなど、社会的に不可欠な業務の多様性からすれば、不可能で不適当な、無謀である企てのように思われる。このような理論的な道が、必然的であると同時に理性的な要求を基礎づけえないために閉ざされているのならば、私の考えでは、労働そのものの現存する組織形式のなかでそのような理性要求の根源を探究するという選択肢だけが残る。もちろんそのようにほのめかされている議論は、資本主義的な労働市場を経済効率を高めるという戦略の機能主義的なパースペクティヴにおいてのみ考察しないことを要求する。つまり、もしこの〔機能主義的な〕視野だけに私たちが自己限定するならば、じっさいのところ、近代の労働組織の構造としては狭い範囲の戦略的規則規制だけが現れることになる。この戦略的規制をシステム理論的な構想によって浮き彫りにしたのはハーバーマスである。それに対してさらにそのほかに、資本主義的な労働市場が社会統合の機能をもたらすというパースペクティヴが考察されるならば全体像はまったく異なるものとなる。つまり、私たちは、社会的生活世界が了解志向的行為の規範にしたがうように、近代的労働世界の根底に存する一連の道徳規範に出会うのである。私は以下において、今日ではおしなべて埋もれている伝統に立ち戻り、近代的労働組織のこうした規範的基礎を発掘することを試みたい。そのような道を行くことで、私は、現存する労働関係の内在的批判の可能性を取り戻してみたい。

II

既にヘーゲルは『法哲学』において、彼が目の当たりにしていた発達しつつある経済組織の構造のなかに、社会統合の新たな形式の要素を発見する試みを企てていた。ヘーゲルにとって最初から問うまでもなかったことは、今や市場に媒介されている、需要充足のシステムが経済的効率性のカテゴリーだけで測られてはならないということだった。彼の観点からすれば、確かに市場という新しい制度は経済的行為の生産性をかなりの程度押し上げるのだが、その機能はこの一つの成果に、すなわち単なる外的な成果に制限されてはならないものだった。なぜなら、もし制限されたとすれば、市場という新しい制度は、社会におけるどんな倫理的繋がりもなく、それゆえ必要な道徳的正当化もないままに留まるだろうからである。したがってヘーゲルは、自分の労働を欲求充足のための手段と、市場を媒介して交換するシステム全体が一定の規範的な条件を満たすならば、その場合にだけ同意を与えられうることを示そうとしたのである。彼にとっては新しい経済形式の最初の統合的成果は、諸個人の「主観的な利己心」を、「他のすべての人の欲求充足のために」役立つような、一人ひとりの準備へと変えることのうちにあるのである。[12] 民衆の経済的欲求が匿名的な市場での取引に覆われてしまうやいなや、社会に所属する一人ひとり(の男性)は、個人的な習慣にしたがう無為な生活を捨てて自分の労働によって公益に寄与する準備ができていなければならない。ヘーゲルからすれば、成果をもたらすことへのこの一般化された義務は、自分の能力や才能を可能性に応じて発展させて、「普遍的で持続的な資産」[13] を増加するように役立つことを含んでいる。

しかしそのような仕方で社会的福祉に寄与するという準備は、反対にそれ相応の見返りという前提と結びついている。つまり、市場に媒介された成果交換に各自参加している者は「自分の糧を稼ぐ権利」[14]、したがって自分と自分の家族を文化的に一定の水準で養う権利を持つのである。その限りで、ヘーゲルは、新しい経済形式の第二の規範的獲得物を、すべての構成員の経済的生活基盤を保障するはずの相互依存のシステムを作ることのうちに見出す。今日使われている言葉を使えば、成果をもたらすだろうという期待は、経済的に自立するための財政的手段を含むはずの最低賃金の保障という条件と結びついている。[15] この内的な前提の道徳的重要性を強調するために、ヘーゲルは自ら鍛え上げた承認という術語を用いている。つまり、市場に媒介された交換関係のシステムにおいて、諸主体は私的で自律的な存在者として相互承認し合うのである。そして彼ら/彼女らは互いのために活動しそのように自分の社会的な労働の寄与によってその生活を維持するのである。[16]

ヘーゲルはもちろん慧眼の持ち主だったので、資本主義的な市場経済が発展していくと、それが自らの規範的な承認条件と相いれない状態に陥ってしまいそうになることも予測できた。それゆえ、利益獲得を目的とした財の生産が「円滑に活動している」とき、遅かれ早かれ、一方では「富」が少数者の手に集中しはじめ、他方では「大衆」のあいだで「特殊的労働の個別化と制限」が増大し、それと同時に「依存性と困窮」が生じるのである。[17] そこで「浮浪者（Pöbel）」として集まっていくのは、その労働成果が市場を媒介として認められるためのいかなるチャンスもなく、そのため「市民的誇り（bürgerliche Ehre）」を受けられないことに苦しむ、民衆の少なからぬ部分である。この貧困化した層に対し、富裕なものたちが慈悲深く負担を引き受けてちゃんとした「生活様式の状態を維持する」ことを、ヘーゲルはいくつかの理由から間違いだとみなす。これらの理由はヘーゲルの理解からすれば、新しい経済形式の規範的諸条件と関連している。すなわち、そのような社会国家的な富の移し替えをしようものなら結果として、「労働によって媒介されずに」、「困窮者の生計」を保障することになるだろうが、「このことは市民社会の原理、および、市民社会の諸個人がもつ自立と誇りの感情の原理に反することになろう」[18]。そうではなく、ヘーゲルが提案するのは、周知のように、資本主義的な市場経済を二つの組織によって補完することである。これらの組織の課題は相互承認と「市民的誇り」という二つの規範的な存続条件を守ることにある。一方で「ポリツァイ（福祉行政）」は、当事者たちの保護を目的に需要と供給のあいだのバランスのとれた関係に配慮するために経済過程に介入するという機能を引き受ける。他方で「職業身分的集団」のような「コーポラツィオーン（職業団体）」（シュミット・アム・ブッシュ）は、絶えずそのメンバーたちの技能と能力について「誇り」が保たれ、その人々の経済的な基本給付が保障され続けるように役立たなければならないのである。

しかしながら、資本主義的な労働組織についてのヘーゲルの描写において私たちの関心を引きうるのは、こうしたそれぞれの制度的解決策ではない。つまり、彼が「ポリツァイ」と呼ぶものにせよ、「コーポラツィオーン」と呼ぶものにせよ、それらは、今日においてもなお模範として機能しうるには、その様式と課題設定において、あまりにも早い段階の初期の資本主義的産業化に属しているのである。ここで追究されている目標にとってむしろ意味があるのは、こうした補正的な諸制度においてなされた助言や構想をヘーゲルがなんらかの外的な観点から得ているのではなく、見直さなければならない経済システムの諸々の規範的原理から導き出しているという点である。ヘーゲルの確信によると、資本主義的な労働組織のための道徳的条件は、個々人の労働成果が生計を保障する収入によってのみ購われるということを課すだけではない。それらの道徳的条件からは、個々の労働成果がその形態にしたがって、技能があるがゆえに果たされる公益への貢献として認識できるような形式を保っていることも要請されるのである。労働成果の相互的な交換という理想から全体として要求されることは、個々の活動が十分に複合的ですぐれた技能を発揮する構造を保持しており、そのことによって「市民的誇り」と結びついている普遍的承認にふさわしいことがはっきりと分からなければならないことである。それゆえヘーゲルによると、経済の発展に基づいて実際の労働が、必要とされる技能と自立の一定のレベルを下回ってしまうと、ただちに「コーポラツィオーン」は、なんといっても資本主義的市場経済が元来自ら満たさなければならないとされる機能を行使しなければならないのである。すなわち、この職業身分的組織は確実に内外に対して、所属する人々の優れた能力が十分に保護され、公的な関心を引き、結果として将来にわたっても普遍的な価値評価を享受できるようにしなければならない。それゆえにヘーゲルはコーポラツィオーンに対して、規範的要求として社会的労働の新しい組織形式の存続条件そのものに結びついている課題を引き受けさせるのである。

資本主義的な労働組織にそのように規範的な意味を持たせることでヘーゲルは、もちろんのこと、新しい経済形式の発展においてまさに反対向きの過程が進行していると見る解釈に対抗する。このもう一つの解釈にしたがうなら、資本主義経済の発展は道徳的な状況の転換へと向かうのではなく、生活世界的人倫

(Sittlichkeit) すべてからの乖離へと進むのである。ヘーゲルが生きていた時代においてすでに多くの理論家たちはその類のテーゼを支持したが、それはカール・ポラニーによって一〇〇年も後になってやっと概念理解へともたらされた。すなわち、彼の解釈によると資本主義的市場経済の発展は、それがすべての伝統的な分野と道徳的命令から切り離され、それと関連して完全に独り歩きする[19]という意味で、経済的行為の領域の「脱埋め込み (entbettet)」が行われる過程なのである。ヘーゲルとは反対にポラニーは、労働と財のための普遍的な市場が徹底してゆくにつれて、いかなるかたちの道徳的な制限に対してもまったくゆずらない「自己調整的 (selbstregulativ) メカニズム」が生み出されると確信していた。ここで支配しているのは彼の視座からするとただ供給と需要の法則だけであり、その結果、目下のところ利益になり得る財の販売のためにそのときちょうどどれくらい必要であるのかに応じて社会的労働も常に組織され、その必要にしたがって報酬が支払われるのである。あまり考えなくても、そうしたテーゼが正しいのだとすると、ここで〔ヘーゲルによって〕取られている戦略が無効になるだろうということはたやすく明らかになる。すなわち、ポラニーが主張するように、資本主義経済の形成によって労働組織もまた完全に市場法則にしたがうというのならば、その場合に、このように新しい、労働の社会形成という様相を呈する何らかの規範性はもはや問題にはなりえないことになるだろう――そして、同時にまた、実際にある労働関係への批判を資本主義的な労働組織の道徳的諸原理そのものにつなぎ止めるチャンスも、当然ながらないことになるだろう。

しかしながら、ポラニーの脱埋め込みテーゼは最初のうちはまったく当然のように受け入れられていたものの、ここ数年間のあいだにますます疑義が寄せられてきている。その批判は次のような経済社会学的考察に始まる。つまり、社会的行為の市場を通しての調整が出くわす一連の問題は、結局のところ、ただ制度的、規範的規制によってあらかじめ規定されることによってのみ解決されるのである。すなわち、当事者たちのあいだで、特定の財の価値、公正な交換の規則、そして期待充足の確実さを鑑みて何らかの同意が前もってないのだとするならば、市場のアクターたちは、表面上は純粋に目的合理的に考量するというにしても、いかなるパラメーターにしたがってよいのかがまったく分からないはずなのである。[20] それゆえ最近の用語法ではそう呼ばれているこうした市場の「社会的秩序」は、ただ単に、契約の自由の条件と経済的交換の条件を確定する、実定法的な規定と原則だけを含むのではない。むしろそこには、書かれてはおらず、明確に規定されていない一連の規範と規則が含まれている。これらの規範や規則は、ある特定の財がどのように評価されるべきか、あるいはそれらの財の交換を正しく行うには何を尊重すべきなのかを、市場に媒介されたすべての取引に先だって決めている。おそらくもっとも重要であるのは、こうした当事者の相互的想定を、アクター一般に特定の交流を始めようかという動機を最初に与える、そうした規範的な行為の確信と理解することである。いつでもそのような期待が事実としても満たされるとは限らないし、いつでもそれらの期待が取引を実際に行うなかで決まって失望を抱かせるものであることがはっきりするわけでもない。それにもかかわらず、そうした期待は総じて、市場動向が必然的に埋め込まれている文化的で規範的な相互行為の枠組みをなすのである。カール・ポラニーの考えとまったく対極にある、そのようなテーゼに照らすと、[21] 資本主義的労働組織についてのヘーゲルの定義は、いくらかより新しく、労働社会学的な説明を含んで再現することができる。すなわち、資本主義的な労働市場の諸々の構造は、極めて難しい道徳的な前提、つまり、それらの構造によって包括されるそれぞれの階層の人々が、生計を維持することを保障する報酬と承認に値する労働という、二つの正当な期待を抱くことができるという前提のもとでのみ形成されてくるのである。市場の新しいシステムが、ヘーゲルが言わんとしていたように、当事者たちの規範的な同意を求めることができるのは、ただ次のような条件が満たされているときに限るのである。つまり、第一に収入に応じてもたらされる労働が最低賃金を備えており、第二に実際に行われた活動が、公益への貢献として認識されることを可能とするような形態を取っているという条件である。

このような諸々の規範的な先取りの状態を理解しようとするときにもっとも大きな困難となるのは、きっとそれらが実際の経済発展に対して与える影響力が一方ではほんのわずかなものでしかないのにもかかわらず、他方ではそれらの規範的先取りが経済発展のなかでも普遍的に妥当しなければならないという事情である。正当性を保障する道徳規範がやはりヘーゲルの視点から見ても単に利益だけを目的とした生産の独り歩きをほとんど阻むことができていなかったのだとすると、資本主義的労働組織がそうした規範の地平に埋め込まれているということは、いったいどのように考えればよいのだろうか。このように素描された矛盾を解消するためには、これまでの議論にしたがうなら、ただ、すでに言及した諸規範を労働の資本主義的組織化の反事実的妥当基盤として理解することしか残されていない。つまり、当事者たちがすべて新しい経済形式の意味を理解し、それを「公益」に適うものとみなす機会を得ることができるのは、そこで彼らがヘーゲルが明るみに出した二つの規範を概念的に前提しているときに限られる。それゆえに、市場に媒介された労働の組織化は、事実としては効力を失っていてもその妥当性は失ってはいない、そうした規範的な諸条件に支えられているのである。すなわちここで「埋め込み」と呼ぶことが意味するのは、資本主義的労働市場そのものが強制を持ってしても満たすことができないにちがいない〔自律的にのみ満たされうる〕規範的な諸条件に、その市場の機能を従属させることである。労働の交換というますます見通しのきかなくなる市場での出来事は、諸々の道徳規範を前提として起きる。そして、これらの道徳規範は、歴史的発展がそれらに抵触することがある場合にでも、妥当し続けるのである。しかし、同時にこの規範による背景的確信は、アクターたちが資本主義的労働組織の現行の規制に異を唱えたい場合に、彼女／彼らが援用することのできる道徳的資源もなしている。つまり、その場合には、彼岸の価値の領域や普遍主義的な諸原理の領域を引き合いに出す必要はなく、ただ理解と受容の条件として近代の労働市場の体制にすでにはめ込まれている暗示的な規範を持ち出すだけでいいのである。労働の不当な賃金条件、あるいは労働をめぐる適格性の剝奪（Dequalifizierung）に異議を唱えて過去に激化したすべての社会運動は、この目的のために、ヘーゲルが行った分析においても痕跡として見出すことのできる道徳的語彙だけを原則として用いていたにちがいないだろう。そうした社会運動では、十分に複合的であり完全に他者規定的というわけではない職場の擁護や、生計を維持するための収入の獲得というような目標が掲げられており、それらはすなわち、ヘーゲルが「市民的誇り」の概念においてまとめていた、一貫して規範的な要求にほかならないのである。しかしながら、ヘーゲルによって展開された定義の数々は、やはり確かに、事実上資本主義の労働世界において歴史的に闘争の焦点となったすべての惨状を、規範的にとらえるにはまだ十分とは言えない。つまり、ヘーゲルの眼差しは、なるほど資本主義市場が成人男性すべてに提示すべき承認の新しい形式に向けられてはいた。しかし、彼は「コーポラツィオーン」という補完的な救済手段を頼りとすることで、次のことをただちに見失ってしまうのである。つまり、被雇用者たちの大多数が主に経験することは、収入を得るための労働があらゆる質的な内容から切り離されて空疎になってしまうことであるが、そのことにヘーゲルは気がつくことができないのである。

質的に有意義な労働への要求も新しい経済形式の内在的要求としてとらえようとする精力的試みを、八〇年後になってやっと取り組んだのはエミール・デュルケームであった。[22] ヘーゲルのようにデュルケームも資本主義的労働組織の構造を、主にそれらが近代社会の社会統合のためにいかなる貢献をなしえるのかという観点から追究した。そしてそこで彼は自分の先駆者とまったく同様に、反事実的想定と理想という独自の形式において市場媒介的な交換関係の基礎をなしている一連の規範的条件を見出したのである[23]。デュルケームは「社会的分業」についての研究（『社会分業論』）では次の問いに導かれていた。つまり、近代の社会は、常に増大し続け、ますます市場の形式へと組織化されていく分業を含みながら、それでもなおそのメンバーのあいだで連帯の感情を、つまり社会的な集合意識（Zusammengehörigkeit）を生み出すことが可能なのかどうかという問いである。すなわち彼は『法哲学』の著者と同様に、社会としての経済規模の拡大と経済効率への単なる見込みだけでは、新しい経済形式に社会統合のために要求される種類の道徳的正当化を付け加えるには十分ではないと、確信しているのである。それゆえ、デュルケームが議論を進めるなかでとり続けるのは、例えば、彼の分析の準拠点をなす社会的経済組織の外部に連帯の源を求めるという戦略ではない。社会的な結束力が失われてゆく脅威を取り除くために、市民宗教〔世俗化された民主主義社会における宗教〕という、あるいは集合的エートスという近代的形式の概略を示すつもりなど彼にはまったくない。そうではなく、デュルケームは新しい、資本主義の労働組織そのものの構造のなかで、変化した社会的な集合意識へと導きうる条件を特定する試みを追求したのである。つまり、近代社会をも社会的に統合するために必要である連帯は、彼によると道徳的ないしは宗教的伝統の源泉からではなく、経済的現実という源から湧き出てくるというのである。

しかしながら、ここでそのようなやり方から必要となるのは、ヘーゲルが「市民社会（bürgerliche Gesellschaft）」の経済構造を分析しようとしたときに、彼もすでに取ろうと考えていた方法的操作と同じものである。労働の資本主義的組織化は、偶然的な、経験的に所与の形態において示されてはならず、その組織の公的な正当化をそもそも担っている規範的な諸特徴においてこそ記述されなければならない。すなわち、最初の〔偶然的な、経験的に所与の形態における〕表現にとどまるというのであるなら、それは経験的な単なる描写でしかなく、新しい経済形式が人倫的統合の、ないしは連帯の源にどうしてなるというのかが理解できない。この理由からデュルケームが試みたのはまさしく、近代的な広範囲にわたる分業について周到な分析を行い、徹底していく資本主義の経済自由主義的な関係をヘーゲルが弁証法的に描き出すときに行っていたことである。[24] つまり、デュルケームは次のような描写を行うのである。彼によると、新しい経済的諸条件のもとで社会の成人メンバーはみな、分業による、公益への貢献を果たすという要求を持っており、この貢献と引き替えに、反対に個々の成人メンバーには適切で、最低限度の生計を維持するだけの収入が認められるのというのである。確かにデュルケームは承認という用語を用いてはいない。しかし、彼の論拠の核心は承認という言葉の助けを借りれば、容易に明らかにすることができるだろう。市場に媒介された分業とともに生じてくるのは、次のようなタイプの社会関係である。つまり、この社会関係のなかで社会のメンバーは、共有される豊かさへの彼らのそのつどの貢献を互いに承認し合うことにおいて、互いに関係し合い、知り合うからこそ、特殊な「有機体的」と呼ばれる連帯の形式を形成しうるのである。もちろんのことへーゲルは彼の分析において、生計を維持するための収入によって保たれていると彼が見ようとした、市場参加者の経済的自立を特に強調したが、他方でデュルケームはとりわけ社会的分業の公正さ（Fairness）と透明性（Transparenz）に重きを置いたのである。デュルケームの確信によると、新しい経済形式が社会統合の機能を果たすことができるのはただ、それが反事実的な想定として労働市場のすべての交換関係において作用している、こうした二つの道徳的条件を満たしているときだけなのである。第一に、被雇用者たちが自由な意志から労働契約に同意できるためには、常に、必要となる仕事の評価を得るさいに平等な初期条件が徹底しているように、そしてすべての社会的な貢献が共同体へのその現実の価値にしたがって報酬を受けるように、配慮がなされている必要がある。[25] したがって、正義と公正さはデュルケームにとっては、外側から資本主義的労働組織に持ち込まれるような規範的理想ではまったくない。これらは、実際に効力を発揮しないのであれば社会的な集合意識がけっして生じてこない、そうした機能的に不可避の想定を労働組織の枠内で形成するのである。第二の規範的規定についてもまったく同様で、デュルケームはこの規定を、新しい経済形式の道徳的存続条件の概観を試みるときに提示した。彼によると、市場に媒介された労働関係が社会統合の機能を満たすことができるためには、それはただ正当で公正に組織されていなければならないだけではなく、個々の活動をできるかぎり透明で、かつ見渡しが効くように互いに結びつけるという要請を満たさなければならないのである。

まさにこの箇所においてこそデュルケームは、その分析において同時に個々人の活動のための必要な編成の基準を提供することで、ヘーゲルを越えてゆく決定的な一歩を踏み出した。デュルケームが自らのテーゼを基礎づけるために思考の展開は、次のような所見に再び開始される。彼の所見によれば、新しい労働関係が連帯の「有機体的な」形式を生み出すことができるのは、その労働関係が被雇用者たちすべてによって、公益に対する共通で協働的な努力として経験される場合に限られるのである。この事情を十分満たすために必要であるのは、デュルケームがここからさらに議論を展開するように、個々の職場すべてから自分自身の活動が他のすべての被雇用者たちの活動とどのような協働の関連にあるのかが見渡せることなのである。しかしそのことがさらに可能であるのはただ、デュルケームによると、さまざまな労働実践が非常に複合的で高次のものであり、結果としてそれらの実践を個々人が自分のパースペクティヴから、残りの社会的に不可欠な労働とのあいだで、ある程度有意義な関連にもたらすことができる場合だけなのである。それゆえデュルケームはためらうことなく、質的に豊かで有意義な労働への要求を、資本主義的経済システムの規範的諸条件そのものに根ざしている要求としてとらえるのである。「分業は、労働者たちが、自分たちの課題にかじりついていることではなく、その同僚たちを視界から見失わず、彼らに影響を与え、反対に影響も受けることを前提にしている。また、労働者は彼がその方向も知らない運動を実行する機械ではなく、その運動がなにがしかの傾向を持っていることを、つまり多かれ少なかれはっきりと彼が理解している目標を目指していることを知っているのである。そして、労働者は自分が何かの役に立っていることを感じている」[26]。ヘーゲルもまたそうしたイメージを描いていて、そして市場に媒介された労働社会のすべてのメンバーに与えられるべき承認の形式として「市民的誇り」と言っていたのかもしれない。しかし、新しい社会形成の形式の持つ規範的意味合いを、有意義なものとして経験されうる労働への要求もまたそこに含まれるというほどまでに、十分に一貫したかたちで初めて表現したのはデュルケームに他ならないのである[27]。

Ⅲ

今日、ますます規制緩和が進んでいく現存の労働関係はまるで、ヘーゲルとデュルケームに見出すことのできる、資本主義的経済形式には道徳的な社会基盤が備わっているという入念な説明を嘲笑うかのようである。社会的労働の事実的な状況には、それが民主主義的な西側のポストフォーディズムの生産体制においてであれ、第二世界と第三世界の低賃金国においてであれ、あまりにも過剰で負担の大きい労働条件が深く刻み込まれているので、持続的な改善への要求はいかなるものでも「抽象的当為」のように響くにちがいない。こうした労働関係への批判について今日の私たちには、すでに一番最初のところで語ったように、資本主義社会の歴史のなかで過去のどの時期と比べても、その批判の実効性や実践的な成果を見込むことが難しい。それにもかかわらず、ヘーゲルとデュルケームの分析は少しもその意味を失ってはいないのである。経済社会学ないしは新制度派経済学における近年の展開に目を向けると、資本主義的労働市場が規範的諸条件から独り歩きすることが理論的に見てむしろますます顕著になっている。そして、それらの規範的諸条件は、ただ「市場の自己調整力」という呪文のヴェールの陰に隠れているのである。こうした最近の〔経済社会学ないしは新制度派経済学などの〕学問分野それぞれの変化したパースペクティヴのうちで、市場の前経済的な前提において示されていることにしても、そのすべてが同時にまた道徳的性質を持っているわけではない。つまり、市場が自分から疎遠な諸条件に左右されていることを解明するためにここで分析されている規制の多くは、むしろ制度的な習慣と社会的ネットワークという性格を持っているのである。[28] それに対し私たちが狭い意味での道徳規範にようやくたどり着くのは、資本主義的労働市場がただ経済効率増大のための手段だけではなく、社会統合のメディアでもあるということを、私たちがヘーゲルとデュルケームと共に確信する場合である。というのも、この決して自明ではない前提のもとでこそ、労働市場が機能することが、「市民的誇り」、「成果についての正義（Leistungsgerechtigkeit）」、そして「有意義な労働」というような概念を用いて表現されねばならない道徳的約束の実現に依存しているという事実が明るみに出るからである。それゆえに、現存する労働関係を批判するための内在的基準が私たちの手中にあるのかという問いに答えることは、システム統合の観点から分析するのか、あるいは社会統合の観点から分析するのかについての決定にすべてかかっている。すなわち私たちが最初の〔システム統合という〕パースペクティヴにとどまるなら、市場においては確かに前経済的な条件と規制が現れてくることがあっても、道徳的な原理が姿を現すことはないのである。それに対し、私たちが第二の〔社会統合という〕パースペクティヴに導かれるならば、同じ市場において、ヘーゲルとデュルケームによると市場を社会的生活世界へと規範的に埋め込むことを確実なものにする、そうした道徳的な含意がはっきりとしてくるのである。

ここで、つまり二つのパースペクティヴのあいだの選択が問題となるところで、当事者たちの声もおそらくやはり、正しいあり方でもう一度持ち出されることになる。確かに私は議論を進めていくなかで、私たちが所与の労働関係の批判を正当化するためには、けっして被雇用者たちの判断だけに基づくことはできないということを示してきた。そのような形で基礎づけをするならば、公的に提起された請求と異議におしなべて、何らかの類の道徳的妥当性がどうして認められるべきとされるのかの論拠がいっさい欠けることになるだろう。しかしおそらく、当事者たちの不快感は、より高次の段階で、すなわち、批判の規範的源としてではなく先に言及した二つのパースペクティヴの選択における決定の助けとしてとらえるところで、引き合いに出すことができるだろう。資本主義の労働市場を前にして、システム統合の観点を取るべきか、あるいはむしろ社会統合の観点を取るべきなのかという決定が、確かに個々の理論家の気ままに委ねられることはあり得ない。理論家はその選択をむしろ、二つのうちのどちらのパースペクティヴが目下の対象領域を説明するためにより適切であるのかを視野に入れて正当化しなければならない。しかし、被雇用者たちが不当な労働条件に対して抵抗する場合に、そして民衆の多数が現状の労働関係のもとで苦しんでいる場合に[29]、資本主義的労働市場をただ効率性増大の観点からのみ分析することはまず肯定できない。ヘーゲルの言葉を言い換えると、少なくとも「市民社会の息子［そして娘たち］」〔ホネットによる補い〕は、（彼らが市場に対して）権利を持っているのと同じ程度に、市場は（彼ら）に対して要求を突き付ける[30]」と確信しているように思えるのである。いずれにしても、現在の資本主義の労働市場に集まる人々の反応が適切に説明されるのは、システム統合のパースペクティヴではなく、社会統合のパースペクティヴがとられる場合だけなのである。というのも、現状の諸事情に苦しむ人々がいて、そしてもはや単なる無関心だけが優勢なのではないこと、闘争が行われ、異議申し立てがなされ、単に戦略的でしかない冷淡さによって応答されているわけではないこと、これらの事態が一般に理解できるようになるのは、市場がさらに社会的生活世界の一部として分析される場合だけに限られるのである。しかしながら私たちがそのようなパースペクティヴをわがものとするならば、そうすれば資本主義的労働市場について、私がヘーゲルとデュルケームとともに再構成をしてきた道徳的諸条件がすべて姿を現すことだろう。そして今日、労働関係の圧力のもとでも、労働世界の道徳原則というこうした蓄えを放棄してしまう理由はおよそないのである。

原注

（1） R. Castel, *Die Metamorphosen der sozialen Frage. Eine Chronik der Lohnarbeit*, Konstanz, 2000〔『社会問題の変容——賃金労働の年代記』前川真行訳、ナカニシヤ出版、二〇一二年〕;（以下の私の書評を参照。*Literaturen*, 02/01 [2001], S. 58f.）; このテーマに関しては以下も参照。E. Senghaas-Knobloch, *Wohin driftet die Arbeitswelt?*, Wiesbaden 2008, Teil I.

（2） 私はここで典型的なものとしてだけ以下を参照する。Christine Morgenroth, »Arbeitsidentität und Arbeitslosigkeit – ein depressiver Zirkel«, in: *Das Parlament. Aus Politik und Zeitgeschichte*, Bd. 6–7, 2003, 17–24; W. J. Wilson, *When Work Disappears: The World of the New Urban Poor*, New York 1996.

（3） J. Habermas, »Die Krise des Wohlfahrtsstaates und die Erschöpfung utopischer Energien«, in: ders., *Die Neue Unübersichtlichkeit*, Frankfurt/M. 1985, 141–163.〔「福祉国家の危機とユートピア的エネルギーの枯渇」、『新たなる不透明性』上村隆広／吉田純／城達也訳、松籟社、一九九五年、一九三—二二二頁〕

（4） J. Habermas, *Theorie des kommunikativen Handelns*, Frankfurt/M. 1981, Bd. 2, 455ff.〔『コミュニケイション的行為の理

論』（下）藤沢賢一郎他訳、未來社、一九八七年、三九二頁〕経済領域の脱規範化に対する異議を私は既に以下で表明していた。A. Honneth, *Kritik der Macht. Reflexionsstufen einer kritischen Gesellschaftstheorie*, Frankfurt/M.1986, Kap. 9.〔『権力の批判――批判的社会理論の新たな地平』河上倫逸監訳、第９章、法政大学出版局、一九九二年〕

（5）この手工業的、すなわち美的な労働ユートピアについての優れた概観を、ブロッホの『希望の原理』第三六章は行っている。E. Bloch, *Das Prinzip Hoffnung*, Frankfurt/M. 1959, 3 Bde., Bd.2, 547–728. 社会主義のロマン主義的な水脈については以下も参照。G. Lichtheim, *Ursprünge des Sozialismus*, Gütersloh 1969.

（6）Vgl. M. Seel, *Versuch über die Form des Glücks*, Frankfurt/M. 1995, S. 142–150.

（7）そのことは当然、今日なお手工業的な全体的活動の理想を保証しようとする試みにますます強く当てはまる。Vgl. etwa R.Sennett, *Handwerk*, Berlin 2008.

（8）労働の規範的次元ではなく社会的成果交換の規範的次元に着目する最初の刺激を、フリードリッヒ・カンバーテルの論文から得た。Friedrich Kambartel, »Arbeit und Praxis«, in: *Deutsche Zeitschrift für Philosophie*, 41（1993）2, S. 239ff.; vgl. auch F. Kambartel, *Philosophie und Politische Ökonomie*, Göttingen 1998.

（9）A. Honneth, »Arbeit und instrumentals Handeln«, in: Axel Honneth und Urs Jaeggi（Hg.）, *Arbeit, Handlung, Normativität*, Frankfurt/M. 1980, S. 185–233.

（10）J. Habermas, »Replik auf Einwände«, in: ders., *Vorstudien und Ergänzungen zur Theorie des kommunikativen Handelns*, Frankfurt/M. 1984, S. 475–570, hier: 485, Fn.14.

（11）Vgl. dazu R. Münch, »Zahlung und Achtung. Die Interpenetration von Ökonomie und Moral«, in: *Zeitschrift für Soziologie* 23（1995）, Heft, S. 388–411.

（12）G. W. F. Hegel, *Grundlinien der Philosophie des Rechts, Werke in zwanzig Bänden (Theroie Werkausgabe)*, hrsg. von Eva Moldenhauer und Karl Markus Michel, Bd. 7, Frankfurt/M. 1970, §199.〔上妻精・佐藤康邦・山田忠彰訳『ヘーゲル全集９b　法の哲学　下巻』岩波書店、二〇〇一年、一九九節〕

（13）Ebd.〔同上〕

（14）Ebd., §236, Zusatz.〔二三六節補遺〕

（15）Vgl. H.-Christoph Schmidt am Busch, *Hegels Begriff der Arbeit*, Berlin 2002, S. 151. この優れた研究書に、以下の議論の

ための一連の刺激を受けている。

(16) Ebd., S. 59–65.

(17) この文の引用された表現は次の著作に由来する。G. W. F. Hegel, *Grundlinien der Philosophie des Rechts*, a. a. O. § 243 u. § 244.〔『法の哲学　下巻』、二四三、二四四節〕

(18) Ebd., § 245〔同上、二四五節〕; vgl. dazu auch Schmidt am Busch, *Hegels Begriff der Arbeit*, a. a. O., S. 146.

(19) K. Polanyi, *The Great Transformation. Politische und ökonomische Ursprünge von Gesellschaften und Wirtschafssystemen*, Frankfurt/M. 1978. 特に第II部第五章を参照のこと〔『〔新訳〕大転換』野口健彦他訳、東洋経済新報社、二〇〇九年〕。

(20) Vgl. exemplarisch: J. Beckert, »Die soziale Ordnung von Märkten«, in: Jens Beckert, Rainer Diaz-Bone und Heiner Ganßmann (Hg.), *Märkte als soziale Strukturen*, Frankfurt/M. 2007, S. 43–62.

(21) この論争のための優れた概略を得るためには次の書籍を参照のこと。Christoph Deutschmann, »Unsicherheit und soziale Einbettung: konzeptuelle Probleme der Wirtschaftssoziologie«, in: Beckert/Diaz-Bone/Ganßmann (Hg.), *Märkt als soziale Strukturen*, a. a. O., S. 79–93. この論争との関連では、もちろん同様に市場現象の一連の規範的諸前提を出発点としたタルコット・パーソンズが言及される。Talcott Parsons, »Die Motivierung des wirtschaftlichen Handelns«, in: ders., *Soziologische Thorie*, Neuwied am Rhein und Berlin 1964, S. 136–159. その他の点では、パーソンズはここですでに中心的な箇所で「承認」概念を用いている（ebd., S. 146f.）が、それは〔市場現象のための〕規範的条件によって、彼の視点からすれば、収入のために労働する者たちが相互にそれぞれの労働役割を果たすなかで承認し合い、同時に不可欠な「自己尊敬」を抱くことが保証されなければならないからである。

(22) E. Durkheim, *Über die Teilung der sozialen Arbeit*, Frankfurt/M. 1977.〔『社会分業論』（上・下）井伊弦太郎訳、講談社学術文庫、一九八九年〕

(23) デュルケームが示すさまざまな困難を、私はここでは詳細に扱わない。以下のものが有益な見通しを与えてくれる。Steven Lukes, *Emile Durkheim. His Life and Work*, London 1973, Kap. 7; Hans-Peter Müller, »Die Moralökonomie moderner Gesellschaften. Durkheims ›Physik der Sitten und des Rechts‹« in: Emile Durkheim, Physik der Sitten und des Rechts, Frankfurt/M. 1999, S. 307–341307–341.

(24) スチーブン・ルークスは、デュルケームの分析と、英国における新ヘーゲル主義者であるT・H・グリーンの分析のあいだの平行関係をさまざまに指摘することで、〔デュルケームと〕ヘーゲルとの近さに間接的に注意を喚起している。Steven Lukes, *Emile Durkheim. His Life and Work*, a. a. O., S. 265, S. 271, S. 300.

(25) E. Durkheim, *Über die Teilung der sozialen Arbeit*, a. a. O., S. 422–429.〔『社会分業論』(下)、一九七頁以下〕

(26) Ebd., 415.〔同上、二二三―二二四節〕

(27) デュルケームが彼の社会学的分析のこうした規範的意味合いをすべて完全に意識していたことは、一八九八年の次の短いテキストから明らかである。E. Durkheim, *L'individualisme et les intellectuals*, dt. Übersetzung in: Hans Bertram (Hg.), *Gesellschaftlicher Zwang und moralische Autonomie*, Frankfurt/M. 1986, S. 54–70.

(28) M. Granovetter, »Economic Action and social Structure: The Problem of Embeddedness«, in: *American Journal of Sociology*, 91 (1985), Heft 3, S. 481–510.

(29) Pierre Bourdieu u. a., *Das Elend der Welt. Zeugnisse und Diagnosen alltäglichen Leiden an der Gesellschaft*, Konstanz, 1997.

(30) Hegel, *Grundlinien der Philosophie des Rechts*, a. a. O., §238.〔『法の哲学　下巻』、二三八節〕

第5章　イデオロギーとしての承認*
——道徳と権力の関連について

　ここ二〇年間において承認概念が多くの政治的解放運動の規範的核となるのに応じて、同時にまたその批判的な潜在的可能性に対する疑いも大きくなってきた。理論的懐疑の拡大を疑いもなく助けているのは、私たちが今日、次のような肯定的文化（affirmative Kultur）の中に生きているという経験である。この肯定的文化の中では、公共的に表明された承認はしばしば単にレトリカルな特徴を持ち、ただ代用品的性格を持つのである。つまり、一定の特性や能力を公的に誉めることはシンボル的な政治の道具になっているように見えるのであり、この道具の隠された機能は、個々人または社会的諸集団を、積極的自己像を示唆することによって支配的社会秩序に呪縛することなのである。社会的承認は、私たちの社会の構成員の自律のための諸条件の改善に持続的に貢献するどころか、見たところシステム順応的な態度の創造にだけ貢献している。したがって、この間新しいアプローチに向けられた疑念が行き着くテーゼとは、承認の慣習的実践（Praktiken）が、主体に自律を可能にするのではなく、反対に、主体に従属をもたらすというものである。つまり、この反論を要約するならば、諸個人は相互承認の過程によって、社会に役立つ課題や義務を自発的に引き受けることへと彼らを動機づけする一定の自己関係を習得させせられるということになる。(1)

〔承認論への〕これらの原則的な留保に表れている考察は、既に三〇年以上前にマルクス主義理論家ルイ・アルチュセールを、公共的な承認の実践のなかにイデオロギーのあらゆる形態の統一的なメカニズムを確認することに向かわせたものだった[2]。彼のただ輪郭だけ描かれた、国家機関の政治にだけ関する議論は、後に、ジュディス・バトラーが再び取り上げ、ジャック・ラカンの精神分析に関係づけて批判に耐えられる構想へと作り上げられた[3]。アルチュセールは良く知られているように、フランス語の概念《subjectivation》の二つの意味を「イデオロギー」という彼の概念を解明するために使っている。つまり、個々の人間が、自分の責任と権利の意識という意味における「主体」になるのは、彼らに社会的アイデンティティを与える、慣習的実践の規則と役割期待のシステムに従属する程度においてのみである。この定義によって従属の行為が公的確認のモデルにしたがって把握されるならば、私たちが「承認」と呼びうるものは突然、あらゆる積極的意味を失い、あらゆるイデオロギーの中心的メカニズムとなる。つまり、誰かを承認するということは、繰り返される儀式的に恒常化した要請によって、役割期待の確立されたシステムに適合した自己理解に正確にいたるように仕向けることなのである。

確かに、アルチュセール自身がこのイデオロギー概念を批判的な意味で使うことはなかった。むしろ、彼が一切の規範的な判断なく承認の制度的な事象をシステム順応的な主体の創造のメカニズムとして描くとき、彼はこの概念の純粋に記述的な使用に自己限定していた[4]。しかしこのアルチュセールの規定は、相互承認の営みにおいてその規範的基礎を見出そうとする批判的社会理論にとって手強い挑戦である。というのも、彼の考察に照らせば、批判的社会理論は、社会的承認が場合によっては社会的な支配を保障する機能をも引き受けうるのではないか、という問いに直面するからである。この新しいコンテクストの中でイデオロギー概念はその単なる記述的な意味を失い、マイナス評価を含むカテゴリーとなる。というのも、アルチュセールのイデオロギー概念によって、人格的自律を促進するという機能ではなく、支配順応的態度を創造するという機能を持つがゆえに、誤っているか正当ではないものと見なされるにちがいない承認諸形態が考えられているからである。(5)

確かに、最初から承認理論が従属や支配という否定的現象を度外視していたと考えることは間違っているだろう。そもそもこのアプローチ全体の批判的原動力は、欠如したまたは不足した承認の社会現象という出発点だけに由来する。つまり、視野に入ってくることになるのは、屈辱を与えること(Demütigung)や侮辱(Entwürdigung)という慣習的実践であり、それらは諸主体から社会的承認の理由づけられた形態とそれとともに自律形成の決定的な条件を奪う。(6) しかし他方で、そのように述べることは、「承認」が概念的に常に、支配や服従の慣習的実践の対極として扱われたことをはっきりさせる。権力行使のこのような形式は、与えられなかった承認、意図的な軽蔑(Mißachtung)、屈辱を与えることの現象として把握されることになるので、承認そのものはけっして支配の手段の機能を持つとは疑われえなかった。しかし、この無罪の推定は、アルチュセールのイデオロギー概念が提起する考察によって、そのすべての自明性を失う。というのも、その考察によって、承認諸形態が儀式的な確認のモデルに従って社会順応的自己像を造り出し、したがって現存する支配関係の再生産に寄与するという理由によって、社会的支配の手段として有効な承認諸形態が視野に入るからである。公的に示された承認が実際には、支配的な分業のシステムにぴったりとはめ込まれた個人的自己関係を創造し維持することにどの位よく奉仕するのかをはっきりと示す例を過去の社会から苦も無く引き出すことができる。つまり、アンクル・トムが美徳とみなすへりくだった態度に繰り返し寄せられる賞賛に対して感じる誇りは、彼を、奴隷制社会における従順な臣下にする。(7) 数世紀にわたって教会、議会、マスメディアが「善き」母と主婦であることを扇動的に呼びかけたことは、性別役割分業に最も適した自己像に女性たちが囚われ続ける原因となった。(8) そして勇敢で英雄的な兵士が受ける公的価値評価は、名誉と経験を求めて喜んで戦争に行く男たちを大量に持続的に生み出し続けた。(9) これらの例は取るに足りないものかもしれないが、かえってそれらが直ちに明らかにするのは、社会的承認が、常に、順応性を創造するイデオロギーという意味において作用する機能をも持ちうることである。つまり、承認の決まり文句を持続的に反復することは、抑圧的でない仕方で、自発的な従属の形式を受容するための動機となる資源を与えるような一種の自己価値感情を作り出すという目標を達成するのである。

しかしながら、今挙げた例がイデオロギー的だと思えるのは、それらを現在から振り返って評価した際の確信をもってイデオロギー的と言えるような例だからである。実例の選択そのもの、また記述の仕方も既に、道徳的に前進した現在のパースペクティヴからのみ下されうる道徳判断の結果である。つまり、過去に対して道徳的に優越していると考えられる時代の同時代人である私たちが、有徳な奴隷、善き主婦、英雄的な兵士という価値評価が、純粋にイデオロギー的な性格のものであったと確信するのである。それに対して私たちが過去のそれぞれの時代に身を置きいれるならば、誤った「イデオロギー的な」承認の形態と正しい道徳的に要求される形態とを区別することははるかにずっと難しくなるように見える。というのも、過去に身を置きいれる際には、それ以前にはまだ確かであった諸基準が突然定かでなくなるからである。つまり、なぜ、その奴隷が、自分の白人の主人からへりくだった態度を評価された経験によって、彼にある程度の内的自律を得るのを助けた自己感情の形式に到達してはならなかったのだろうか。そして女性たちがケアする母として公的に承認を見出したことによって、彼女たちが家庭外の役割と官職から排除されたという軽蔑〔権利剝奪〕(Mißachtung) が部分的に補償されたのではないか。最後に、男性のヒロイズムの価値図式は、彼らの地方の文化のなかでは失業や資格の欠如のゆえに社会的意義の喪失に苦しむ男性たちに、彼らが名声と名望を補償的にえることができた、男性の独自のサブカルチャーをうる機会を与えたかもしれない。これらの解釈可能性が明確にするのは、いずれの例においても、私たちが現在から振り返って純粋なイデオロギーと考える価値評価の一定の編成（Dispositiv）は、歴史的状況をより仔細に考察すれば、より高い自己価値を特殊な集団ごとに獲得するための条件であることである。したがって私たちが、過去においてそのつど支配していた社会文化的前提に入っていけばいくほど、承認形態のイデオロギー的内容を確定することがより困難に見える。当事者（Betroffenen）自身が承認の支配的実践に対して反抗するときにのみ、私たちは、それぞれの時代に対してもただイデオロギーにすぎないものついて語りうる最初の準拠点を手に入れる。しかし一般に、判断のこの困難さは、私たちがそれぞれの当該の事例から離れる時間的距離とともに減少する。というのも、歴史的な距離が大きくなればなるほど、ますます容易に私たちは、現在から振り返って承認のイデオロギー的形式と道徳的に要求される形式との区別をできるようにする普遍的に受け入れられた基準をうるようになるからである。

したがって、現在に関しては、この理論的問題は錯綜したものになる。当事者自身が承認の一定の慣習的実践を抑圧的・制限的・ステレオタイプ化するものとして経験していることを示す経験的な準拠点を持たない限り、承認のイデオロギー的形態と正当な形態との間で有意味な区別をすることは非常に難しい。こうした困難は、承認行為が、個人や社会的集団に属するとされる何らかの価値や成果（Leistung）を公共的に表明することを意味するという概念的事情から生じる。つまり、そのような関連においてイデオロギーについて語ることは、本来的には肯定的で傑出した実践に対して、一見したところ差別的特徴は全くないように見えるが、実は抑圧なき従属という否定的な性質があるのだと主張することを意味する。したがって問題は次のようになる。つまり、いかにして現在において、社会的価値の公共的表明、すなわち承認形態は、それにもかかわらず支配的な性格を持ちうるのか。これが、私が以下において取り上げたい問題である。アプローチとして、私たちが今日、承認の実践のもとで一連の説明の試みにしたがって何を理解しうるのかをもう一度まとめることが得策である。その際、示されるのは、その〔承認という〕概念が、私たちが個人（や集団）の価値特性に反応しうる合理的振舞いを示す限り、ある規範的内容を持つことである（I）。しかしこの概念的な予備考察は、社会的承認のイデオロギー的な形式と道徳的に正当化された形式とを区別するという問題の解決に役立つように見えるだけである。というのも、承認のイデオロギーといえどもただ稀に単純に非合理的なのであって、むしろ私たちの価値地平に内在する価値評価的な基礎を一般的には持ち出すことが示されるだろうからである（II）。したがって私たちの問題に対する解答は、承認形態の適用される諸条件を、承認のあらゆる単なる「イデオロギー」の「非合理的な核」が示されるところまで条件を一つひとつ丁寧に、はっきりと、列挙する試みによってのみ与えられうる。私は、この非合理性は、価値評価的な語彙そのものの意味論的な表層において見出されるのではなく、価値評価的な約束と実質的な履行（Erfüllung）との間の不一致に見出される、と思うのである（III）。

I

私が解明の中心に置きたい問題は、アルチュセールにとって、ある意味において存在しえない。彼の承認概念は、正しいか誤っているか、正当かイデオロギー的かという区別を許容しないという意味において一元的なものである。むしろ彼にとっては、すべての承認形態はイデオロギーの性格を持っているにちがいない。なぜなら、たんなる要求や「要請（Anrufung）」によって受取り手は、自分からは個人としては決して持たないとされる想像的な統一を強いられるからである。それに対して、イデオロギー的な承認形態と適切な承認形態とを区別する試みは、承認の積極的な意味を規定することから始まらなければならない。[10]「承認」のテーマに関する研究文献が最近大きく増えているが、確かに承認の現象と思われるものの概念的な中心内容は常にいっそう激しく議論されている。この概念は、たいていの場合緩やかにヘーゲルに依拠しながら、個的主体や社会集団がある一定の性質において確認される態度や慣習的実践に対して漠然と用いられている。その上その際には、尊敬（Achtung）というカントの概念との関係が不明瞭であるだけではない。むしろ、次第に以前よりもいっそう、承認概念が、英語、フランス語、ドイツ語で異なった意味内容を持っており、それらの相互の関係がそれほど分かりやすいものではないことが明らかとなった。この概念はドイツ語においては、積極的地位（Status）を与えることと結びついた規範的事態だけを主として示しているように見える。それに対して、英語やフランス語においては、再認すること（Wiedererkennen）や同定すること（Identifizieren）という認識的意味をさらにまた含んでいる。こうした困難にさらに、三つの言語すべてにおいてまた、過ちを認めること（Eingeständnis）、容認すること（Einräumen）という承認に純粋に自己言及的な意味をまず第一に与える言語行為のためにも用いられうるという困難が付け加わる。[11]最後に、ヘーゲルのこの概念の用い方に対抗して、承認が他の個人の生活表現（Lebensäußerungen）への行為遂行的な応答として作用するとする、ヴィトゲンシュタインの解釈パースペクティヴが登場した。承認（acknowledgement）のカテゴリーは、とりわけヘーゲルへの参照なしにすませているスタンリー・カヴェルの著作を通じて、この仕方で分析哲学の内輪のサークルにまで浸透した。[12]

今日、概念的混迷と未解決の問いとがこのように錯綜する中では、〔承認概念を〕一面化することも除外することも避けてカテゴリー的に確定することによってのみ明確さが作り出されるはずである。その際、承認においては、日常的な出来事として社会的世界に根づいた道徳的行為が問題となるという事情が考慮されねばならない。私は、さしあたり広く合意が生じているように見える四つの前提から出発しよう。第一に主張されるのは、承認の本来の様態が、この言葉のドイツ語的な意味で中心とされるもののうちにあることである。つまり、その意味のもとでは常に、人間主体や集団の持つ積極的な特性を肯定することが理解されるべきであり、その際、他の意味への体系的な結びつきを作りうることが除外されてはならない。第二に、今日、承認の行為〔としての〕性格を強調することにも一致があるだろう。つまり、〔他者の〕承認に応じた振舞い方（Verhaltensweisen）によってはじめて、承認される主体にとって規範的に重要な、信用に値する価値が作りだされるのだから、承認という行為は、単に言葉やシンボル的表現では汲み尽くせない。したがって間主体的関係だけが問題になる限り、承認は、姿勢（Haltung）、行為に影響を与えるようになった態度（Einstellung）として語られるべきだろう。[13] さらに第三に、承認のそのような行為は、社会的世界における独特の現象であることから出発しなければならない。社会的世界独特の現象はしたがって、他に向けられた行為の副産物として理解されえず、むしろ独自の意図の表現として把握されねばならない。身振りや言語行為においてであれ、制度的措置においてであれ、最初の目的が何らかの仕方で他の個人や集団の存在に肯定的に向けられるときにのみ、私たちは常にそのような表現や措置のなかで承認のケースと関わっている。このように概念的に予め前もって決定しておけば、例えば、相互行為における他の関心を一貫して追求すると必然的に同時に現れる肯定的態度を、承認の一つの形式として把握することを除外することになる。つまり、私がある特定の人と定期的にチェスをしたいと強く希望するならば、おそらく確かにそのことのなかには、その人物の知的能力を特別に価値評価することが表現されているが、しかし私の行為の意図の第一の目的は、チェスのゲームを一緒にすることに向けられているのである。今日、一致がある第四の前提は、「承認」が、さまざまな種概念を含んだ類概念であるというテーゼに要約される。つまり、例えば愛、法的尊敬、価値評価というそれぞれの姿勢のなかに、類的に承認として把握される一つの基本的態度が異って強調されて示されているのである。

私が今まで示してきた四つの前提は、今日ある程度まで解明された概念を用いる際に、どこから出発すべきか、ということだけをまとめている。つまり、承認は、相手を一定の仕方で肯定するという最初の意図を反映する実践的態度のさまざまな形態の類〔概念〕と把握されるべきだろう。アルチュセールがはっきり念頭に置いているものとは違って、そのような肯定する姿勢は明確に積極的な性格を持っている。なぜなら、この姿勢は、受け手が、自分の特有の性質を同定し、それゆえより大きな自律に到達することを可能とするからである。単なるイデオロギーであるのとはまったく異なって、承認は、自律的に自分の人生目標を現実化する能力に対する間主体的な前提をなす。[14] しかし、概念を解明するにあたっての本当の挑戦は、このような肯定的振舞いの認識的性格に関わるところで初めて始まる。この問題点は、私たちが承認をどちらかといえば付加的（attributiv）行為としてか、それとも受動的（rezeptiv）行為として理解するべきかという問いに示される。私たちは一般的な場合の承認を適切にどのように特徴づけるべきかという問いに際して、実際のところ、相互行為パートナーとの認知的な関係に関わる二つの選択肢があるように見える。一方では、私たちは、このような行為によって生じる、特性の肯定を、他の主体に新しい積極的な性質がいわば付与される付加（Attribuierung）モデルによって把握しうる。他方では、私たちはこの行為を、ある個人が既に持っている特質が、付随的にただ何らかの仕方で確認されたり公的に知らされたりするような知覚（Wahrnehmung）モデルによって理解する。第一の場合は、私たちが承認として理解するものは、当該主体に以前はそなわっていなかった地位を与えたり加えたりすることだろう。それに対して第二の場合は、独立に既に存在している地位のある種の知覚が問題となっているのだろう。この二つの見方の間の相違を示すもう一つの可能性は、第一の場合には、承認のなす生産的な営みについて語られているのに対して、第二の場合はただ再生産的な営みについてだけ語られていることにあるだろう。ある個人や社会集団が持つ地位や積極的特性（Eigenschaften）は、承認の行為によってはじめて作られるのか、一定の意味ある仕方で再現されるかなのである。

これら二つの思考モデルの選択肢から一つを選ぶことは難しい。なぜなら、それぞれが別々の長所を持っているように見えるからである。もし私の考えが正しいならば、知覚モデル、つまり受容（Rezeption）モデルによって、承認する振舞いのもとで実践的理由によって動機づけされる行為が問題になっているにちがいないという私たちの直観が考えられている。というのも、私たちは承認において、人間存在がさまざまな観点において予め持っている価値評価的特質のなかに置かれた理由に、正しくまたは適切に反応するからである。[15] それに対して、付加の考えを用いるモデルは、そのような価値実在論が混入することから免れている。ここでは、ある個人やある集団に特殊な能力が付与される限り承認のもとでいつでも構成的な行為が問題であるにちがいないという直観が考慮されている。しかし私はこのような見方の欠点と同じものを、まさに受容モデルの長所をなすように見える所に見出す。つまり、承認する態度によって他の主体に肯定的な特質が単に付加されるだけとされるならば、私たちはそのような付加の正しさや適切さを判断するいかなる内的な基準ももはや持っていないことになるのである。承認の変化する余地（Variations-spielraum）には、もはやいかなる限界もない。なぜなら、付加の行為によってのみ生じるものである限り、私たちはすべてのものを、ある個人の能力や地位であると考えなければならないからである。ここで解決策となるのはただ、承認の正当性が、その承認が生じる際の規範的な質によって測られるというテーゼだろう。しかしそうであるならば、承認概念は、まさに社会学的な「ラベリング・アプローチ」からの区別を可能にする道徳的内容を一切失うことだろう。

さて一見したところ、対立した見方、つまり受容モデル、すなわち応答モデルもずっと優れているわけではないように見える。承認する振舞いで個人や個人からなる集団の価値評価的特質に正しく反応すると主張しうるためには、諸価値の客観的実在が、価値が構成されたものであるという私たちの見方ともはや一致していないように前提されていなければならない。確かに、承認から密かに道徳的行為の性格を取り去らないために、私たちが承認を「理由の国」に置いておくべきことは、正しいことのように見える。というのも、他の個人に対する私たちの承認が、私たちが場合によっては明確に表現しようとすることもできる理由によって動機づけされているときにのみ、承認は洞察に基づく行為として把握され、そうすることによって広い意味において道徳の領域に属することになるからである。この理由の種類を価値評価的なものとして示そうとする更なる提案も、私たちが承認する振舞いにおいて常にある個人の（または集団の）価値を表明するように見える限り理解できるはずである。私たちが承認することにおいて義務づけられていると考える道徳的制限は、私たちが承認する振舞いによっていわば公的に表現する価値ある諸特性から生じる。困難が生じるのは、そのような価値評価的な理由の状態をいっそう正確に規定することが問題となるところである。そこでは実際のところ、私たちの存在論的な残りの背景確信にもはや調和しえない価値実在論に戻る以外の逃げ道はないように見える。しかしながら、この困った状態が変わるのは、その種の価値が、歴史的な変化にさらされる性質を持つ生活世界的な確信を示している可能性を私たちが許容するときである。承認する振舞いにおいて諸個人（や集団）に正しく反応するために、諸個人（や集団）において知覚することができなければならないのは、確固とした客観的な価値特性ではなく、歴史的に変化可能な価値特性であろう。しかしながら、ある程度でも信頼できる理論に到達するためには、このように描かれたあり方にさらに別の要素を付け加えねばならないだろう。つまり、社会的生活世界は、諸主体が諸個人の価値ある特質を連続的に身につけることによって、そのなかへと社会化される「第二の自然」のようなものとして把握されねばならないだろう。この学習過程は、私たちがそのなかで価値評価的な特性の知覚と同時にそれに応じた振舞い方を獲得するだろう限り、複雑な成り行きとして把握されねばならない。この振舞い方の特色は私たちの自然的な自己中心主義を明らかに制限することにあるにちがいないだろう。この結果として、私たちは、人間の承認の振舞いを、社会化の過程において他の諸個人の持つ価値という変更可能な理由と結びついた、習慣の束として理解しうるだろう。[16]

しかしながら、以上のような考察によっても、そのような控えめな価値実在論（ein gemäßigter Wertrealismus）の本来の困難をなすように見える問題が解決されていない。既に述べたように、私たちが他の諸個人において適切に承認しうる、価値ある特性については、その特性は一定の生活世界の経験地平においてのみ現実性を持つと考えていた。この生活世界の構成員たちが彼らの文化のなかへと社会化されていることに成功しているならば、彼らはそのような個人的な価値特性を、彼らがまず第一に当然与えられた事実として他の文化的な特殊性を経験するのと同じ仕方で、社会的環境の客観的所与として知覚する。それによってこの構想の枠組みのなかでも、承認概念の規範的目標と根本的には一致しない相対主義の危険が生じる。というのも、承認の振舞いの適切さが計られるだろう諸価値は、規範的妥当性をそれぞれ唯一の文化に対してだけ持っているように見えるからである。したがって結論においては、応答モデル、つまり受動モデルに伴う相対主義は、付加モデルの相対主義とけっして区別されないだろう。つまり、付加として記述されようと、適切な反応として記述されようと、どちらの場合においても、承認する態度の妥当性は、それぞれの生活形式の規範的な所与にのみ依存しているだろう。私の考えでは、受容モデルにとってこの困難は、穏健な価値実在論が強固な進歩構想を伴うときにのみ避けられる。このことが意味するのは根本的には、人間的価値特性が文化的に変化するなかに、その都度の承認文化の超歴史的妥当性についての基礎づけられた判断を許すだろう、一定の方向性を持った発展を想定することだろう。[17] 私の考えでは私たちの方向性を持った生活世界的な知の反省形態として規定されるにちがいないだろう、進歩構想の詳細にこれ以上立ち入ることはできず、[18] 中心思想の提示だけに自己制限することにしよう。その中心思想とは、私たちが社会化のおかげで人間諸主体において知覚し合理的に顧慮するようになる価値特性の歴史的差異化とともに、同時に私たちの承認関係の規範的水準も上昇する。というのも、承認を通じて私たちが確認しうる一つ一つの価値が増えるとともに、人間の、自分の能力を同定しそれに応じてより大きな自律に到達しうる機会も増えるからである。このように概略を示すだけでも、承認概念を、穏健な価値実在論に繋ぎとめるという思想を正当化するには十分であるにちがいない。

しかし私が、私たちが承認のイデオロギー的な形態と正当な形態とをどのように区別できるのか、という問題に戻る前に、少なくとももう一つの問題も少し扱わなくてはならない。その問題は、たいていイデオロギーを、間主体的な振舞いではなく制度的な規則や構成（Arrangements）に源泉がある意識形成や評価的言明システムとして語る事情から生じる。私たちは、市民的契約形態がイデオロギーを生み出すそのような装置であると捉えたマルクスとともに、[19] 欺瞞を行ったり虚構を生み出したりする信念の成立にいたる原因は、特定の制度の特別な体制（Verfassung）であることから出発する。したがって、承認モデルもこのようなイデオロギーを形成しうるとされるならば、私たちは、諸個人のみならず社会的制度もまた承認を与えうるとはどういう意味か、を説明しなければならない。私たちが今まで定位していた間主体的な承認のレベルから、制度的に保障された承認のレベルへと移行しなければならないのである。[20]

そのような移行の出発点をなすのは、制度的な規則と慣習的実践も、人間のどのような価値特性が特別な仕方で承認を獲得するべきなのかについての特定の考えを含みうるという考察である。したがって、例えば近代核家族の制度においては、人間が私的な欲求主体として承認されて持っている価値が表現されている一方で、近代法のうちに制度化された平等原則においては、近代社会のなかでは構成員が平等で自由な主体として尊重されるべきであるという規範的事実が沈澱していること（Niederschlag）が見出された。どちらの例においても、対応する制度がまさに、主体同士が特定の価値特性に基づいて間主体的に与えあう承認の特別な形態を制度的に具体化（Verkörperung）したものとして把握されうる。しかし、その承認モデルを社会的に「表現」するような諸制度と、ただ間接的にか、それとも副次効果として承認の一定の形態を表わすだけの、制度的な慣習的実践や規則とは区別されねばならない。というのも、ほとんどすべての諸制度のルーティーンのなかで、確かに承認を与えることを意図しているわけではないがしかし承認モデルの結晶として理解される、人間主体についての特定のイメージが力を発揮しているからである。したがって、患者が病院で扱わる際の組織的実践とルーティンに特定の承認形態が反映しているように、ある産業における労働者の賃金、疾病保険、休暇期間を規定する諸規則には、社会的に戦い取られた特別な承認形態も反映しているのである。このような組織において諸個人が構成員またはクライエントとしてそれぞれ特定の仕方で扱われるための前提をなす、知覚図式と態度図式は、生活世界的な承認実践の堆積として把握される。もちろん、組織が人間の新たな価値特性の創造と発見において先導的役割を引き受けるとき、このような堆積の方向も変えうる。そのような場合には、変化した承認モデルは、それが生活世界の物語的実践において表現される前に、まずは制度の規則と慣習的実践において最初に取り入れられる。

特定の承認モデルが自由意思による従属の準備を引き起こすので、どの程度その承認モデルがイデオロギー的性格を持つのか、という問題にとって、おそらく制度的承認のこの第二のケースは特別な意義を持っている。

II

ここまでの考察において主要に論じてきたのは、承認概念を適切に理解するためにはどう考えればよいかという問題であった。付加モデルか受容モデルかのいずれかという選択に迫られて、私は控えめな価値実在論の道を進むことにした。すなわち、私たちは生活世界という第二の自然へ統合されるに応じて、各主体に一定の価値特性が備わっていることを認めるようになるのであり、承認とはそのような価値特性に対して合理的に応答する反応的振舞いであると理解することにしたい。承認概念をこのように規定しただけでも、アルチュセールの提案との違いは明らかであろう。彼にとってはいかなる形の承認であろうと全てイデオロギーの具体的形態である。各主体がどのような主体として扱われようと、それとは関係なく、各主体が一定の社会的地位にあると単に認めるだけで、すでにイデオロギー的実践である。なぜなら、社会的地位を認めることは、統一性やアイデンティティの幻想を抱かせるとともに、その地位にふさわしい振舞いの期待に応えようという気持ちを起こさせるからである。これに対して、本論で展開している提案は、適切で合理的な形の承認はありうるということから出発している。そのような承認の形の要点は、すでに存在する人間の価値特性を、行為遂行的に公然と認めることである。しかし、このように述べたところで、これだけでは、そのように捉えられた承認概念がそもそもなぜ道徳的行為を表すことになるのかということを理解してもらうには不十分である。確かに私たちは今、価値評価に関わる理由に媒介された行為を問題にしているのだが、それだけでは、必然的に道徳的行為も問題になっているのだということを示したことにはならない。道徳的行為でもあるという関連が明らかになるのは、先に自己中心主義の抑制として述べた側面をより詳しく考察するときである。この考えは、ある意味でカントに連なるものである。カントは、尊敬概念を導入する文脈で、次のように述べていた。「価値に関するいかなる表象も」私たちに、私たちの「自己愛を断ち切る」ような制約を自分の行為に課すように強いる、と。[21] これを受けて言うならば、誰かを承認するとは、もはや自己中心的にではなく、その人の意図、願い、欲求に応じて振舞うように私たちを内面から動機づける価値特性がその人に備わっていることを認めることである。これによって、承認という行為は、他者の価値に規定されることを容認するがゆえに、必然的に道徳的行為であることが明らかになる。つまり、承認する態度のもとでなされる行為は、自分の意図ではなく、他者の価値評価的な特性に準拠しているがゆえに、道徳的である。事の次第がこのようであるとすると、主体たる人間の価値として承認に値する特性がいろいろあるのに応じて、道徳的行為に関しても多くの形を区別することができるはずである。そこで私は、最近のいくつかの論文で、道徳の源泉として、私たちの生活世界においてはっきりと分化している承認の形式に対応していると思われる三つの源泉を区別すべきだという結論に至った。というのも、近代社会の価値地平は、次のような表象によって形成されているからであるが、この点では一連の著者たちと私は意見が一致していると言ってよいであろう。すなわち、人間は、少なくとも必要とされる存在として、その自律性において同等の権利を有する存在として、優れた働きをする存在として、価値が認められるべきであり、それぞれに応じて承認する振舞いの形式も異なっている（愛、権利の尊重、社会的な価値評価）という表象である。[22]

以上の考察をさらに続けることもできるが、その前にまずは、本来はこの論文の中心に位置すべき問題に取り組みたい。はじめに述べたように、上述のような社会的承認の形式が、現存の支配秩序に適合する自己関係を各人が取るように促しうるがゆえに、イデオロギーとしか言いようのない機能を果たしている可能性は排除できない。そのようなイデオロギーとしての承認は、何らかの価値を真に表現するかわりに、期待される任務や義務を何の疑問も感じずに実行するよう動機づけるであろう。ここで、まずはそのようなイデオロギーの役割との関係で考察の対象になる公的な価値言明や主体イメージの範囲をさらに絞り込むことが、おそらく有意義である。というのも、今日、私たちが生活世界の内に見出すことができる価値評価にはいろいろな種類があるが、その大半は承認のイデオロギーとして注目してもらえるための前提条件を全然満たしていないからである。

そのようなイデオロギーとして問題になりうる信念体系は、第一に、当然ながら主体の価値または諸主体から成る集団の価値を肯定的に表現しているという特性を有していなければならない。そのような信念体系が想定されているイデオロギー機能を果たすことができるのは、それが、諸個人に、自分は一定の任務を自発的に引き受けるように鼓舞されていると感じることで自分自身と肯定的関係を取れる可能性を開く限りにおいてである。したがって、ここで確定しようとしている価値言明の範囲から、公然と蔑視するような類の言明は全て除外される。人種差別や女性蔑視、あるいはよそ者に対する敵意の場合のように、特定の人々の集団に対してまさに価値を否認するような信念体系は、通常、蔑視される人々の自己像を傷つけることになるので、承認のイデオロギーの役割を担うことは不可能である。社会的承認によって効果を発揮すべきイデオロギーが、一定の人々の集団を排除することに貢献するなどということはあってはならないことであって、その人々の統合にこそ貢献しなければならないのである。

この統合効果を達成するためには、今問題にしている信念体系は、第二に、当事者にとって信頼に足るものでなければならない。信念体系の受け手が、その信念体系の中で重視されている価値言明と自分自身を重ね合わせるための理由を自分自身の内に見出すことがなければ、その信念体系が行為遂行的機能を果たすことはできない。この制約条件は、一面では当たり前のことだが、他方で簡単には説明できない複雑な面もある。当然ながら、ある人間あるいは人間集団の自己像を強化することができる肯定的な価値言明は、その意味内容が既存の能力や長所と結びついているという当たり前の意味で、現実的でなければならない。警察官を計算能力が高いということで褒めたり、才能豊かな数学者を屈強な身体の持ち主だということで褒めたりすることは、職業とあまり関係ない働きで彼らを称賛することが問題になっている場面でもない限り、ほとんど意味がない。しかし、信頼に足るという基準に関して、この現実性の要素よりも重要な第二の要素がある。価値評価の理由の世界にも進歩があり、第二の要素はその進歩に関わる要素である。すなわち、受け手に受け入れられやすいのは、一面的な、あるいは不適切なアイデンティティ像の克服の過程を通じてすでに過去のものとなった価値評価の段階に再び後退することのないような価値言明だけである。これを肯定的に、かつより単純化して言い換えるならば、承認のイデオロギーが利用できる価値言明は、常に、その時々に現代的とみなされている価値評価の語彙を一定程度用いた価値言明だけである。これに対して、明らかにすでに評価が下がってしまった価値特性を称賛するような言明は、受け手がそれを信頼に足るものとして受け止めることはないであろう。したがって、信頼に足るという基準には現実性の要素の他に、明らかに歴史的あるいは時代的な指標を有する合理性の要素も含まれるということである。女性が主婦の役割を立派に果たしているとして褒められることは、今日においてもまだ普通のことだが、その女性が、自尊心が持続的に強化されたと感じるほどその褒め言葉によって自己確認をするかといえば、それはあまりないであろう。

これと対応しているのが、規格化する承認の型として記述することできるもので[23]、これも実質的には承認のイデオロギーとみなすことはできない。というのも、承認の文脈で「規格化」という場合、考えられているのは、ある人あるいはある集団が、当該個人自身あるいは当該集団の構成員がすでに自分たちの自律性に対する制約と感じている特性規定やアイデンティティ像が用いられていることによって承認されるということだからである[24]。したがって、規格化する承認は、外部から課される課題や不自由を自発的に引き受けるようになる肯定的自己像を発展させるように動機づけることはできない。ただし、当事者が居心地の悪さや異議を抱いているのかどうかについて経験的手がかりがなく、したがって規格化の効果を推定するしかないケースは、扱いが難しい。そのような状況でも不当な規格化という否定的な特徴づけを行うとすれば、その捉え方には、当事者があらゆる事情を十分知るならば、そこで用いられている特性規定はその人の自律性を制約してしまうものであるゆえに、当事者はその特性規定を拒否するに違いないという仮説が結びついている。このような推定を突き詰めれば次のようなテーゼに至る。すなわち、一定の承認の型が、もはや古臭く自律性を制約するものと評価されるアイデンティティ像を不当に維持するならば、それは規格化作用を及ぼしている。それに対して、承認のイデオロギーが抑圧を感じさせることなくその効果を発揮することができるのは、現代的で合理的と評価される価値言明を用いる場合のみである、というテーゼである。

おそらくここで、何らかの形式の社会的承認がイデオロギー機能を果たすことができるために、満たさなければならない第三の条件を挙げてもよいであろう。すなわち、イデオロギー機能を果たすような価値言明は、肯定的で信頼に足るものでなければならないだけでなく、その時々の新しい価値や特別優れた働きを顕彰するという意味で対比を際立たせるものでもなければならない。このような制約条件が生じるのは、諸個人が彼らに向けられた特性規定によって自己確認する可能性が生じるのは、その特性規定によって自分たちのことを特別優れた存在だと感じることができる場合だけだからである。したがって、諸個人が積極的に受け入れられる価値言明でなければならないとすれば、そのような価値言明は、過去との比較か周りの社会的秩序との比較のいずれかにおいて、自分たちは特別優れているという気持ちを抱くことができるための拠り所となる対比を示してみせなければならないだろう。これに対して、既存の社会的承認の形式を、単にこれまで承認の対象になっていなかった人々にも拡張するだけの場合は、この優れた点を際立たせるという要素が欠落しているかもしれず、その場合は価値言明に伴う制約に自発的に従おうという気持ちを起こさせることもできないであろう。

以上の三つの制約条件は、その重要度において明らかに違いはあるにせよ、これによって、さしあたり大まかな条件にすぎないながら、承認のイデオロギーが潜在的に効果を発揮できるための条件を示すことができた。承認のイデオロギーが、課題や任務を自発的に引き受けようという気にさせる自己関係を各人に取らせるという機能を果たすことができるのは、そこで用いられる価値言明が、肯定的で、かつ信頼に足るもので、かつある程度対比を際立たせるものである場合のみである。しかし、イデオロギー効果を発揮するためのこれらの条件を全部合わせて考えてみるならば、承認を行うイデオロギーが全く非合理的な信念体系を表わすことができるわけではないこともまた明らかである。むしろ、所与の条件のもとで、イデオロギーの受け手が合理的に受容しようという気になるための十分な説得力を持つ価値評価的理由を持ち出さなければならない。排除のイデオロギーは、ある人間集団の特定の価値特性に対して人を盲目にするため、価値評価に関わる現代の認知の地平を破壊してしまうが、これと違って承認のイデオロギーは、歴史的に存在する「理由の空間」の中で作用する。承認のイデオロギーは、いわば私たちが人間に関して認知するようになった価値評価上の特性に新たな意義の強調を付け加えるだけである。ただし、その新たな意義は、うまく受容されれば、一定の機能にとって好都合で同調的な自己関係をもたらすような意義である。これによって、新たな社会的承認の強調がなされるたびに、それが近代社会の承認に関する規範的文化を包囲する価値地平に含みこまれるように、そのような合理的イデオロギーもその価値地平に含まれる。したがって、合理的イデオロギーも、意味論的には、私たちの価値評価的な認知の仕方に至るまで所与の相互承認の仕方を秩序づけている、愛、平等な権利、公平な功績評価という各原則を用いないわけにはいかない。とすれば、このような事情のもとで、正当な社会的承認の形式と不当なそれとはどのように区別されうるのか、ということが問題になろう。単刀直入な言い方をすれば、新たな意義の強調は、どの時点から、単に特定の機能に好都合な自己関係を喚起するだけのイデオロギーに転化するのだろうか。

これに答えることがどれほど大変なことであるかは、一般に承認の歴史的発展は、普遍的原理の地平において新たな観点が開示されるという形でなされるということをはっきり理解することで初めてわかる。常に支配的な承認原則を引き合いに出しながら、これまで軽視されてきた特定のことが新たに問題になり、それを尊重することが価値評価に関する認知の地平の拡大を促し、それによって承認が強化される、といった具合に承認の歴史は進展する。そこで私は次のように主張することができると確信している。すなわち、ここ二〇〇年あまり、愛の規範的意義を引き合いに出しながら、次々と新たな要求が――二つだけ例を挙げれば、子どもの幸せと女性の自律要求――広く認められるようになり、それが、徐々にではあるが、相互の配慮と思いやりの深化をもたらしてきた。同様の進展は、もちろん近代法の承認関係においても観察される。すなわち、これまで問題にされなかった生活状態の改善を法的に訴えることで、明らかによりいっそうの法的平等が達成されてきた。功績の原則に関してさえ、普遍的なものと特殊的なものとの弁証法について語ることができるのではないかと私は思っている。なぜなら、この分野では、功績あるいは業績とはなんぞやという問いをめぐる絶えざる象徴的争いが、とにもかくにも私たちを、社会的な貢献とか業績についての拡張された理解がはっきりし始める時代の入り口にまで駆り立ててきたからである。しかし、承認関係が、普遍的原則に関する新たな強調を通じて歴史的に変遷を遂げてきた――まさに拡張され改善されてきた――ということを詳しく認識すればするほど、こうした意味の変化の流れの中で単なるイデオロギーにすぎないような承認の形式を確認することは困難になる。なぜなら、特定の機能に好都合なイデオロギーにすぎないと思われる新たな価値評価が、実は承認をめぐる闘争がそれを通じて歴史的に進展してきた強調点の移動にすぎないのではないのかという問いに、はっきりと答えられる者などいないからである。価値評価的な顕彰の新たな形式を当事者自身が拒む場合であれば話は簡単である。その場合は、少なくとも変更された承認の形式の正統性を疑問に付し、イデオロギーではないのかと疑ってよい第一級の理由があることになる。しかし、そうした抵抗が起きない場合、それどころか新たな承認の形式の影響を受けて各主体がそれまでよりも確固とした自尊心を抱くようになったと思われる場合、強調点の変更がイデオロギーなのか正当なものなのかを判断するための拠り所が、さしあたり全くないことになる。私は、最後の節で最近の事例を紹介し、それに即して、少なくともこの問い対する最初の大まかな答えを展開してみたい。

III

これまで論じてきたように、承認のイデオロギーは肯定的な類型を表すものでなければならず、しかもその価値評価的内実が十分信頼に足るもので、受け手がもっともな理由に基づいて受容できるものでなければならない。つまり、新たな顕彰によって受け手の自己関係は、その顕彰と結びついている能力や欲求や徳を本当に我が物とすれば、自尊心の高まりという心理的ご褒美が待ち受けているというふうに変化しなければならない。したがって、今日そのようなイデオロギーの第一の候補と思われるのは、次のような広告内容である。すなわち、一定の人間集団が、自分たちの行動様式を提示された基準に合わせるように積極的に鼓舞されていると感じるほど、承認の図式を図像学的に明確に示す広告内容である。そして、提示された基準に合わせた行動が、スポットコマーシャルで多かれ少なかれそれとなく宣伝してきた消費財を手に入れさえすれば可能である場合、目標は達成される。ただし、この消費財広告の例は、条件付きで承認のイデオロギーの特徴を明確にするのに適しているにすぎない。というのも、一般にこのような広告内容は、単なるフィクションにすぎないという心理的留保のもとで受け止められるので、本当に変化を引き起こすほど人々の生活実践に浸透することはできないからである。しかし、特定の商品広告がそのような心理的留保を突破して本当に行動様式を規定するほど影響を与えるならば、おそらくそれは、承認のイデオロギー的形式にも備わる力と同じ力を行使している。つまり、特定の行動様式を取れば自尊心が刺激され、周囲からの賛同も得られるかのように宣伝することで、その行動様式を実際に取らせることができる、そういう規制的（regulativ）能力も持っているということである。承認のイデオロギーが行使する力は、まさにフーコーが言うように抑圧を伴わず、かつ生産的である。特定の能力や欲求あるいは願望を主体的に表出すれば社会的承認が約束されることで、社会的支配の再生産に適合する一群の慣習的実践や行動様式を積極的に取ろうという気持ちが生まれる。(25) しかし、承認のイデオロギーが表す力のタイプをこのように概念的に解明しても、当然ながら、多種多様な承認をめぐる闘争の絶えざる流れの中で、どうすれば承認のイデオロギーをまさに承認のイデオロギーとして確認できるのかという問いにはまだ何も答えていない。現代の広告との比較は、確かにそのようなイデオロギーには心情に訴えるところがなければならず、それがその価値評価の信憑性をレトリカルに支えていることを明らかにする。しかし、正当な理由があって新たな社会的承認の強調が要請される場合であっても、それに対する世間の注目を得ようとすれば、象徴を用いる政治の要素は今や不可欠である。そこで、上記の問題を概念的にのみ論究する代わりに、以下では一つの経験的事例を取り上げたい。それについて詳述することでより正確な解明が期待できるからである。今日、私たちの社会的文化において明確になりつつある新しい承認の型はいろいろあるが——業績原則との関連での女性の家事労働の評価、法的平等との関連での文化的少数集団の尊重、市民労働による承認の理念——、その中から、あらかじめ純然たる承認のイデオロギーの兆候を全て備えている事例を取り上げたい。この事例の検討によって、承認の様々な形式のイデオロギー的内実について確実な情報を提供できる基準を見出すことができるのかどうかがはっきりするはずである。

最近、高度に発達した資本主義の労働分野で、被雇用者がこれまでとは違う扱いを受けるようになる根本的な構造転換が起こっている。例えば、最近の経営関係の文献では、「賃金従業員（Lohnabhängigen）」とか「労働力」といった単純な言い方をせず、創造的な「労働力経営者（Arbeitskraftunternehmer）」といった言い方をする。(26) この新しい呼び方とともに生じる強調点の移動が意図しているのは、一人ひとりの自己実現という言い方を、生産部門やサービス部門の労働組織に転用しようということである。つまり、次のようにして自己実現要求の高まりに労働の分野で応えようというわけである。すなわち、垂直的な位階制をできるだけフラット化し、チームの自律性を高め、自分で働き方を調整する自由を大幅に認めることで、仕事において習得した能力を自律的に発揮していると受け止めてもらえる可能性を高めることである。だが、被雇用者の扱い方の変化が意味するのはこれだけではなく、職業観の全面的な変更も伴っているように思われる。というのも、各主体は、自分の仕事を、必要に迫られてやることなどと捉えるのではなく、内なる呼びかけ（Berufung）に応えてそれを実現することだと考えるべきだとされるからである。被雇用者を自分自身を経営する者と呼ぼうというアイディアは、いかなる転職も、あるいはいかなる仕事上の新たな関係も、それぞれの労働の内在的価値だけを考慮して自分で決定した結果だと描き出そうとする。そうである限り、この被雇用者の扱いの変更は、旧知の業績原則の新たな強調であり、それを浸透させることであるようにも見える。なぜなら、これまでは古典的なタイプの経営者にのみ許されていた自律的で創造的で柔軟な働き方が、今や従属的立場にある被雇用者にも認められるようになるからである。有能な労働力は、自分の職歴を、自分のあらゆる能力を自律的に発揮するリスクに満ちた大胆な企てとして計画することができるのだと、この承認の新しい形式は言う。

当然ながら、このように変更された被雇用者の扱い方の内に、まさに私が先に規制的力を持ったイデオロギーと述べた承認の形式の特徴がほぼそろっているではないかと、誰もが思うことであろう。この事例を知って直ちに生じる疑惑は、この場合の承認の強調点の移動は、主要には、大幅に変化した労働の負担を自発的に引き受けようという気にさせる新たな自己関係を喚起するという機能を果たしているのではないのかということである。資本主義の新自由主義的な構造転換とともに生じた労働の規制緩和と柔軟な働き方の容認は、自ら市場の要求に生産的に応じられる能力を要求するが、「労働力経営者」という承認を与える呼称が、まさに生産的にこのような能力をもたらすからである。[27] しかし、最初に感じる疑惑と、根拠づけられた主張との間には理論的な溝があり、その溝を埋めるためには何らかの基準が必要だが、その基準を定めることがなかなか難しいのである。被雇用者の新たな扱い方において本当に承認が問題になっているのだとすれば、私が先に承認のイデオロギーの特徴して挙げた諸条件が満たされているとみなしてよい。つまり、主体は、新たな顕彰を受け入れてもよいと思うだけの価値評価に関わる十分な理由を持ち合わせていて、場合によってはその受け入れによって自分の価値を認める感情あるいは自尊心を高めることであろう。したがって、イデオロギーとみなされる信念体系の非合理性を立証するというイデオロギー批判の王道が、ここでは通用しない。少なくとも価値評価的観点からは、新しい承認の形式は、被雇用者がそれを受け入れてよいと思うくらい十分信頼に足ると見えているはずであり、その程度には合理的でなければならない。そうである限り、社会的承認が満たさなければならない条件をさらに明確にしていくことが賢明であるように私には思われる。なぜなら、その条件を満たしていないことがイデオロギーの特徴であると言えるような条件に出くわすかもしれないからである。そのためには、先に、承認とは人間の価値特性に対する適切で道徳的な反応であり、しかも適切とみなすことに合理性がある、そのような反応だと述べて終わりにしていたところに戻って、その議論を再開しなければならない。

本論の最初の方で述べておいたように、承認は単なる言葉や象徴的表現だけでは不十分で、それらを裏づける行為が伴っていなければならない。承認という行いは、言葉による価値の称賛を実際の行動様式で表すところまでいかなければ、いわば未完である。ただし、特定の行動様式で承認を実現するという言い方が有意味なのは、二人の人間が対面する単純な相互行為の場面だけである。次元が変わって、社会的制度によって遂行されるような一般化された承認の場合は、制度に則った接し方や行動様式が取られているからといって、それだけで承認が十分になされているだろうと推定することはできない。確かに制度として一般化された承認も、長い目で見れば、振舞い方の変化を引き起こすだろうが、この場合、承認が実現されているのかどうかが問題になるのは、もっぱら制度上の措置や対策に関してである。一般化された承認の新たな様式が社会的に十分確立したと言えるためには、法律が変わらなければならないし、新たな承認を政治的に代弁する新規の形式が確立されなければならないし、実質的な再分配も行われなければならない。

したがって、社会的承認が信頼に足るものであるためには、価値評価的要素の他に、第二の実質的な要素も、すなわち、社会的相互行為の複雑性の度合いに応じて適切な行動様式か然るべき制度的措置のいずれかである要素も、考慮されなければならない。つまり、変更された社会的承認の形式が信頼に足るものとなるのは、単に価値評価的観点から見て合理的であるだけでなく、実質的な観点から見ても新たな価値特性が正当に評価されていると言えるための条件を満たすときである。承認の受け手が、自分たちは新たなやり方で承認されていると本当に確信できるためには、行動様式や制度上の措置といった物的世界で何かが変化していなければならないのである[28]。

さて、この第二の実質的要素こそが、承認のイデオロギー的形式と正当な形式とを区別するという厄介な課題に応えるための鍵を与えてくれる。すでに見たように、承認のイデオロギーが規制的力を発揮できるのは、その価値評価に関わる語彙が十分合理的で、受け手に、新たに自己との肯定的な関係を取るための信頼に足るやり方を伝達できる場合だけである。そのようなイデオロギーは、一般に、相互承認の文化における進歩を意味するものとして期待されている価値評価に依拠すればするほど、成功を収める可能性が高い。しかし、もしかしたらそのようなイデオロギーを認識するための拠り所となるかもしれない欠落は、新しい価値特性を当事者たちが本当に実現しうるための実質的な前提条件を構造的に満たすことができないという点にあるのかもしれない。つまり、価値評価に関する口約束と、実質的条件の充足との間には埋めがたい溝がぱっくりと口を開けているということだが、それがイデオロギーの特徴であるのは、制度上の条件を整えようとすれば、もはや支配的な社会秩序と調和しないかもしれないからである。この基準を、先に解説した事例に適用してみるならば、十分有効な基準であることを示すことができると私は確信している。社員と有能な労働者を新たに「労働力経営者」として扱うことは、確かに価値評価的には、労働に対する内発的動機と個性をこれまで以上に尊重することを約束することを意味するが、その新しい価値をしっかりと実現するために必要な制度上の整備に取り組むのかと言えば、まさに自らそれをやろうとはしないのである。変化した労働条件のもとで、新たな扱いを受ける者たちは、むしろ、自己形成史との内在的つながりのないところで、たとえ嘘でも内発的な動機や柔軟性や才能が大いにあるとアピールすることを強いられる。この新たな承認の形式は、価値評価的点で欠陥があるとか非合理的ということはないが、実質的な必要条件は満たさない。正当な承認であってもそれが本当に信頼に足るものかどうかは、この実質的な必要条件によってはじめて完全に判断されるであろう。なぜなら、新たに強調された価値が一人ひとりの経歴に即して実現されるためには、制度的な整備が必要だが、その制度的な整備は、まさに承認という行為において同時に提供されるものではないからである。だが、実質的条件の充足というこの要素が加わることで、はじめて承認の合理性が完成されるとすると、承認のイデオロギーに関しては、合理性に欠落があると言えるのは、いわば第二段階においてである。つまり、承認のイデオロギーが、歴史的に変化する価値評価的理由の国に由来する語彙を用いているという点でたとえ合理的であるとしても、承認という行為を、単なる象徴的次元を越えて実質的条件の充足に至るまで徹底するということをしなければ、その点で非合理的であることが判明する。同じ点でイデオロギー的であることが判明するかもしれない新種の承認の二つ目の例は、最近広まりつつある市民労働（Bürgerarbeit）という言い方である。この場合もある社会集団に象徴的なスポットライトが当てられ、自発的服従の新しい形式の受容へと動機づけられているが、制度的次元では、それに対応する措置が取られてはいない。

もちろん、このように基準を定めることができたからと言って、自分のやっていることに常に自信過剰の嫌疑の解釈学に陥ってはならない。というのも、価値評価に関する口約束と、実質的条件の充足との間に空いた溝は、単なる時間的な隔たりであって、制度的な前提条件の実現が遅れているだけという可能性は決して排除できないからである。単純な相互行為の場合であれ、制度的次元における承認の場合であれ、承認の新たな形式の価値評価的内実が行動様式の変化や制度上の新たな措置という形で定着するまでには、長期にわたる学習過程が必要になることがしばしばあることは考慮しなければならない。とはいえ、このような慎重さが必要であるにしても、承認の新たな側面の強調が、実は規制的力を増大させるだけのことではないのかということを予め検討するうえで、実質的条件の充足という基準が有効な手段となることは間違いない。価値評価的顕彰が提唱する制度のモデルが、実質的条件の充足の見込みが全くないようなモデルであるならば、私たちはそれを、健全な判断力に基づいて、承認のイデオロギーと呼ぶことができる。

原注

＊　私は価値ある助言と問い合わせに関して、ユトレヒト大学における「権力と承認」会議（二〇〇三年三月一三～一五日）、プラハにおける「哲学と社会科学」コロキウム（二〇〇四年五月二〇日～二四日）、社会哲学についての私自身の研究コロキウムの参加者たちに感謝したい。特に助けとなったのは、これらのディスカッションにおいて、ベルト・ヴァン・デン・ブリンク、ラヘル・イエッギ、デイヴィッド・オーウェンの指摘である。

（1）　Patchen Markell, *Bound by Recognition*, Princeton/Oxford 2003; Kelly Oliver, *Witnessing. Beyond Recognition*, Minneapolis 2001;

Markus Verweyst, *Das Begehren der Anerkennung. Subjekttheoretische Positionen bei Heidegger, Sartre, Freud und Lacan*, Frankfurt/M. 2002.

(2) Louis Althusser, »Ideologie und ideologische Staatsapparate (Skizzen für eine Untersuchung)«, in: ders., *Marxismus und Ideologie*, Berlin 1973, S. 111–172.〔「イデオロギーと国家のイデオロギー装置――探求のためのノート」、『再生産について』（下）西川長夫／伊吹浩一／大中一彌／今野晃／山家歩訳、平凡社ライブラリー、二〇一〇年、一六五―二五〇頁〕

(3) Judith Butler, »›Das Gewissen macht Subjekte aus uns allen‹. Subjektivation nach Althusser«, in: dies., *Psyche der Macht. Das Subjekt der Unterwerfung*, Frankfurt/M. 2001, S. 101–124.〔「良心は私たち皆を主体にする」――アルチュセールによる主体化＝服従化」、『権力の心的な生――主体化＝服従化に関する諸理論』佐藤嘉幸／清水知子訳、月曜社、二〇一二年、一三三―一六五頁〕

(4) Vgl. dazu: Raymond Guess, *Die Idee einer kritischen Theorie*, Bodenheim 1996, Kap. 1.

(5) Ebd., S. 24ff.

(6) Axel Honneth, »Die soziale Dynamik von Mißachtung. Zur Ortsbestimmung einer kritischen Gesellschaftstheorie«, in: ders., *Das Andere der Gerechtigkeit. Aufsätze zur praktischen Philosophie*, Freankfurt/M. 2000.〔アクセル・ホネット「〈存在を否認されること〉が持つ社会的な力」、『正義の他者――実践哲学論集』加藤泰史、日暮雅夫他訳、法政大学出版局、二〇〇五年〕

(7) Vgl. Gert Raeithel, *Geschichte der nordamerikanischen Kultur, Bd. 1: Vom Puritanismus zum Bürgerkrieg 1600–1860*, Frankfurt/M. 1995, Kap. XXXI.

(8) Vgl. etwa: Karin Hausen, »Die Polarisierung der ›Geschlechtercharaktere‹ — Eine Spiegelung der Dissoziation von Erwerbs- und Familienleben«, in: Werner Conze (Hg.), *Sozialgeschichte der Familie in der Neuzeit Europas*, Stuttgart 1976, S. 363–393; Bärbel Kühn, »Vom Schalten und Walten der Hausfrau, Hausarbeit in Rat, Tat und Forschung im 19. und 20. Jahrhundert«, in: Birgit Bolognese-Leuchtenmüller und Michael Mitterauer (Hg.), *Frauen-Arbeitswelten. Zur historischen Genese gegenwärtiger Probleme*, Wien 1993, S. 43–66.

(9) Schilling, René, *Kriegshelden. Deutungsmuster heroischer Männlichkeit in Deutschland 1813–1945*, Paderborn 2002.

(10) Vgl. zum Folgenden: Axel Honneth, »Der Grund der Anerkennung. Eine Erwiderung auf kritische Rückfragen«, Nachwort in: ders., *Kampf um Anerkennung. Mit einen neuen Nachwort*, Frankfurt/M. 2003, S. 303–341.〔『承認をめぐる闘争（増補版）』山

本啓／直江清隆訳、法政大学出版局、二〇一四年、二四一―二八〇頁〕

（11） Avishai Margalit, »Recognition II: Recognizing the Brother and the Other«, in: *Aristotelian Society Supplementary* 75 (2001), S. 127–139.

（12） Stanley Cavell, »Wissen und Anerkennung«, in: ders., *Die Unheimlichkeit des Gewöhnlichen*, Frankfurt/M. 2002, S. 39–75.

（13） Vgl. Heikki Ikäheimo, »On the Genus and Species of Recognition«, in *INQUIRY* 45 (2002), S. 447–462; Arto Laitinen, »Interpersonal Recognition: A Response to Value or a Precondition of Personhood?«, in: *INQIRY* 45 (2002), S. 463–478.

（14） 確かにこの点で、アルチュセールとの相違が示される。この相違は、社会存在論的に深すぎて適切に解明できないほどである。つまり、原理的な理由から、アルチュセールは主体に、彼らの行為の遂行や人生決定においてより高い程度の自律を獲得する機会を許容しないのである。むしろ彼が出発するのは次のことからである。つまり、諸個人が社会的に同定可能な主体になりうるのは、彼らが公共的に名宛されることによって、個人の自律に関していかなる変化の余地もない、社会的規則の網に従属するだろうことによってなのである。それに対して反対に私は、（デュルケームとともに）、そのような承認の社会的規則が、どのような自律の余地を主体に開くのかによって区別されねばならないことから出発する。

（15） Laitinen, »Interpersonal Recognition: A Response to Value or a Precondition of Personhood?«, a. a. O.

（16） John McDowell, »Zwei Arten von Naturalismus«, in: ders., *Wert und Wirklichkeit. Aufsätze zur Moralphilosophie*, Frankfurt/M. 2002, S. 30–73; Sabina Lovibond, *Ethical Formation*, Cambrige 2002, Part II; Axel Honneth, »Zwischen Hermeneutik und Hegelianismus«, in ders., *Unsichtbarkeit. Stationen einer Theorie der Intersubjektivität*, Frankfurt/M. 2003, S. 106–137.〔「解釈学とヘーゲリアニズムのあいだ――ジョン・マクダウェルと道徳的実在論の挑戦」〔『見えないこと――相互主体性理論の諸段階について』宮本真也／日暮雅夫／水上英徳訳、法政大学出版局、二〇一五年、一五三―一九六頁〕

（17） Vgl. dazu: Honneth, »Zwischen Hermeneutik und Hegelianismus«, a. a. O.〔「解釈学とヘーゲリアニズムのあいだ」〕

（18） Vgl. Axel Honneth, »Die Unhintergehbarkeit des Fortschritts. Kants Bestimmung des Verhältnisses von Moral und Geschichte«, in: ders., *Pathologien der Vernunft. Geschchte und Gegenwart der Kritischen Theorie*, Frankfurt/M. 2007, S. 9–27.

（19） Karl Marx, *Das Kapitel. Kritik der politischen Ökonomie, Erster Band* (= Karl Marx, Friedrich Engels, *Werke*, Bd. 23), Berlin 1971, S. 181–191.〔『資本論』マルクス＝エンゲルス全集刊行委員会訳、大月書店、一九六八年、二一八―二三一頁〕

（20） Emmanuel Renault, »Reconnaissance, Institutions, Injustice«, in: *De la reconnaissance, Revue du Mauss*, Semestrielle 23 (2004), S. 180–195.

（21） Immanuel Kant, *Grundlegung zur Metaphysik der Sitten*, Hamburg 1999, S. 20f., Anm. 2, A2: S. 401.〔『カント全集　7　実践理性批判・人倫の形而上学の基礎づけ』坂部恵／伊古田理他訳、岩波書店、二〇〇〇年、二四頁以下、（原注）〕

（22） Axel Honneth, »Umverteilung als Anerkennung. Eine Erwiderung auf Nancy Fraser«, in: Nancy Fraser und Axel Honneth, *Umverteilung oder Anerkennung? Eine politische-philosophische Kontroverse*, Frankfurt/M., 2003, S. 129–224.〔『再配分か承認か？――政治・哲学論争』加藤泰史監訳、法政大学出版局、二〇一二年、一一七―二二六頁〕

（23） Carolin Emcke, *Kollektive Identitäten. Sozialphilosophische Grundlagen*, Frankfurt/M. 2000; Hans-Uwe Rösner, *Jenseits normalisierender Anerkennung. Reflexionen zum Verhältnis von Macht und Behindertsein*, Frankfurt/New York 2002.

（24） Emcke, *Kollektive Identitäten*, a. a. O., S. 237ff.

（25） Wolfgang Detel, *Macht, Moral, Wissen. Foucault und die klassische Antike*, Frankfurt/M. 1998, S. 55ff.

（26） Sven Opitz, *Gouvernementalität im Postfordismus. Macht, Wissen und Techniken des Selbsts im Feld unternehmerischer Rationalität*, Hamburg 2004, Kap. 8; Günther Voß und Hans J. Pongratz, »Der Arbeitskraftunternehmer. Eine neue Grundform der Ware Arbeitskraft?«, in: *Kölner Zeitschrif für Soziologie und Sozialpsychologie*, 50 (1989), S. 131–158.

（27） Opitz, *Gouvernementalität im Postfordismus*, a. a. O., Kap. 8.

（28） ジョン・L・オースティンはこの意味で、特定の行為遂行的発言は、それに続いて、「あれこれのこと」がなされた場合にのみ、「適切であった」り完成されたものと見なされえたりすると語っている（John L. Austin, *Zur Theorie der Sprechakte*, Stuttgart 1972, S. 72.〔『言語と行為』坂本百大訳、大修館書店、一九七八年、九四―九五頁〕適切でないケースについては ebd.: S. 24ff.）〔同上、五一七頁〕。私は、ここで「実質的条件の充足」の概念において、行為遂行的発言の彼の分析を「承認」という特殊事例に適用した。

第6章　社会的なものの液状化
――リュック・ボルタンスキーとローラン・テヴノーの社会理論について

社会学の理論的語彙からは、今日、道徳理論的なカテゴリーはほとんどと言っていいほど、消え失せている。正当性（Legitimität）についての確信にしても不正感覚にしても、道徳的あつれきにしても規範的合意（Konsens）にしても、それらはもう諸々の社会秩序を説明するために、いかなる重要な役割も果たしてはいない。そのかわりに、社会学の対象領域は、匿名の自己制御プロセスというパターンにしたがって理解されるか、あるいは戦略にしたがった行為者たちの協働の帰結としてとらえられるのである。したがって学説的な模範となっているのは、生物学か、あるいはさまざまな経済科学であり、これらの個別分野の考え方のモデルは社会の再生産というような複雑な現象を説明するためには向いているように見えるのである。こうした新しい理論的方向づけを伴う最近の社会学に目をやれば、もうすぐにでもその創始者の世代から完全に決別したいのかという印象すら感じられてくる。なぜなら、マックス・ヴェーバーとエミール・デュルケームから、タルコット・パーソンズにいたるまで確実だとされてきたことは、社会的世界をめぐる適切な基本的考えは、道徳理論の概念、モデルあるいは仮説を用いることによってしか得られないということだからである――つまり、実践哲学はいわば古典的社会学の苗床であり、かつ主要分野であったのだ。そうしたことはすべて、『コミュニケーション的行為の理論』以降では、すなわち、実践哲学に由来する、社会理論全体にわたる最後の大きな試み以降では、忘れ去られてしまっているかのように見える。つまり、いずれにしても最近にいたるまで、このハーバーマスの著作を最後に規範的なアプローチを取る社会学は、完全に終わってしまったように見えるかもしれない。しかし、実はそうではなく、今でもなお、道徳哲学を源とする潮流が社会理論の内部にはある。このことはそもそも、リュック・ボルタンスキーとローラン・テヴノーを中心として集まった、フランスの小さな研究グループの努力のたまものである。ピエール・ブルデューの社会学への内在的批判にはじまり、きわめて生産的で、つねに新しい方向へと突き進むこのサークルは、私たちの社会の統合をさまざまな道徳的確信のあいだの衝突に満ちた協奏から説明することを目指している。[1] こうした新しい社会学の学派の創設文書であるのが、一九九一年にボルタンスキーとテヴノーによって発表された研究、『正当化の理論』[2] である。これまでにこの著作はドイツ語でも公刊され[3]、当然ながらすでに入念に議論がなされている。その理由はこの著作が、社会学をもう一度、道徳哲学の精神から基礎づけ直そうとするという、ここ数年のあいだで他とは比較にならないほどに、最も興味深い試みであるからにほかならない。

I

ボルタンスキーとテヴノーは、自らの研究の出発点を定めるときにすでに、古典的な社会学者たちが社会理論の基礎づけの試みに着手した際の視座を自分のものとしている。これら二人の著者たちにとっては、ヴェーバー、デュルケームあるいはパーソンズにとってと同様、あらゆる社会学の鍵となる問題をなしているのは、次のような問いであった。すなわち、通常の場合に個々の行為者は自分たちの行為意図を互いに一致させ、そしてこの道筋において社会秩序の成立に寄与するということは、どのように理解すべきなのだろうか、という問いである。そのような調整のはたらきを生み出すために必要とされる同意（Einverständnis）を説明するために、ボルタンスキーとテヴノーはここで、過去においてこの分野で優勢を誇っていた二つの戦略を取ろうとは思わない。すなわち第一に彼らはデュルケームという手本にしたがって、必要な合意を、主体たちを決まっていつも調和して互いに適応した状態にする、そうしたすでにある集合意識へと移そうとはしない。また、第二に彼らは、主流の経済学がそのように見ようとしているように、必要とされる調整を個々人の行為戦略の密接な絡まり合いの幸運な帰結とだけとらえようとするわけでもない(4)（46ff.=31ff.）。これら二つの考え方のモデルを拒否することが二人の著者たちにとって意味することは、次のような第三の説明パターンの模索である。つまり、デュルケームとは反対に個々の行為者の解釈の余地に配慮するものの、それでも社会で優勢な〔文化的な〕解釈システムが実際に作用していることを経済学がそうするように否認しない、そうした第三の説明パターンである。この模索において素描される問題の答えをボルタンスキーとテヴノーは、三つのステップにおいて展開する。そして、これらのステップを総合的に見るならば、そこに彼らの社会の理論の礎が含まれていることが分かる。

彼らの議論の第一のステップは、次の仮説にある。つまり、行為者たちはすでに身につけた能力を用いて、社会的な共在（Miteinander）を正当化する道徳的な秩序モデルを必要とあらば引きあいに出すことができ、そうすることによって自分たちの行為の意図を一般的に互いに調整できるという仮説である。リュック・ボルタンスキーが数年にわたってブルデューの共同研究者であったとしても、ブルデューにおいてそうだったように、ここで社会のメンバーは自分自身にとって不透明な個々人として考えられてはならない。こうした個々人は、自分たちの社会的な態度パターンを主として無意識に作用する解釈力によって得るのである。むしろ、社会のメンバーは、自分たちが個々の行為の意図を調整するときに、自分から進んでまったく異なった秩序表象を持ち出すことができるかぎりで、自己規定のための知覚能力を用いることのできる存在としてとらえられるべきである。それゆえ、社会的な共生（Koexistenz）のそうしたモデルが常に複数で現れる、この最初のステップに含まれている仮説は、単に任意にすぎない補完ではなく、テーゼ全体の必要不可欠な構成要素なのである。すなわち、主体たちが、能力を持ち、知覚において自律している行為者として考えられうるためには、そのつどの自分自身の観点に応じた選択にいたるために、ただ一つの社会の秩序モデルにではなく、必要に応じて複数の社会の秩序モデルに訴えることができなければならないのである。

議論の次のステップでボルタンスキーとテヴノーは、アメリカ流のプラグマティズムの所産に由来し、第一のステップで展開したテーゼを決定的に相対化する区別を導入する。すなわち、主体たちがその調整のはたらきにほとんど注意を払わず自動的に行うのは、彼らのあいだで共同でなされる行為にまったく支障がない場合である。しかし他方で主体たちは、そのような支障が生じて行為の中断が起きた場合にはじめて、それまでルーティーンにしたがって前提していた知覚的かつ道徳的な想定に注意を向けるにちがいないのである。それゆえ、参加者たちがそれぞれの意図を調整できるために頼りにできる、社会の秩序モデルについての知識は、そうした参加者たちの生活世界に根ざした慣習行動の流れが途絶えたときに、言わば「不自然な」諸状況においてのみ、得られるのである。すなわち、その際に参加者たちは、ジョン・デューイやジョージ＝ハーバード・ミードならばそう表現したであろうように、変化した状況に知的に（intellektuell）自分たちを適応させるために、自らがそれまで妥当であると見なしてきた想定を検討するという機能的要請に直面しているのである。こうしたプラグマティズムに導かれた他の理論家たちと同様に、ボルタンスキーとテヴノーもここで、科学的観察はこれらの支障という契機を、つまり「故障」と「危機」(59=44)という契機を、それらにそくして社会統合の本源的な規則の全体を探究するために利用しなければならないと考えている。すなわち、私たちは、参加者たちの視座から、個々人の行為が生活世界にそくして絡まり合うことを可能とする規範的な背景確信を洞察することができるのである。そして、ここで参加者たちは、自分たちの相互行為に起きる動揺を、互いに衝突し合う秩序についての考え方を反省的に主題化することによって乗り越えなければならないのである。

これらの二人の著者たちの第三のステップの重要な点は、前もって受け入れられている秩序モデルを討議によって検証するという、そうした「不自然」な契機を、社会的再生産のための本源的な蝶番として理解するという提案にある。つまり、社会生活を特徴づけているのは、社会のメンバーに繰り返し訪れる危機に際して、自分たちが潜在的に抱いている秩序表象を相互に明らかにし、互いに理由づけ合うことを定期的に強いる、「正当化強制」なのである。討議による正当化というそうした段階が示しているのは、社会的再生産の反省的側面であり、この段階で解明されるのは、生活世界にそくしてルーティン化した相互行為が継続されるなかで、これまでただ暗示的にのみ与えられていたものである。すなわちコミュニケーションの参加者たちはここで、次のことのための論拠と根拠づけをはっきりと述べることを求められているのである。つまり、これらの参加者たちが、自分たちの生活世界の問題となった側面を、どうして別の秩序モデルの地平においてではなく、むしろある秩序モデルの地平において規制したいと思うのかについての論拠と根拠づけである。すなわち、これらのコミュニケーションの参加者たちは、疑わしいものとなっている調整という課題が、どうして自分たちの好みに応じて選ばれたやり方によってのみ解決されうるのかを正当化しなければならないのである。

もちろんのことボルタンスキーとテヴノーは、社会秩序が反省的に崩壊するという、これらの契機にはつねに暴力的なかたちでの解決という選択肢があることを心得ている。つまり、より強大な暴力手段を手にしている一派は、討議による論争を中断することができ、ついには自分たち自身の秩序表象を他の側に無理強いするのである（61=41）。しかし、ボルタンスキーとテヴノーは意識的に、そうした論拠をめぐる対立を克服するための「平和的」な諸形式だけに取り組もうとする。すなわち、「（そこで秩序が暴力と恐怖に基づいている）内戦あるいは専制政治」（61=41）は、研究のフィールドから締め出されたままにしてあるのだ。そのことが、民主的な成り立ちの社会だけが研究全体の対象領域をなしていることをほのめかしていると理解できるのかどうかは、議論が進められてゆくなかでもあまりはっきりしない。つまり、これらの二人の著者たちは、彼らの研究が適用されるはずの社会の類型の、より詳細な定義についてはまったくなにも語らないのである。私たちに分かるのはただ、彼ら二人が主として特定の「分化し」、「複雑な」社会についてのみ論じており、これらの社会は、一連の競合し合う秩序表象が行為領域における調整という課題を担うことができるという特徴を持っているということぐらいである（240=216f.）。そして次のこともさらに付け加えていいだろう。彼らにおいてはそうした解釈における衝突が、何らかのかたちで議論による、平和的なやり方で解決されるというような社会が語られている、と。そのため、『正当化の理論』という研究の対象領域を根本的になしているのは、西側世界の民主主義的な法治国家であると推測してもまったく差し支えないのである。

これまで紹介してきた三つの前提によって、ボルタンスキーとテヴノーの著作が展開するはずの理論枠組みが定められている。ただし、彼らの類い希な能力、つまり彼らが示す理論的慧眼ときわめて豊かな刺激は、社会の規範的理論というこうした骨組みが少しずつ肉づけされてゆくところではじめて、存分に発揮されるのである。これら二人の著者たちはすなわち、社会生活のさまざまな討議による中断を、ただ形式的に分析するだけで満足しようとはしない。つまり、彼ら二人にとっては、そうした論拠をめぐる論争がしたがっている合理的な諸条件よりは、それらの論争を私たちの西側社会の日常において決定している、道徳的な主題と衝突のシナリオのほうが重要なのである。このように見ると、彼らの研究が試みようとしているのは、フランスのような社会における、社会的生活世界で現在生じうる、あらゆる道徳的論争といさかいを包括的に、経験にしたがって分析することにほかならない。このために彼ら二人は、二つの課題に取り組まなければならないのであるが、これらの課題はどちらにしても些末な挑戦とはけっして言いがたい、挑戦を含んでいるのである。彼らがまず試みなければならないのは、現代の先進社会で社会的行為の調整のために規範的源泉として役立っている道徳的秩序モデルを、すべて再構成することである。そして第二に彼らがなんとかやりとげなければならないのは、そのつど実際に用いられている秩序モデルの正当性をめぐってさまざまな不一致が顕著になり始める、そうした社会的な衝突の諸類型について大まかに概略を得ることである。ボルタンスキーとテヴノーがこれら二つの課題に着手する際に用いる、経験的観察、解釈学的思索、そしてテクスト分析の内容にこそ、彼らの研究の重要さがある。しかし、同時にここでは、いかなる構造理論的な規定をも避けようとする、社会学的理論形成の限界もまた露呈しているのである。

Ⅱ

個々人の行為意図を調整しようとするいずれの形式も、ここで二人の著者たちの一般的なテーゼによるなら、道徳規範についてのある種の相互的な同意を必要としている。そしてこれらの道徳規範が、当事者たちの正当な（legitim）期待を将来において規制するとされる。概してこうした間主体的に前提された秩序表象は、すでに示されたように、生活世界にそくして支障なく行われる行為の、前反省的背景にとどまり続ける。すなわち、それらの秩序表象は行為者一般には、ただ次のような諸々の状況においてのみ意識にのぼるのである。つまり、相互行為が破綻して、これまでただ暗黙裡に付随していた確信を、主題化することが機能的に必要になるような状況である。ボルタンスキーとテヴノーはここから彼らの最初の課題を、そのような諸状況を追構成して規範的な秩序モデルが必然的にしたがうにちがいない、諸々の構成原理を理解することに見る。それらを踏まえて彼らが試みたいのは、これらのモデルのなかで、私たちの社会秩序の維持にとって現在、決定的に意味を持っているものを解釈学的に再構成することである。

研究全体として見てむしろ曖昧なままであるのは、次の点である。すなわち、これら二人の著者たちは、現在において実際にしたがわれている秩序モデルの形式的特性を規定しようとするのだが、その際に手がかりとしている方法が細部においてどのようなものであるのかである。つまり、そのことをはっきりと語ろうとはしないまま、彼らは明らかに、近代《モデルネ》はいくつかの規範的原理によって特徴づけられており、正当な社会秩序のいかなる表象も社会的に受け入れ可能性の諸根拠からこれらの原理にしたがっていると確信しているのである（108ff.=90）。この暗黙の仮定が特にはっきりしてくるのは、私たちが生きる現在において実際に作用している正当化秩序の第一の基本原理が導入されるところである。すなわち、私たちになじみのある、すべての正当な社会秩序のモデルについては、テヴノーとボルタンスキーの解釈によると、次のことが当てはまらなければならない。つまり、それらのモデルは「共通の人間性原理」にしたがわなければならず、それゆえ極端なかたちで人びとを蔑ろにしたり、排除することを禁じるのである（108=90）。

道徳的普遍主義のこうした前提はこの著作のどこにおいてもそれ以上基礎づけられず、「私たちの」社会の経験的所与として、ただ主張される。ここではまちがいなく、構造史、あるいは社会史に照らして次のことについて、さらにいくらか語る必要があっただろう。つまり、人間の人格性（menschliche Personsein）という、そうした普遍主義的理念が一般にどうして現代社会の規範的条件になるというのかということについてである。このことはもちろん、さらにもっと強く第二の基本原理についても言える。すなわち、ボルタンスキーとテヴノーが今日実際に影響力を持っている秩序表象すべてが規定されていると見る、そうした第二の基本原理についてである。彼らの解釈によると、私たちの時代に一般に通用している諸々の正当化モデルは、徹底して次の理念に規定されている。この理念は、「共通善」のための格別な功績を讃えることで社会的なより高い位置づけに理由を与える、というものである（111ff.=93ff.）。著者たちがむしろまぎらわしい言い回し（「投資モデル」）をしていたとしても、その表現が意味しているのは、正当化できる社会秩序のいずれのモデルも今日、ある種の成果原理、あるいは功績原理において基礎づけられており、これらの原理は、「即自的に」平等な立場に置かれている社会のメンバーたちが社会的な身分ヒエラルヒーにおいていかなる場所を占めるべきかを、規範的に定めるということである。すなわち、共通善のために特定の人物や、人びとからなる集団がもたらすように見える「犠牲」や「成果」が大きなものになるにしたがって、それに応じてその人物または集団が社会の内部で享受するべき序列（Rang）は高くなるのである。この第二の原理が現代のすべての規範的な秩序モデルに妥当するということは、いまやただ、そうした成果と犠牲をめぐってさまざまな、競合しあう表象があるにちがいないということを意味するだけではなく、とりわけ、個々人による功績という理念が、今日、社会秩序の正当化の多種多様性の全体を支配しているということも、意味するのである。すなわち、「現代」社会において、正当な秩序をなすものについての表象はすべて例外なく、格別に価値があるものとして現れる成果には、より高い序列、あるいは「偉大さ」を与えることで賞賛するという原理に規定されているのである。

このようなやり方で功績原理は、そのこと自体がはっきりと述べられてはいないものの、現代の諸々の社会秩序の正当化においてすべてに決定的な規定的規範となる。つまり、この二人の著者たちは、ほとんど目立たないかたちでこっそりと、ある仮説を彼らの研究に持ち込むのだが、この仮説はけっして自明のものでもなければ、もっと強い基礎づけをそもそも必要としたはずであろう。経験的な研究文献の数々を参照するだけでも、例えば、一般に西側社会のメンバーたちは社会的正義の諸問題を判断する際に、互いに非常に異なった原理を適用しようとする傾向があることが分かる。すなわち、社会のメンバーたちが個別の分配問題のために想定する社会関係の類型にしたがって、それらのメンバーが引きあいに出すのは、社会的平等か、個々人のニーズ、あるいは私的に投資した成果のうちの、いずれかの規範的観点である。そうした考察からイギリスの哲学者であるデイヴィッド・ミラーは、彼自身の正義理論の構想に、ある多元主義的な形態を与えるという結論を導く[5]。彼によると、現代のさまざまな社会において財と負担の正当な分配を決める、諸々の道徳規範を規定する場合には、どのような社会関係が問題になっているのかに応じて、そのつど妥当するかどうかが測られる、そうした原理が多様であることが前提となるべきである。そうしてボルタンスキーとテヴノーが描きたいと考えているのは、当然ながらいかなる正義の規範的理論でもない。彼らにとって社会学者として重要であるのは、同時代の諸々の社会のメンバーたちが互いに実践的な共通性の世界を作り出す際に頼りとする、規範的な背景確信の数々をまず最初に洞察することである。それにもかかわらず、ミラーのやり方は二人の著者たちにとってまったく取るに足りないはずはなく、というのもミラーもまた社会学の諸研究に依拠し、次のような結論を導いているからである。彼の結論によると、今日では功績原理と並んで、さらにまったく異なったいくつもの観点が社会秩序の道徳的正当性を判断する際に生活世界にそくして重要な意味を持っているのである。ボルタンスキーとテヴノーの考察に立ち帰ってみると、ある種の疑問が生じてくる。つまり、彼らは正当化されている諸々の社会秩序について現在広まっているすべての表象は、功績原理に共にしたがうことによって特徴づけられていると見なしていた。しかし、〔ミラーの議論からすれば〕この二人の見方が本当にいいやり方であるのだろうかが、問われてくるのである。つねに、そしてどこででも当事者たちが、特別な功績が社会的により高い地位を与えられることによって報われるという規範的秩序を暗に想定することを通じて、自分たちの行為の意図を調整しているようには見えない。むしろ、この同じ目的のためには、個々人のニーズという観点と、あるいは法的な平等化という観点と関係する、数々の正当性付与（Legitimation）の表象が持ちだされる、同じようにたくさんの領域や関係形式があるように見えるのである。またここでも、もし著者たちが構造理論的な考察をさえしていたならば、彼らはきっと自分たちの出発点の諸仮説について、さらにはっきりとさせることができていたことだろう。直接、なんの関連づけもせずに今日の正義の確信の形式的特性を規定するのではなく、まず次のような問いを立てていれば意味があったことだろう。つまり、近代の諸々の社会的慣習行動、あるいは制度の特定の類型は、個々人の成果という原理とはまったく異なる、規範的な規制の諸原理を必要としないのかという問いである。テヴノーとボルタンスキーがそうした考察に一言も言及しないという事実を私たちは、この本のさらに多くの箇所で重大な欠陥として目にすることになる。すなわち、制度構造と価値諸領域のあいだ、社会的サブシステムとそれに対応する規範のあいだの関連は、つねにまったく不明瞭なままであり、行為者たちが解釈を行うに際していかなる社会構造的な条件とも結びついていないかのような印象をすぐに受けるほどなのである。

普遍主義と功績原理を用いて現代のさまざまな秩序表象の形式的特性を規定したのちに、二人の著者たちはここからまず、それらの秩序表象が内容的に満たされてさまざまな形態を取り、具体化する、その多様な現象の形式について概略を描くことに移行する。そこではもしかすると、チャールズ・テイラーが彼の膨大な研究である『自我の源泉』(6)において別の分野で用いたような、ある種の方法的手続きを期待する人がいるかもしれない。つまり、近代における数々の公正な社会秩序についての実際に影響力を持っている理念の、一種の歴史的－解釈学的再構成がなされると思うかもしれない。さらには当然ながらもっと簡単に思いつくと思われるのは、グループ・ディスカッションによったり、あるいは適切に設定された聞き取り調査や質問紙によることで、公正な共生の諸々の形式について今日広まっている表象の現状を経験的な手法で調査することである。しかし、これらの方法的戦略はどれも二人の著者たちによって実際に用いられることはなく、彼らは歴史的解釈学にも、経験的な描写にも力を注ぐことはない。そうはせずに、彼らが政治哲学の歴史を頼りとするのは、彼らが政治哲学の代表的著作に、社会的正義についての今日でもまだ影響力のある表象すべてのための根源と模範があると見込んでいるからである。この極めて特異なやり方は、彼らのテクストのなかで結局のところはまったく理由づけがなされず、ほんのわずかな箇所で、むしろ暗示的に理由が述べられているだけである。例えばある場合には傍注で、近代の政治哲学は現代の多くの社会に決定的な特徴を与えているというように語られている（104=84）。そのような類のさまざまな箇所をまとめてみると、政治的思考の代表的著作に立ち戻ることの正当化は、次のテーゼに行き着くことになる。つまり、正義と社会的共生のついての私たちの表象すべてを今日にいたるまで決定的に左右しているのは、古典的思想家たちの偉大な著作の数々である、というテーゼである。ここでは次のように補うことができるだろう。文化的な伝統形成という過程で哲学的伝統のある種の理念は、何世紀もの時代を越えて日常意識に強く訴えかけるのであり、そのために結果として現代の社会的な正当化文化もまた、今でも本質的には過去の政治的思考モデルから滋養を得ていると言えるのである。

こうした思考は、たとえより重要な基礎づけがいかなるかたちにおいてもなされずに生じ、きわめて思弁的な特徴を示しているにしても、本質的に魅力がないはずがない。著者たちは確かに、政治哲学の古典的著作そのものが、今日日常において私たちが自分たちの行為を調整し、正当化する場合に用いる、そうした秩序表象の源をなしていると言いたいわけではない。そうした仮説を立てるとするなら、その内側では社会的日常意識が過ぎ去った時代の思想史のアーカイヴにすぎないような、文化的観念論の敷居が越えられることになるだろう。むしろそのテーゼは次のように理解したほうがよいと思われる。つまり、哲学の伝統に含まれるいくつかの著作が意識に作用する力はとても大きいので、私たちが今日、考えうるかたちの社会的正義について互いに了解するために助けとなる、そうしたパラダイムや原型を、文化的伝承という不透明なやり方で生み出すには十分なのである。すなわち、正当化のそのような状況において私たちは、アリストテレスやルソーの著作に依拠しているのではなく、彼らの著作で初めてはっきりと表現され、その後反復と浸透によって知的な共通財となっている議論の範型を用いているのである。しかしながら、彼らのテーゼの解釈を適切な仕方で行っているかどうかについて言えば、ボルタンスキーとテヴノーは、時折ふらついているようにも見える。いくつかの箇所では、引きあいに出されている諸々の著作は正当化のナラティヴを実際にはただ解説するだけだと言っているように聞こえ（105=88）、しかし他方で別のところでは、同じテクストを直接私たちの現代の表象の数々の起源として扱うような傾向が再び優勢なのである（107=89f.）。彼らの研究のその他の点について理解するには、もちろんより弱い、最初の解釈が、文化的観念論のどんなわずかな徴候さえも根本的に回避するゆえに適切である。

ボルタンスキーとテヴノーがこの意味においていまや例証するという目的のために考慮に入れておこうとするテクストの選択の際に、彼らは当然ながら、同時代の秩序表象の形式的特性の数々を説明する場合に前もって用いていた諸基準を頼りにする。それゆえ、ここでパラダイム形成的なものととらえられてよいのは、古典的伝統の著作のうちでも次のようなものだけである。つまり、社会的序列秩序を正当化できる、そのつど個別の功績原理が道徳的普遍主義という基礎にしたがって展開されていることをそこで目にすることができる、そうした著作の数々である。ボルタンスキーとテヴノーは、私たちの正義の確信において今日はっきりと分かれている功績基準がどのように見出しうるのかにしたがって、その分だけ多くのこうした基礎的な種類のテクストを互いに区別することができると考えている。しかしその際に彼らは、「社会的偉大さ」という同じ理想のためには他の古典的な参考文献を挙げることもできたかもしれないことを排除しなければ、将来においていつか正義のパラダイム全体を別のモデルの分だけ拡張することができるかもしれないことも排除しない[7](103=86)。そうした諸制限を前提したうえで、私たちの正当化文化において互いに競合し合う正義の表象をそれらに照らして説明するために、著者たちが引き合いに出すのは、ここでは全部で六つの思想史上のテクストである。すなわち、アウグスティヌスの『神の国』についての本は、カリスマ的にインスピレーションを受けた個々の成果というパラダイムを基礎づけた。ボシュエは数々の著作のなかで、家庭内の序列秩序の理念を展開した。この序列秩序のもっとも上位に位置するのは、保護供与性質を持つ、家族の長の役割である。ホッブズは彼の『自然法』で、純粋に公論における価値評価の尺度に基づく地位ヒエラルヒーの考えを導入し、ルソーはその『社会契約論』において、社会的偉大さが一般意志を反映している度合いに依拠する、公民的秩序の表象のための基礎をおいた。サン＝シモンは彼の仕事のなかで、一般的な欲求充足のために個人が成果を出すことを目指す、そうした産業的な階層システムの輪郭を素描した。そして最後にアダム・スミスは経済理論をめぐる著作において、社会的に有益な富のはたらきを中心に据える、市場経済的な価値尺度の原理を構想したのである（114–175=96–154）。すでに述べたように、ここで挙げられている著作のうちのいかなるものも、それらの著作のタイトルや、それどころか言葉の運びが私たちにとってまだなんらかのかたちではっきりと念頭におかれているという意味で、私たちの現在の正義の表象の起源として理解されるというわけではないのである。つまり、ある著者の名前がリストに挙がっているところには、もし類似した功績原理をその思考のなかで基礎づけてさえいれば、別の著者の名前もまったく同様にありうるのである。ここでの列挙全体にとって重要であるのはただ、そこではそれぞれ、今日にいたるまで規範的な作用力を少しも失ってはいない、社会的序列秩序の理念の発生になんらかのかたちで寄与している、そうした哲学的著作が問われているということである

それゆえ、先の著作のリストの構成における個々の決定に批判をしようということは、無駄なことであるかもしれない。確かに、名前と著作を選ぶ場合に、フランス哲学の伝統のなかで育てられた著者たちが優先されていることは顕著に現れている。隣国であるドイツであるならばやはり、家父長的な価値秩序の正当化のために並々ならぬ影響を及ぼしているいくつかの著作が見つかるはずのところで、ボシュエがまさにここで家庭内の序列秩序の基礎づけのために引き合いに出されなければならないことは、影響史的な諸々の観点から見てかなり奇妙である。二人の著者たちは彼らの研究のただの一行でさえ、ある部分では錯綜し、ある部分では明らかになっている、先に言及された著作がそれらのパラダイムとしての力を展開することができた影響の経路を解明するために割いてはいないのである。すなわち、一語たりともそれらの著作の受容史に言及されることはなく、一瞥たりとも政治的な付帯状況に注がれることもなく、言わば

まるで私たちの今日の正義の表象の系譜学という野心的な企図のためには、いくつかの古典的テクストの本質的理念だけを紹介するだけで十分であるかのようである。しかし、リスト全体のそもそもの欠点が明るみに出るのはまったく別の制限においてであり、受容史が消え失せているからでもなく、文化的に狭隘になった視角においてでもない。そうではなく、その欠点は、今日にいたるまで影響力を保っている、一群の政治哲学の著作全体が欠落している点にある。すなわち、カントの政治的共和主義も、ジョン・ロックの古典的リベラリズムも、なんといっても彼らの原理的平等主義が私たちの現在の正義の表象にとって、彼らによって挙げられた著者たちの理念と少なくとも同じだけの意味を持っていてよいもかかわらず、ここでは言及されることがないのである。遅くともこの看過することができない隙間で、ボルタンスキーとテヴノーは、次のことに気づかねばならなかった。つまり、現代のありとあらゆる正当化モデルが功績原理に根づいていると前もって決めてしまうことが、いかに問題であるのかを、彼らは見落としているのである。私たちの社会秩序は規範的になんらかの成果に基礎づけられており、それゆえヒエラルヒー的な構造をなしている、そうした諸々の表象はまちがいなく存在する。しかしまた、これらの表象とならんで、ロックやカントの著作にあるように、公民的平等主義という広範囲に拡がる動向も存在しているのである。これら二人の著者たちの著作が消えてしまっていることは、それゆえ、ある種の偶然や単なる不注意のためではなく、規範的な基本概念上の還元主義に由来するものであり、その根は彼らの研究のさらに初期の段階にまで遡ることができるのである。

さて、先に挙げた六つの正義の表象は、さまざまな序列秩序の形成原理を含むだけではなく、そのつど社会像全体の規範的核心も、つまり生活世界全体の規範的核心もなすという。著者たちが正当化秩序を「市民体（cité）」や公共体（Gemeinwesen）とも呼ぶのは偶然ではない。これらの言葉で彼らが表現しようとしているのは、ある生活様式全体の表象、つまり規範と慣習行動の包括的なシステムの表象が、そこでは常に重要であるということである。ボルタンスキーとテヴノーが主張するのは次のような大胆なテーゼである。そのテーゼによると、私たちの日常的行為と体験の地平はつねに、私たちが状況を解釈する際に用いている秩序表象のカテゴリーによって規定されている。すなわち、私の周囲の事情は私に対して、社会的世界の特定の断片における相互行為パートナーとの関係を規制する、そうした規範的同意に照らして現れてくるのである。そうして素描された思考と二人の著者たちが結びつける帰結がどれほど豊かなものであるのかが、はじめて完全に明らかになるのは、物質的な対象もまた、この道徳的に構成された地平へと包括されるということが説明されるときである。彼らによると、「人びとが互いに一致にたどりつくことができるために［…］事物の特性は、偉大さというこの原理と調和しているやり方で規定されねばならない（183=160）」というのである。ある状況においていかなる種類の序列秩序があらかじめ受け入れられているのかにしたがって、参加者たちの行為の対象もそのつど異なった意味を持つのである。すなわち、家族的－家庭的秩序表象が妥当している場合には、著者たちの例はこのようにパラフレーズすることができるのだが、テーブルには共に夕飯をとることをうながすという意味が付け加わり、他方で産業的価値秩序のコンテクストにおいてテーブルは仕事台の意味を持ち、あるいは市場秩序という別のコンテクストではまた集会所という意味を持つのである。そのことに応じて、私たちが私たちの社会のメンバーとして生きる場合にはそのつど、前もって相互行為において関わっている道徳的一致の原理と同じ数だけ、世界と規範的に関係づけられている。したがって、近代の必要不可欠なすべての価値秩序に同じようになじんでいる行為者たちは、六つのさまざまな生活世界のあいだを動き回ることを永続的に強いられているのである。

著作の全体にわたってはっきりしないのは、正当化秩序の社会構成的な役割を著者たちが考察する場合に、どこから彼らが生活世界分析にまで延長するという刺激を受けているのかである。テクストそのものでは状況に応じてブルーノ・ラトゥールの仕事が言及され、そこでは物質的対象が社会学的分析にどうして含み込まれなければならないのかを説明することが問われている。(8) しかし、これらの所見は、どうして私たちは基礎にある正義の確信を糸口として、個別的な生活世界の構成を説明したほうがいいのかの理由づけをするには、まったく不十分である。それでもそうしたテーゼは、次のような強い仮説と結びついている。この仮説によると、私たちすべての世界への関係づけの内容全体を説明するには、これまでの実践哲学のカテゴリーでまったく十分なのである。すなわち、私たちが体験するのがなんであろうとも、そして私たちが人物、事情、事物をどのように知覚していようとも、その際に私たちはカテゴリー的な図式を頼りに行うのである。そしてこれらのカテゴリーは、正当な社会秩序について私たちがつねに共同で前提している表象によるものである（184ff.=160ff.）。こうした仮説について、ここで社会環境が、つねにいつも特定の関心や、計画にしたがって意味を解き明かされているものとして考えられているということは、それほど疑わしいことはない。つまり、そのような考察をボルタンスキーとテヴノーは、メルロ＝ポンティや初期ハイデガーの諸々の著作を受容することを経由して、容易に自分たちのものとしてもよかったはずである。これら二人の仮説において困惑させるもとであるのは、むしろ、私たちの世界の「道具的存在性（Zuhandenheit）」が、私たちが相互的に受け入れている秩序表象に由来する道徳的条件から、ただそれだけから生じてくるとされていることである。私たちの社会的な生活におけるプラグマティックなものが、社会秩序の規範的正当化のうちの一つの次元にまで切り詰められるのである。すなわち、世界が私たちにとって意味を持つものとして開示するのは、その道具的関心の地平においてでもなく、環境制御の欲求の地平でも、あるいは存在克服の意図の地平においてでもない。つまり、世界が私たちに意味を開示するのはただ、より深く根づいている、私たちの社会的制度の正当性を証立てることへの要求の地平においてだけなのである。

現象学的転回、それどころかおそらく「超越論的」転回と呼ぶことのできる転回を行うことで、ボルタンスキーとテヴノーは、彼らの専門における古典的研究者たちが道徳哲学に社会学に基づくことについて妥当させたいと考えていたものを、はるかに越えてゆく。そこ〔古典的研究者たちの議論〕では、道徳確信や、価値志向がとらえられるために用いられた哲学のさまざまなカテゴリーは、社会的再生産の構造連関における対応物を見つけるための挑戦として理解されていたのである――そうして、価値領域、集合意識、行為システムという社会学的概念は生じてきたのである。それに対して、ここで、つまり『正当化の理論』の研究では、社会的に凝集した構造への転用という中間段階が挿入されることなく、実践哲学のカテゴリーが直接、社会的日常意識の内容を示唆するものとして受け入れられている。そして道徳的内容、いわゆる正当化秩序は、その内側でさまざまな生活世界の構築がなされるという、「超越論的」枠組として妥当するのである。結局のところこうしてボルタンスキーとテヴノーにとって社会的世界は、そのさまざまな領域にわたって、道徳的正当化という慣習行動の産物でしかないのである。このように道徳哲学を一面的に特権化することから生じる諸々の困難が散見されるのは、全般的に見て、社会学的な構造カテゴリーと、非道徳的な、対案となる行為志向がまったく考慮されていない点である。すなわち、道徳的確信が制度と固定化した行為システムに定着することを吟味することは少しも試みられず、社会的再生産において人間を動かすものがはたして道徳的関心以外のものにあるのかどうかは問われないままである。このように欠点を素描してみても、ここまではただむしろ間接的にしか明らかではない。それに比べてそれらの欠点は、二人の著者たちが、正当化された相互行為を遂行されるなかで生じる危機、あるいは支障について論じ始めやいなや、たちまちより明らかなものとなるのである。

Ⅲ

現代の社会的リアリティについて、ボルタンスキーとテヴノーの研究から私たちがこれまで得てきたイメージは、その内的な意味連関が、引き合いに出される秩序表象という特殊な功績原理からそのつど生まれてくる、そうした多くの部分世界に分化した現実のイメージである。すなわち、社会のメンバーは、自分の行為を互いに正当化された社会性の数々のモデルを頼りに調整しなくてはならず、このことを伝承された正当化秩序の蓄えに立ち戻ることによってやりとげ、そして適切に正当化された相互行為連関をさらに自分たちに共有された価値確信の地平において理解する。しかしそのイメージはここでは、ボルタンスキーとテヴノーが確かに最初からはっきりとさせていたように（59ff.=43ff.）、社会的出来事のむしろあり得ないような、つまり調和主義的な側面だけを見るようにうながすのである。すなわち、それに対して、相互行為関係の適切な正当化のあり方をめぐるもめ事や衝突が特徴をなしている状況こそが通常である。まずそうした日常的な対立を主題化することで著者たちは、彼らの理論的サークルの経験的研究作業がたいていの場合にそこで行われているフィールドに移っている。[9] そのうえここで構想されているのは、彼らが批判的社会学の理念とは異なりあらゆる規範的判断を差し控え、能力がある行為者の持つ批判的活動の観察に厳しく自らを限定するという、「批判の社会学」という試みと彼らが名づけるものである。[10] したがってボルタンスキーとテヴノーの周りに集まる人びとの仕事全体が基礎づけられているのは、私たちがつねに決まって争い合っているのは正当化モデルの意味と適切さをめぐってである、というイメージにおいてなのである。

ここでそうした軋轢という言葉が意味しているはずのものへと議論の歩を進め、二人の著者たちは、私たちの日常的な行為ルーティンが中断される二つの形式を区別する。私たちの相互行為を支える同意が崩れる可能性は、彼らの考察によると、相応する規範の枠組みの適用条件か、あるいはその適切さのどちらかが突如として疑わしくなる場合に生じてくるのである。「係争（Streit）」と呼ばれている最初のケース（187=163）で行為者たちは、参加者たちのうちの誰かが共に前提している正当化秩序も実際に公正で適切に用いられているのかどうかを問題視する際に、自分たちのルーティン化した行為を中断する。それに対して「紛争（Konflikt）」と呼ばれる第二のケースでは（188=164）、行為者たちの相互行為が、そのときに直面している状況で考えうる正当化秩序のうちでいかなる秩序を用いるべきなのかに同意がないがために滞ってしまう。この説明のなかで内在的批判と外在的批判という、哲学においてなじみのある区別が理論言語のレベルから取り出され、日常的な行為が起きる層へと転用されているということを見てとることは容易である。すなわち、「係争」では、当事者たちはすでに受け入れられている正義の表象のための適切な適用条件を問うことで、問題化の内在的な諸々の規準を用いるのに対して、「紛争」の場合には当事者たちは、特定の状況に照らしてこれまで実際に用いられてきた秩序モデルの適格さを疑うことで外在的な規準を適用するのである。この転用を、つまり理論的にきわめて巧みな方策を用いて、著者たちは私たちに次のように分からせようとする。つまり、普通の行為者ですら、自分たちの相互行為を実際に行う際に、これまではただ哲学者や、あるいは批判的な理論家だけに要求されていた知的な操作をしているのである。そうボルタンスキーとテヴノーは挑発的に言うように、私たちはみな自分たちの日常的な行為において、学術的な知識人たちが物々しく武装して戦列につく前にはもう、きまっていつも規範的批判の営みとかかわり合っているのである。

「理論的」批判が、私たちがみな日常生活でかならず実際に行っている批判と同等であることを示すことができるために、二人の著者たちによってここから原理的に次のことが示されなければならない。つまり、彼ら自身の知が通常の行為者たちの知よりもいかなるかたちでも優れているわけではないことである。というのも、従来批判的社会学と名乗っていたものをすべて、「批判の社会学」と取り換えるという意図は、二つの知のレベルのあいだにこれまであった落差を跡形もなく均してしまうことを要求するからである。[11]「係争」のケースを、つまり、ボルタンスキーとテヴノーが取り組む最初の対立領域を論じるために、そのことは実際のところ彼ら二人にいかなる苦労も与えないように見える。彼らはただ、根本的に受け入れられている正当化秩序の枠組においてその秩序から導かれた地位ヒエラルヒーへの疑惑が明るみに出るときに、状況に巻き込まれた行為者の側から起きていることを「観察」しているだけである（188ff.=164ff.）。著者たちの解釈によると、そうした諍いが一般的に調停される特に用いられる手段は、彼らが「吟味 Prüfung〔邦訳では「試練」〕」と呼ぶ、討議の実施である。この言葉で彼らが考えているのは、教育による肩書きの付与を規制する公的な手続きをよりはむしろ、日々の生活のなかでくり返される、ほとんど目にとまることのない次のような諸状況である。つまり、これらの状況においては、地位身分のこれまで行使されてきた分配が実際に基礎にある正当化秩序の意味と一致しているのかどうかが、行為への圧力から解放されたなかで共に検証されるのである。この規範的に規制された世界のいかなるものにも、彼らの研究からの数々の例がきわめて素晴らしくはっきりさせるように（191ff.=167ff.）、それぞれの世界に個別的で、ただそれのみを特徴づけるような吟味の手続きが向けられている。例えば、公民的秩序の内部で議会によって調査を行うことは、民衆の特定の代表の誤った行動についての噂に照らして、その代表に認められた適性と「偉大さ」を彼が本当に持っているのかどうかという、そうした問いの解明に役立つ。「オピニオンと名誉の世界」の内部で、間主体的に検証可能な実験段階への移行を命令することがもたらすのは、ある研究者が自分で主張する研究計画の卓越さを実際に証立てなければならないということである。この領域にしたがって個別的な吟味の手続きに特殊なことは、ボルタンスキーとテヴノーが飽くことなくくり返すように、それらの諸手続きにおいては正しさ（Richtigkeit）と公正さ〔正義〕（Gerechtigkeit）という規準のあいだの違いが完全に破棄されていることである。物質的な諸対象は、すなわち、それらがそのつど共に前提されている正当化秩序を通じて得ている意味において、相応する検証の手続きへと含み込まれているので、ある人物が地位ヒエラルヒーに「公正に（gerecht）」配置されているかどうかは、手元にある対象との「正しい」交わりの程度にも応じてはっきりしてくるにちがいないのである（56=41, 66=50, 183=160）。

すでにここでは、もちろんのこと、次のような社会的動向を前もって除外することが軽はずみではないのかという懸念が表明されることがあるかもしれない。つまり、参加者たちが、目指しているか、あるいはのぞんでいないかのどちらかにしても、「事態になじまない」、規範的に不適切な、社会的「偉大さ」の検証のための規準を適用しはじめるような動向である。特定の社会的コンテクストにおいて、そのつど事実としての「能力」と実際の成果を測るための適切な手続きだとされるようなもののための「コモン・センス」を、なるほど私たちはみな社会化を通じて備えているのかもしれない（201ff.=178ff.）。すなわち、一般的に私たちは、政治家をその道徳的尊厳と専門的知識の程度にそくして、芸術家をそのひらめきの力と美的表現の強さに照らして、そして最後には職人をその素材に対する習熟度と数々の技能の度合いに応じて検証するものである。しかし私たちの誰もが今日知っている、諸々の研究においては、芸術家の創造性の価値評価が市場にますます依存していることが問題となっており、市民たちがその投票行動において政治家の道徳的な信頼性よりはむしろ、メディアにおける見た目のほうにしたがうことが観察されることも、珍しくはない。また、それらの研究において私たちがくりかえしきまって出くわす主張は、学校教育に関する成果の検証は、潜在的に社会文化的なハビトゥスの評価に左右されているというものである。リュック・ボルタンスキーとローラン・テヴノーもまた、そうした動向の可能性、すなわち社会的価値領域がその領域にはなじまない、不条理な卓越性基準によって変容されることを否定しないことだろう。それゆえ、彼ら二人が時折マイケル・ウォルツァーに言及するのは偶然ではない。というのもウォルツァーは、社会的な課題領域が、それらに適切な内在的な分配原理の数々と一致していることを、彼の正義理論の導きの糸にしようとしたからである[12]。こうしたことからより重要であるのは次の問いである。つまり、二人の著者たちは、彼ら自身の理論において、いかにそうした移動や変容という過程を扱うつもりなのだろうかという問いである。二人の研究そのものはこの点に対して明確な答えを与えるものではなく、むしろそれどころか、外在的批判の可能性領域を指し示すことで、その問題を消え去らせてしまうのである。しかし、先に言及したケースでは、それまで規範的にちがったかたちで規制されていた領域で新しい正当化原理が意識的に要求されるという過程が問われていたのではまったくない。むしろ私たちはたいていの場合、参加者たちの背景で社会的偉大さという、事態にふさわしくない原理が通用するようになる、そうした意図せざる動向を問題にしているのである。そうした諸現象に対して社会分析は、その発生を単なる事実としてのみ記述することによって、けっしてただ中立的にのみ振舞うことはできない。なぜならば、社会分析が開始される際に用いられる基本仮説のストックには、なんといっても次のテーゼもまた含まれているからである。そのテーゼとは、いかなる正当化秩序も、社会的に分化したいかなる価値領域も、それらに固有の、能力と成果を検証するための手続きによって特徴づけられているというものである。しかし、どういうわけかボルタンスキーとテヴノーは彼ら自身の概念的道具立ての、こうした内在的な規範性を認めようとはしない。確かに彼らは正当化秩序とそれに相応する分配基準のあいだの必要な連関を想定しているように見えるのだが、この想定は結局のところ次のステップですぐにまた否定されるのである。彼らが調査した行為者たちの知識よりも、結局のところ多くの知識をやはり自由にできるという良心の呵責にさいなまれるように、彼らはこれまで自分たち自身が間接的に主張していたことを否定する。すなわち、道徳的な行為規範の、社会的になじまれ、間主体的に受け入れられたいかなる体系も、卓越性の特殊な基準を自由に用いることができるのであるが、結果として、そうした道徳的な行為規範の体系をなじみのない、事態に照らして不適切な諸基準で変形させてしまうことは、理論的に誤った動向として、あるいは社会的な病理と呼ぶことができるだろう、という主張である。

こうしてボルタンスキーとテヴノーの道徳社会学的アプローチにおいて浮かび上がってくる問題を、別のかたちで描くならば次のようになるだろう。つまり彼らには、自分たちの議論においてやはり目指しているると同時に依拠してもいる、そうした諸々の構造理論的仮説をいつもきまって、すぐに括弧に入れてしまうという傾向があるのである。そのような種類の仮説がその際にこのコンテクストで意味しているのは、せいぜい間主体的に共有されている規範と習慣行動の能力、つまり、制度というかたちで社会的構造物(Strukturgebilde)を生み出すという能力についての諸々の主張である。すなわち、私たちが一般的に絶えざる変化と革新のなかで固定的なもの、暫定的に留まっているものをはっきりと見てみたいとのぞむ場合に、社会学的分析において私たちは規範的に規制された行為の、そうした「システム」を念頭に置かねばならない。『正当化の理論』では、しかしながら習俗(Sitte)、習慣、あるいは法によって永続的に基づいている、そうした規範的に調整された行為の結晶化などはまったくないかのように見えるのである。すなわち、著者たちは確かに正当化の「秩序」とは言うものの、彼らは「秩序」という社会学の概念においてなにがこめられているのかをけっして重要視しない。しかし規範的構造を要求すると同時に否定するという、この問題は、ボルタンスキーとテヴノーが「紛争」を正当化秩序についての社会的対立の第二の形式として分析しはじめるとすぐに、ここからさらに深刻なものとなる。ここではじめから、そうした秩序の数々は、そもそも単に表象や確信、あるいは実際に構造形成物を表しているのかどうかという問いについて大きな混乱が支配している。

紛争という概念を用いて二人の著者が表しているのは、すでに示したように、正当化秩序の適切な解釈をめぐってではなく、さまざまな正当化秩序の同一の状況への想定しうる適用をめぐって生じる、社会的な衝突と論争である。行為者たちに間主体的になじまれている行為は、参加者のうちの一人が、これからも受け入れられる規範の構造についてのこれまで実際に行われてきた解釈を疑問視することによってだけ、頓挫するわけではない。すなわちそうした中断がむしろ生じうるのは、正当化秩序そのものが、関連する行為領域にとって不適切であるように思われるがために、相互行為の参加者の側でその秩序の正当性が問われる場合である。彼らが第二のタイプの道徳的不調和に割いているページ数からすれば（287–364=265–338）、ボルタンスキーとテヴノーは次のように仮定しているようである。つまり、そこでは私たちの社会における社会的対立のもっとも広まっているかたちが問題になっているという仮定である。彼らの解釈によるなら、西側の民主主義の国々で今日、とりわけ争点となっているのは、文化的に用いることができる功績モデルのうちでいかなるものが、社会的行為のどの領域に適用すべきかをめぐってであるという。社会的正義の同時代的理念の多様性を、功績原理における基礎づけを伴う理念に切り詰めてしまうことは、きわめて納得のいかないことである。しかしこのことをいったん脇においてみれば、そうして描かれた西側社会のイメージは確かにまちがってはいない。多くの診断が一致するところによると、資本主義的な福祉国家の転換は徐々に顕著になりつつあり、それは本質的に特定の行為領域の規範的文法における変容に影響を及ぼす衝突によって特徴づけられている。もちろん、このように経験的に説得力を持たせようと試みる場合にすでに、そこには著者たちの記述とそもそも相容れるはずのことよりも多くのことが含まれている。というのも、そこでは社会的領域の規範的な作られかたにおける初期条件がまったく問題となっていないために、結果として変化や変容についてもそもそも語られようがないのである。そのかわりに、彼らの研究は次のような表象を用いて行われているように見える。つまり、その表象によると、行為者たちが道徳的に衝突し合うのはつねに、疑わしい行為問題の解決をどのような正当化秩序を頼りにそのつどはかろうとするのかが、まったく行為者たちに委ねられているという条件においてなのである。この奇妙な主意主義において、彼らの著書の他のいかなる部分においてよりも強く、次の事態が明確になるのである。つまり、ボルタンスキーとテヴノーは、規範的に規制された行為の諸領域のための、いかなる概念も持ち合わせてはいないのである。

彼らの研究のこの重要な部分のさまざまな困難は、道徳的な衝突において規範的な社会イメージはそのつど単に別の社会イメージとぶつかるのか、それとも制度化された規範構造と衝突するのかということが、あまりはっきりしないということから始まる。テクストにおける諸々の描写はたいていの場合、最初の選択肢が正しいような、したがってここでは変化した正当化秩序の提案はこれまでに確立している体制に固執したい人びとの確信とだけ衝突するような印象を引き起こす。しかしそのことがとうてい当てはまり得ないのは、確立しているいかなる正当化秩序も生活世界の全体を築き、したがって行為と知覚の確固たる習慣を導くことを、私たちが前もってやはり想定している。つまり、規範的な配置を変更するという要請は、純粋に表象や確信にすぎないものとぶつかるのではなく、ハビトゥス化し、第二の自然となっている習慣行動と衝突するのである。そして、この慣習行動の凝集状態は精神的な凝集状態よりも幾分強固なのである。他方でそれと矛盾するのは、ボルタンスキーとテヴノーがそうした紛争は「交渉」や協議という様態において調停されうると見なしているように思われることである。彼らがなんどもくりかえし語るのは、道徳的な「攻撃」のあとで双方の当事者たちは、場合によっては妥協に到達するために、自分たちのそのつどの論拠を検証するように促されていると互いに感じているということである（367ff.=340ff.）。しかし、第二の自然となっているがために私たちが好きなように扱うことがほとんどできない、そうした規範的態度など、いったいどのようにすれば審議的な過程を経て変更することができるというのだろうか。すでになじみのある、これまでに確立した正当化秩序が私たちにとって生活世界の自明性をなしているのであるなら、そうした秩序は道徳的衝突をただ協議するという表象が認めるより以上の慣性力を保つだろう。こうした矛盾のすべてに二人の著者たちが陥ってしまうのは、彼らが最初から、彼ら自身によって導入された正当化秩序の概念そのものを十分に説明することを怠ってきたからである。すなわち、私たちが自分たちの相互行為を安心して調整することができる、そうした秩序政治的な表象が実際に重要であるというのならば、それらの表象は制度化された行為システムという性格を持つ。そしてそれらの行為システムにおいては、役割期待、道徳的義務づけ、そして社会的慣習行動が、一つの全体論的なまとまりをなすのである。そのような形成物について、それらがまるで諸々の確信のようにただ論拠によって変更することができると主張するのだとすれば、それはきわめて深刻なカテゴリー・ミステイクを犯すことになるだろう。

しかしそのように素描された一貫性の欠如は、彼らの研究において道徳的衝突を論じる際に典型的に現れてくる唯一の問題ではない。理論内在的な規範性を認めないという傾向として先に示されたものも、ここではもう一度より強調されたかたちで再び現れ、そのための解決策を正しく見て取ることができない、諸問題を引き起こすことになる。著者たちは分析を進めるなかで次のことを想定しているように見える。つまり、彼らの想定によれば、六つのさまざまな正当化モデルのうちのどれもが、いつでも、そして任意のところで援用されることが可能であり、そうして私たちの相互行為関係の変更提案のために、規範的範型を示すのである。すなわち、工場、プライベートな世帯、病院、あるいは政治的イベントのうちでなんであろうとも、参加者たちのうちの誰かがこれまで受け入れられてきた社会秩序についてつねに異を唱えることができるのであり、それは社会的正義のまだ用いられていない理念のうちでどれか一つの意味において、新しい配置を要求することで可能となるという。そのことが経験的になにを意味するというのかを明らかにできるためには、次のような父親を想像するだけでいい。つまり、家族という集団のなかで共有している家計を、ある日のこと、市場秩序の規範的範型にしたがってやりくりしようと提案するような父親である。あるいは、さまざまな活動の調整のためのモデルとして配慮の効いた権威という家庭的な配置を今後勧めることで、実験室の分業的な組織の変革を試みる自然科学者を想像してもいいだろう。私たちの社会的世界でそうした奇抜な提案と冒険的な革新が起こり得ないということが、ここでは重要なのではない。むしろ問題は、社会分析が、ボルタンスキーとテヴノーがやっているように見えるほど中立的に、それらの提案と革新に言及することができるのかどうかである。先に取りあげた制度化された規範構造、あるいは正しく理解された正当化秩序が、特殊な数々の課題領域という核を中心に形成されるのは偶然ではない。すなわち、それらの規範構造や正当化秩序が由来するのは、時間の経過とともに重要な調整問題の克服に照らして見て、ある種の承認規範が意味がある、あるいは適切であることがそこではっきりと分かってきている、諸々の実践的経験なのである。規範的な学習過程のこの帰結を社会批判は簡単に無視することはできない。むしろ社会批判はこの帰結を、自らのカテゴリー装置のなかの理論的構成要素として受け入れなければならない。すなわち、社会の重要な機能領域はその場合、一連の規範のどんな任意のものとも調和するようなものではなく、ただ、すでに私たちにとって卓越し、意味があるものとして明白であるような、ひとまとまりの規範とだけ相容れるのである。そのことが意味するのは当然ながら、社会的課題のいかなるものも、道徳的諸規範の特殊な体制を通じてのみ解決ができるというようなことではないはずである。すなわち、私たちが今日区別しているさまざまな行為の諸領域は、この規範的観点に照らすと、タルコット・パーソンズの機能主義が認めようとしたよりもずっと柔軟であることが分かっている——例えば家族は今日、おそらくは産業分野での労働世界や国家による社会扶助と同じほど、道徳的な秩序における転換を被っている[13]。しかし、私たちの背後ではさまざまな選択肢がくりかえし検証されており、この過程は私たちが現在、特定の行為問題を解決しようとするときに自由に扱うことのできる秩序モデルの選択を、すでにかなり限定している。すなわち、家族のなかで、私たちがパターナリズム的な、あるいはカリスマ的なリーダシップの体制に立ち戻るとすれば、それは頑固で、非合理的で、あるいは馬鹿げていると見なされずにはもはやありえない。また学校において、同じ理由から純粋に市場秩序を要求したり、産業分野での秩序体系を提案したりするならば、それは的外れなものだろう。規範についての選択肢のそうした限定は、けっして、社会学的な観察者が自分が研究している社会に彼自身の価値判断として外部から付け加えるようなものではない。それらの限定は、規範的な事実として、高まる離婚率という事実や、より強く個人化が進んだ経歴という事実と同様に、経験的な所与のうちに含まれるのである。それゆえボルタンスキーとテヴノーは、個々人の行為の調整のすべての領域のために、まるで六つの正義モデルが均しく用いることができるかのように振舞ってはならない。彼らがリベラル民主主義的な社会の暗示的な規範性について十分に説明をしてさえいれば、彼らはこれらのモデルのうちのいくつかは特定の行為の領域では不適切であることが分かるはずだろう。いや、それどころか、それらのモデルの適用が道徳的退行を意味するかもしれないということを知るはずなのである。

もっとも、多くの箇所で二人の著者たちは、この異議を考慮に入れたいと望んでいるように見える。例えば、コモン・センスや道徳感覚について論じるというコンテクストでは、次のように語られている。すなわち、「状況の本質をはっきりと知ることと、その本質に見合った正義の原理を持ちだすこと」(203=180) は、行為者の能力に含まれているにちがいないというのである。そこでまさに語られているのは、社会の暗示的な規範性が問題となったときに、本稿で先に主張されたことである。すなわち、通例、私たちは、自分たちが社会化されてゆくなかで、特殊な部類の行為課題にとっていかなる正当化秩序が適切なものとして、あるいはふさわしいものとして証立てられたのかを学び、その結果として私たちは、それ以外の解決策を前もって除外するのである。社会学の理論家がそうした代案の選択を退行、ないしは的外れなものとして描く場合、その理論家は、自分が自らの社会のメンバーとして得てきた規範的知識の一般化だけを語っているのである。したがって、そうした理論家がある種の誤った動向について批判を行うならば、それは行為者たちの頭越しに表現されているのではなく、ただ行為者たちの暗示的な知見を評価することによってのみ可能となっている。ボルタンスキーとテヴノーが先に引用した箇所において展開されている思考を彼らの著作のそれ以外の箇所でも十分に首尾一貫して保ち続けていたのなら、こうした推論にたどりついていたにちがいない。しかし、そこで市民のそうした「道徳感覚」はほんのごくわずかにだけ言及されるだけであり（290＝267, 305＝281）、その代わりに規範的にまったく構造化されていない社会について言及されるのである。社会的なものの道徳的構造が液状化するという傾向は、この研究がほとんどどのページにおいても出くわす危険である。すなわち、正当化秩序が、制度化された規範構造の確固たる形態を取るのは極めてまれであり、諸々の社会的状況を道徳的に配置する場合の特定の選択肢が、歴史的にすでに除外されていることはほとんどないと言えよう。

社会の規範的な成り立ちについての理解にこのように欠点があるからといって、ここからもちろん、ブルデューの構造主義や、パーソンズのシステム機能主義へと逆戻りするための突破口を開くように惑わすことにはならないだろう。ブルデューとパーソンズのアプローチが過剰な構造化の状態と道徳的な固有の論理について社会に与えたものは、まずは理論的な解体と決定的な開放を必要とした。すなわち、道徳的統合の優位を保ちながら、そのように撤廃し、解放することがボルタンスキーとテヴノーの研究の課題であったのである――彼らが私たちに気づかせたのは、ふたたび規範的秩序が脆いものであり、それらの秩序をめぐって絶えず論争が引き起こされるということであった。こうした企てを行う際に、しかしながら二人の著者は、こう言っておそらく差し支えないだろうが、彼らの企てが目標として設定していたことをいちじるしく越えてしまったのである。すなわち、ブルデューにおいて社会的ハビトゥスが形成されるなかで決定的な力の数々が作用しているところには、そしてパーソンズにおいて道徳的に一次元的な行為システムだけが存在していたところには、彼ら二人が見るかぎり、なんらかの規範的な基準の廃墟すら残ってはいないのである。つまり、彼らの研究において社会は、いつもただ社会的行為の次のような領域としてのみ現れる。そしてこの領域では、文化的に伝承された正当化秩序がもたらす、すべての秩序政治的な配置がどこでも、いつでも可能となるのである。二人の著者たちがそれに対して、彼らが研究する社会が規範的に前もって構造化されていることを視野に入れていたのであったならば、したがって彼らにとっても、単なる「批判の社会学」で満足するわけにはいかなかったことがはっきりと分かっただろう。すなわち、社会分析は、それ自身の対象から強いられて、社会的なもののそのつどの形式の批判へと駆り立てられるのである。

原注

（1）現代社会学の内部におけるこのアプローチの立場と役割について優れた見通しを与えてくれるのは、次の著作である。Hans Jonas und Wolfgang Knödel, *Sozialtheorie. Zwanzig einführende Vorlesungen*, Frankfurt/M. 2004, S. 739–744.; またさらに次のものも参照。vgl. Peter Wagner, »Soziologie der kritischen Urteilskraft und der Rechtfertigung«, in: Stephan Moebius und Lothar Peter (Hf.), *Französische Soziologie der Gegenwart*, Konstanz 2004, S. 417–448; Mohammed Nodi, Introduction à la sociologie pragmatique, Paris 2006.

（2）Luc Boltanski und Laurent Thévenot, *De la justification. Les Economie de la Grandeur*, Paris 1991.〔『正当化の理論——偉大さのエコノミー』三浦直希訳、新曜社、二〇〇七年〕

（3）Dies, *Über die Rechtfertigung. Eine Soziologie der kritischen Urteilskraft*, Hamburg 2007.

（4）括弧内のすべてのページ番号は、先に言及したドイツ語版についてのものである〔またそのつど邦訳のページ番号も記す〕。

（5）David Miller, *Grundsätze sozialer Gerechtigkeit*, Frankfurt/New York: Campus 2008; vgl. auch Axel Honneth, »Philosophie als Sozialforschung. Zur Gerechtigkeitstheorie von David Miller«, in diesem Band, S. 158–178.

（6）Vgl. Charles Taylor, *Quellen des Selbst. Die Entstehung der neuzeitlichen Identität*, Frankfurt/M. 1990.〔『自我の源泉』下川潔／桜井徹／田中智彦訳、名古屋大学出版会、二〇一〇年〕

（7）画期的な研究である『資本主義の新しい精神』（*Der neue Geist des Kapitalismus*, Konstanz 2003〔『資本主義の新たな

精神』（上・下）三浦直希他訳、ナカニシヤ出版、二〇一三年〕）で、ボルタンスキーはエヴ・シャペロとともに次のことを示そうと試みたのである。一九八〇年代以降、資本主義の精神が変化し始めたのは、その正当化と規範的な安定化のために新しい秩序モデルが、つまり「計画に基づく市民体（cité par projets）」がますます頻繁に援用されるからである。まだ『正当化の理論』で区別されていた六つの概念には、さらに七つ目を付け加えることができるようである。つまり、その規範的な要素が、功績が創造性、柔軟性、そして革新性と結びついているという点にある、そうした概念である。

（8）　とりわけ、次の書籍を参照。Vgl. Bruno Latour, *Das Parlament der Dinge. Für eine politische Ökologie*, Frankfurt/M. 2001; ders., *Eine neue Soziologie für eine neue Gesellschaft*, Frankfurt/M. 2007.

（9）　典型的なものとしては次の著作を参照。Vgl. Luc Boltanski, Yann Darré, and Marie-Ange Schiltz, »La dénonciation«, in: *Actes de la recherche en sciences sociales* 51（1984）: S. 3–40; Luc Boltanski and Laurent Thévenot（Hg.）, *Justesse et justice dans le travail*, Paris 1989.

（10）　それについては、次を参照のこと。Vgl. Luc Boltanski, »Critiquesocialeetsensmoral«, in: Tetsuji Yamamoto u. a.（Hg.）, *Philosophical Designs for a Socio-Cultural Transformation*, Tokio 1999, S. 248–273; Robin Celikates, »From Critical Social Theory to a Social Theory of Critique«, in: *Constellations* 13（2006）: S. 21–40; Peter Wagner, *Soziologie der kritischen Urteilskraft und der Rechtfertigung*, a. a. O.

（11）　そのために以下の著作は非常に丁寧で情報に富む。Vgl. Robin Celikates, *Kritik als soziale Praxis. Gesellschaftliche Selbstverständigung und kritische Theorie*, Frankfurt/New Tork 2009.

（12）　Michael Walzer, *Spähren der Gerechtigkeit. Ein Plädoyer für Pluralität und Gleichheit*, Frankfurt/New York 1983.〔『正義の領分——多元性と平等の擁護』山口晃訳、而立書房、一九九九年〕

（13）　典型的なものとしては次の著作を参照。Vgl. Judith Stacey, *In the Name of the Family. Rethinking Family Values in the Postmodern Age*, Boston: Beacon Press 1996; Robert Castel, *Die Metamorphosen der sozialen Frage. Eine Chronik der Lohnarbeit*, Hamburg: Hamburger Edition 2005; Stephen Lessenich, *Die Neuerfindung des Sozialen. Der Sozialstaat im flexiblen Kapitalismus*, Bielefeld, transcript 2008.

第7章　社会研究としての哲学
——デイヴィッド・ミラーの正義論によせて

政治哲学の長い歴史で、理論と実践の距離が今日ほど広がったことは、これまでなかったように思われる。確かに政治哲学は、ジョン・ロールズの著作の画期的な影響に力を得て、正義の諸原理の基礎づけに集中し、それによってこれまでなかった概念的抽象性と倫理的普遍妥当性とを獲得した。だがそのかわり政治哲学は方向を示す力を失った。それは、政治哲学が制度上のさまざまな障害や文化的な課題について助言を与え、そのようにして政治に携わる者の自己理解に影響を与える、そうした力である。

哲学的正義理論と政治実践のあいだの距離が拡大する状況にあって、デイヴィッド・ミラーの『社会正義の諸原理』(1)はその状況に風穴を開ける一撃となるにちがいない。確かに原著が刊行されたのは一〇年以上も前で、共同体主義をめぐる論争の反響として、政治的公共圏において正義理論的な議論がたたかわされていた頃である。だが、当時本書の著者が立てた目標は今日、刊行時よりおそらく重要性を増している。デイヴィッド・ミラーはオックスフォードの政治哲学の教授だが、リベラルな正義理論の構成全体にどこかうまくいってないところがあると早くから気づいていた。それは、ロールズの後継者の議論においてリベラリズムの理論構想が、かならずしもロールズの議論とストレートに結びつかない基礎づけをしており、十分な内的首尾一貫性を持つという印象を与えなかったためではない。また政治の領域で正義の諸問題を取り扱う場合、平等の価値にある種の優位が置かれるという事実に彼が苛立ちを覚えたという理由のみでもない。ミラーが不満だったのは、平等という価値が、いつのまにかあらゆる社会領域で尺度とされ、正義という視点そのものの参照点となったことである。平等が正義の唯一の原理へと実体化されたことにより、理論と実践が分離し、正義の構想が前学問的な確信の世界から分離することとなった。彼の眼にはそう映ったのである。

哲学的理論が方法論的にこの一つの基本命題を重要視するという態度をはじめからとってしまった結果、正義のさまざまなイメージのうち、主体が自分自身の側に確保しておきたいと望んだものがすべて、哲学理論の構成のうちではまったく何の役割も果たさなくなった。この意味でミラーにとって、理論的な正義諸概念の状態は、それが経験領域を忘却していることを映す鏡であった。哲学的正義論は政治実践において重要性が低く、公共的議論における反響が少なく、具体的な諸課題との関連で力をもっていない。こういう状況すべてをミラーは、唯一の原理に集中した結果であり、事実として存在する正義に関するさまざまな信念を無視したためであると説明する。ミラーがこの著作で追求したのは、この状態に抗してそういった前理論的なイメージを起点とした構想を作り上げ、それを基準とすることである。この著作の主題は、分配をめぐる争いの正当な解決が問題となる際、社会の日常で今日おこなわれているさまざまな区別である。通常、そういう場合には一つだけでなく三つの正義の原理が適用されている、という主張にミラーの研究は依ってたつ。彼の把握によれば、正義理論は、そのメッセージの受け手と目線を同じくしようとするなら、多元主義的形態を帯びなくてはならない。一元論的にただ一つの原理を高く掲げるのではなく、当事者自身が用いる三つの原理を多元主義的に自身のものとしなくてはならない。

I

無論、従来の一元論的でリベラルな正義理論に複数の正義の原理を対置するというミラーの多元主義の試みは、現在の理論状況において唯一のものではない。すでに一九八三年に公刊された『正義の領分』において、(2) マイケル・ウォルツァーは正義の《複雑な》モデルを示した。この考えの核心は、さまざまな社会的特権と負担の正当な分配は、それぞれ固有な原理に従うべきであるという点にある。その際、ウォルツァーにとって決定的論拠となったのは、ある社会で分配される課題や優遇措置は、直観的に導出可能で普遍的な意味内容をもち、どうすれば理にかなった分配が可能になるかはそれによってあきらかとなる、という考えだ。社会学サイドでは、リュック・ボルタンスキーとローラン・テヴノーが『正当化の理論』(3)で展開した考えに同様なものをみることができる。彼らは、社会のさまざまな行為領域はそれぞれ特権の承認と否認に関するはっきりした基準を用いている、というのだ。彼らとマイケル・ウォルツァーとの違いは、領域固有な分配原理は解釈学的にではなく経験的に確定できるとする点にある。両者のアプローチは、社会的な財（ないし負担）が多様であるがゆえに、正義の原理も多元化する必要があるという発想でおおむね一致している。それに対し、ミラーは自身の理論でまったく別のアプローチをとる。彼の議論は、それぞれの主体は相互にとり結ぶ関係性の種類によってまったく異なる分配的正義の原理を適用する、という観察のみをさしあたりの出発点している。

デイヴィッド・ミラーが自身の構想のこの出発点に到達したのは、一連の経験的研究を介してのことだ。その研究は、普通の主体が分配の問題に直面した際の判断と決断に関するものだ。それはおもに大規模な量的調査で、さまざまな国の無作為に抽出された住民に質問票を配布し、財の公正な分配に関するさまざまな状況の紛争について回答を記入するというものである。むろんミラーは十分に慎重で、そういった経験的アンケートを盲目的に信頼し、その背景を問わないまま自身の理論の基礎とするようなことはしてはいない。また彼は、規範的正義理論は実際に適用されている正義の信念の解明を必要とするが、同様にまた、社会科学的な正義の研究は哲学的理論の助けを必要とするとも確信していた。それゆえ経験的研究の評価の前に置かれた第三章で、ミラーはこの社会諸科学と政治哲学、経験的正義研究と規範的正義理論の相互補完性についてあきらかにしようとしている。科学の特殊化と専門化によって両部門がますます分離しているような時代において、ミラーの著作のこの部分には格別の重みがあるだろう。経験的研究は、それが使用する分類諸項目を哲学的に吟味しないかぎり、道徳的日常規範に対し《盲目的》なものにとどまるというミラーの確信は正当だ。確かに、そのようなカテゴリーの事前の明確化が、素材を評価する際のあらゆる困難を解消するのに役立つとまではいえないにせよ、その種の明確化は、ある形態の行動ないし判断に際しての道徳的基礎づけの範型と非道徳的なそれを、一義的かつ首尾一貫したかたちで区別するのに寄与するだろう。社会正義に対する態度を調べようとするアンケートを解釈する際、つねに最大の問題の一つとなるのは、寄せられた回答が、もともと道徳的考慮に発するものなのか、それとも他の、例えば社会工学的な考慮によるものなのかを見分けられないことがしばしばである、という点だ。たとえば平等な報酬形態の支持は、かならずしも社会倫理的考慮を示すものとはいえず、できるだけ紛争の少ない安定した社会に生きたいという希望が影響したものかもしれない。このような解釈の問題を減らすために、ミラーは経験的研究手法をとる社会学者に、道徳哲学と規範的正義理論との接触をはかるよう推奨する。彼らの苦労の少なくない部分は、道徳的行動と判断のもととなる動機のさまざまなタイプの中で有意味で普遍的に支持しうる区別を設けることにあるからだ。

ミラーによれば、経験的正義研究に妥当することは、哲学的正義理論にも逆向きのかたちで妥当する。社会学者は政治哲学者による概念の解明を必要とする。逆にまた政治哲学者は社会学者らによる道徳の日常文化の調査を頼りとすべきなのだ。規範理論を社会学的考察で補う必要があるという自身の考えを、ミラーはロールズの正義の構想に即して説明する。確かに『正義論』[4]の著者ロールズにとっても、自身の指導的原理を普通の市民のもつ基本的な正義のイメージと一致させることは重要なことだったようだ。だが彼は、人々が実際に抱いている信念を経験的に探究するような経験的研究に注意を払っているようにはみえない。ロールズは自身の基礎づけ手続きにおいて道徳心理学、経済理論など他の部門へと周到にエネルギーを傾けているにもかかわらず、経験的道徳社会学への顧慮がまったく欠けているのは重大な問題だ。彼の理論はまさにその種の研究との関連づけを必要としているというのに、彼の議論のなかでその種の研究は端役すら割り当てられていない。ミラーの考察は、この驚くべき空白の説明となりそうな理由ではなく、ひとえにそこから生じる理論的帰結に向けられている。ロールズは日常的な正義の感覚に関するあらゆる研究を脇に押しやり、その知見を吟味すらしていないがゆえに、その外見に反して、社会正義全体を平等という一つの価値で基礎づけてしまっている。もし彼がその種の研究から前もって助言を得ていたら、ロールズの求める市民性は、一つの正義の原理以上のものを必要で正当だとみなしうるとの見解にすぐに達したことだろう。ミラーはそう言いたいように思われる。

こうしてミラーは、方法論的な考察という迂回路を経て、彼の探求の本来の主題へと進むが、その回り道の成果は学問政治上の意義を有すると言っていいくらいだ。彼が議論に用いている経験的素材は、前述のとおり一連の社会学的研究で、量的方法をとり、またしばしば比較文化論的な意図のもとで、市民が実際に抱いている正義のイメージを集計している。これらの手間のかかった研究の諸結果が引き合いに出されるのは、それらを基礎として、政治哲学の伝統に連なる他の構想よりも普通の主体の実質的な確信とひろく一致するような正義の理論を構築するためである。しかしミラーは、このような意図を実現するためには、現存する素材の分類に際して、素材をそのまま受けとることはできなかった。これらの調査の大部分が、彼自身が先にその必要性を主張した哲学的な事前の解明を欠いていたため、彼はその調査結果をまずカテゴリーに整理し直す作業をおこなわなくてはならなかった。この哲学的再構成の章（第四章）で彼がおこなった素材の分類とその概念的解釈との内的結合は、社会研究と哲学の結合の逸品であると言って過言ではない。一見したところ、さまざまな集計結果は、種々の分配規則の正当性に関する質問に対するありとあらゆる態度のカオス的ごたまぜのようにしか見えない。回答の中で作用している基準は、分配されるべき財の種類、必要の緊急性、その都度の受益者への近さのみならず、解決されるべき紛争に自身がどれほど巻き込まれているかということも関係しているようだ。いずれにせよ、表面的な観察では、分配問題の解決に際し、一貫した規則が適用されているかどうかを推し測ることができるようないかなる体系性も、これらの経験的素材からはほとんど看取できない。そのような規則は、ミラーが分類の過程である種の基準にしたがって回答を区分し、より大きなクラスターにまとめるにつれ、はじめて浮かび上がってくる。素材が力づくで歪められたという印象をまったく与えることなく、多様な態度表明から徐々に分配規則の適用の規則性が蒸留されてくる。ミラーはそれを可能としたのである。

経験的素材を再構成するにあたりミラーが行き当たった最初の核心的調査結果は、すでに哲学的正義理論の通常の指導的なイメージとは大きく矛盾するものである。今日の私たちの道徳文化においては平等の基本原則が支配的であるという主張とは対照的に、むしろ人々は日常においてまったく様々な分配規則を使用しているようなのだ。ある分配問題がその都度、どのような社会的関係性のコンテキストに触れているかに応じて、人々は平等原則を越えて、必要と業績という規範的観点も用いている。このような様々な原理を駆使する多元主義においては、ミラーも確認するとおり、平等な分配という考えは一貫して下位の役割しか果たしていないとまでいえる。平等な分配という考えは、主体が国民同士のあいだの社会関係であると考えている場合にのみ一般に持ちだされ、他のすべての文脈では必要原理と業績原理が優位を占めている。微細で、ほとんど暗黙のものでしかない社会関係のさまざまタイプの区別をさらに分析すると、回答者は〔国民同士のあいだの社会関係である〕法治国家の領域に当てはまらない相互行為の型では、社会関係をさらに二つの領域にはっきり区別しているということが明らかになる。経済的目標設定が正当なものとして妥当する状況下では目的合理的関係が支配的である。この領域と区別されるもう一つの領域は親密性、価値の共有、連帯の経験によって特徴づけられる。この二領域の区別は印象的な規則性をもっている。こうして浮き彫りにされた差異をみれば、国家と関わりのない関係性の文脈のうち、第一のものには業績原理を適用し、第二の領域では必要性の基準を適用するという一般的傾向が回答者にみられるという事実は、特に驚くにはあたらないだろう。経済的取引の領域に該当する分配問題に関しては、それまでに達成された業績という観点が公正な解決の基準とされる。それに対して、連帯の支配するネットワークと親密な関係性の文脈で問題が立てられる場合、通常、個人の必要が分配規則として用いられる。

この差異化は、それぞれ固有の分配原理を三つの相互に異なる関係性のコンテキストに割り当てているが、それらが重りあう部分、境界の不明瞭な部分もあることを当然、ミラーは認めざるを得ない。回答者の大部分が共有している評価では、業績という基準を経済生活の領域で適用すべきなのは、関係者の基礎的生活保障をこの基準が確保しうる場合のみである。しかしそこに達していない場合、彼らは必要原理を優先し、当該者の基本的欲求の満足を最低賃金のようなかたちで保証してよいと考えている。さまざまな分配原理の適用領域のあいだの境界が正確にはどこにあるのか、被験者に明確でないケースは稀でない。そういう事例は倫理的な衝突が生じる典型であるが、そういう場合、しばしば社会工学的考量に逃避することによって解決が図られる。だがミラーのまとめるとおり、全体的にみると、三つの区分が相対的に確実な場面では、それぞれの固有な正義の原理が維持される。国民間の領域では平等な分配という考えが優位を占め、経済領域では業績原理が、より小規模で価値統合のはかられた共同体では必要原理が支配的なのである。

もし、この経験的に再構成された三区分が多元主義的正義理論を基礎づけるのに十分な根拠であると考えられたなら、それは純粋な実証主義と同じ発想ということになる。だが、わずかな逸脱事例はあるものの、ひとびとが相対的に差異化された正義の判断を下しており、社会的コンテキストによってそのつど異なる分配原理を使用しているという事実は、正義を三つに区分した理論を規範的にも支持できると認める唯一の理由たりえない(5)。経験的事実から規範的原理に達するには、さらなる議論の段階を踏み、なぜ市民による道徳の差異化に従うことが正しいか示す必要がある。また、日常的な正義に関する判断の有する事実的な多元主義を正義の体系的理論の基礎とすることに正当性を認めうるような規範的観点の概略もまだ示されていない。もちろんミラーもこの課題の切実さを理解しており、すでにこの著作の第二章、つまり経験的調査の提示以前の段階で、それに取り組んでいる。彼はそこで、私たちの直観的信念 (intuitive beliefs)、私たちに共通の直観のみを正当化の根拠とするような正義の観念の素描をおこなっている。

たんなる正義実証主義を避けるためにミラーの選んだ方法的戦略は、ロールズが展開した「反省的均衡（reflective equilibrium）」という手続きをかすかに想起させる。(6) ロールズが自身の正義理論の妥当性を基礎づけるために、哲学的に確証された原理と「熟慮により得られた」信念という二つの見方をたえず取り換えながら両者の均衡地点に達しようとしたのと同じ仕方で、ミラーも自身の構想を反省的な調停という方法によって正当化しようとしているようだ。ただ、ミラーの場合、この手続きで二つの値とされているのは道徳原理と熟慮された日常直観ではなく、実際に行われている正義に関する判断と社会的に確証された私たちの直観である。ミラーのイメージでは、正義の理論が平和裏に基礎づけられるのは、経験的に存在する判断と、直観的ではあるものの理論的に純化された私たちの信念が互いに一致する場合である。そのためにミラーは、社会学的調査の対抗物として、全体として社会的正義に関する私たちの理解の「文法」を形成しているような一般的想定をもちだし、その特徴づけをおこなうことになる。

私たちのさまざまな直観の核心となっているものを再構成するにあたり、ミラーが依拠するのは、「正義」とは各人に「自身のもの」を与えることだという、まったく古典的な発想である。その把握によると、あらゆる主体はそれぞれの個人のさまざまな特性に適った仕方で扱われて然るべきである。したがって、私たちの正義は、さまざまな人格をただ平等に扱うのでなく、平等に扱うか不平等に扱うか、それぞれの特殊性を考慮することを求める。だが、もし私たちの正義に関する直観がこの考えを唯一最上位のものとして成立しているのだとすれば、この直観はある意味で支えを失うということになる。というのもその場合、たとえいずれの他者についてもその特殊な性質を考量すべきであることがわかっていても、それだけでは相容れない諸要求を整理、評価する根拠として利用できるような共通の基準をもちあわせているとはいえないからだ。ミラーの把握によれば、直観的な正義のイメージにおけるこの不確定性を埋め合わせるのに私たちは、私たちと他者との関係の在り方を、それぞれの場合において他者のどの性質が正義にとって意味があるのか見出す基準として用いている。つまり、私たちと同胞市民とを結びつけているつながりの種類に応じて、当然、同胞市民が私たちに掲げることのできる要求も変わるというのだ。各人に「自身のもの」を与えるということの意味は、私たちを結びつける社会関係の在り方に特有のさまざまな規範的義務にしたがって各人を取り扱うということである。

既述のとおり、以上の説明は私たちの事実的な正義のイメージの記述ではなく、直観的な正義のイメージの再構成にあたる。社会関係の規範的位置価を示すことでミラーが主張しようとしているのは、私たちの社会で社会生活をおくる能力をもつ構成員は誰でも、正義に関する問題を、それが社会的共同生活のどの領域にあたるかという基準にしたがって直観的に分類している、ということに尽きる。その意味で、私たちはみな一種の共通の文法を駆使している。その文法とは「道徳的地図」とでもいうべきもので、私たちはこれを頼りに、遅くとも成人年齢に達した段階で、正義のさまざまなコンテキストを区別している。ただしミラーの場合、そのようなコンテキストが指し示しているのは、たとえば討議倫理の枠組みにみられるような、同一の手続きが適用される種々の領域ではなく[7]、正義そのものが実際に異なっている領域である。それぞれがそれ自体、他と区別された正義の領域とされる。私たちが直観的に区別する術を心得ているとミラーの信じる社会領域はいずれも、それにのみ帰属する固有の正義の原理を有している。その場合、私たちの正義感覚の再構成と結びついている方法的意図にとってほぼ不可欠となるのが、私たちが日常、直観的におこなっているとされる領域の区別は、当事者が実際に行っている区別とだいたい重なっているという想定である。というのも、そのような漠然とした事前の一致が存在しなければ、再構成によって獲得された正義の構想を社会正義に関する一般的な理論の規範的正当化として把握することを、ミラーはそもそも試みようともしなかったはずだからだ。それゆえミラーは、私たちの正義に関する直観についても三つの社会領域に分化していると主張できると考えているが、これも全体としては特に驚くべきことではない。彼によると、リベラルで民主的な社会の構成員は自身の社会的世界を三つの異なるコンテキストに区分している。その区別の基準は、それぞれの相互関係がどれほど密接か、あるいは倫理的に満たされているかによる。ミラーはこの人間関係の諸様態、つまり人々が関わりあう社会的様式を、順番に、「連帯的共同体」「道具的アソシエーション」「法治国家的シチズンシップ」と名づける。

第一の領域において、社会の構成員は共通の「エトス」を地平として信頼をもって連帯的に関わりあう。それに対し、第二の領域では互いに自身の利益への関心を、第三の領域では他者の自律に対する法にのっとった敬意を共有している。また、これらの相互行為の形式は、いずれも一つの領域固有の原理が社会的に妥当していることによって規定されており、その原理が相応しい負担と特権の分配を規範として調整しているということも、ミラーによると、私たちの正義のイメージの「文法」の一部である。簡単にいうと、連帯的共同体では必要原理、「道具的アソシエーション」では業績原理、法治国家的領域では平等原理が支配的である。ここで経験的調査の部とほとんど同一の区別が登場することを不思議に思う向きもあるかもしれない。その疑念に応えるには、以前示した考察の地位をくり返し思い出してもらわなくてはならない。私たちの社会で社会生活をおくる能力をもった構成員はいずれも直観のレベルで正義の異なる三つの領域を承認しているとのテーゼでミラーが提出しようとしているのは、未決の部分をもった規範的正義理論のための基礎であり、この理論はその後、「反省的均衡」を確立する途上で、経験的調査によってあきらかにされた、住民が実際に抱く正義のイメージの正当化を可能とするものとされているのだ。

だがこの点をもう一度明確にしたうえでなお、再構成という手続きのみで獲得されたミラーの正義理論は、当然、いくつかの簡単には解決できない問題を投げかける。ミラー自身、主題化している問題だが、相互行為の諸領域と分配原理を密接に結合させることは、立論においてある種の循環が生じているという嫌疑を生まないだろうか。つまり、既に規範的原理に含まれている義務を共通の導きとすることでコミュニケーションの諸領域が特徴づけられるとすると、道徳的基礎づけは領域の分化と一致するし、それによって一切の独立性を喪失することになるだろう。ヘーゲル主義者にとっては、そのような融合は何の問題にもならないだろう。ヘーゲル主義者であれば、社会的正義の諸原理は、どのみち「人倫的」なものとして把握された諸制度の規範的諸実践を分析すること以外の方法では獲得しえないと確信しているからだ。[8] 確かにミラーにはヘーゲル主義的傾向が指摘されてもいるが、それはあたらないように思われる。[9] 彼は、自身の理論の三つの規範的原理をむしろ経験的に存在する相互行為の型とは独立して導入し、したがって、それ自体で正当化されるものとして把握しようとしているからだ。その独立性を織り込むのにミュラーは次のような言い方を選ぶ。主体が特定のコミュニケーション領域においてその領域とは異質な分配原則を妥当なものとして用いても「論理的」間違いを犯しているということにはならない。なぜなら、総体としてその領域を形成することになる社会的慣習的実践は、「相応しい」正義の規範を考慮しなくとも、少なくとも不完全なかたちでは遂行可能だからだ。とはいえ、ミラーが慣習的実践と道徳規範とのそのような「論理的」分離を実際に主張しうるかどうかはまったく明らかだとはいえない。というのも彼がリベラルで民主的な社会について区別する三つの相互行為の様式をミラーはほとんどつねに、当該の正義の原理から借用された規範の事実構成要件を内容とする概念によって特徴づけているからだ。すなわち、「連帯的社会」においてすでに相互信頼の感情から個々の構成員の「必要性」が注目の中心となるような気遣いがなされる。「道具的アソシエーション」ではそれぞれの構成員が共通の目的の実現のために個人として「貢献」をはたすことが重要事とされる。最後に「法治国家的シチズンシップ」は、そもそも「平等」な権利と義務の規則によってはじめて定義される。三つの場合すべてにおいて当該実践は、それに属する正義の規範を参照したカテゴリーを使用しないことには、そもそも記述することができない。それゆえ、コミュニケーション領域をさしあたり道徳規範と分離し、正義の諸原理が分析的に独立した場を持つとすることは、ミラーが主張するよりもずっと困難である。

この問題が重要なのは、ミラーが自身の再構成的正義理論に与えたいと思っている方法的地位に関わっているからである。三つの相互行為の領域がそれぞれの正義の原理によってはじめて定義されるのだとすれば、当該の原理がそれぞれのためにあらかじめ予定されていた領域で妥当性を有する根拠を与えるような議論は不要である。つまり、その場合、そもそも規範的基礎づけが地歩を占めうるような理論的間隙は生じないのだ。なぜなら異なる諸領域は、それぞれの正義の原理が妥当するということによって構成されるといえばいいからである。そうすれば、私たちの諸慣習的実践が前提している想定の再構成という、ミラーが実際に使用している方法は、平等原理、必要原理、業績原理がそれぞれの特定の社会領域で規範的妥当性を有するというテーゼを正当化するのに十分である、ということになるだろう。しかし彼は社会的慣習的実践と道徳的規範がそのように隙間なく融合していると主張しようとはしておらず、相互行為の領域は対応する正義の原理とはさしあたり独立に構成されていると考えようとしている。となると彼は、それらの原理がそれぞれ特定の領域で支配的であるということを独立に正当化できる規範的議論を自身の方法に付加しなくてはならない。しかしミラーの研究においてその種の基礎づけが地歩を占めるような理論的な場所を見出すことは困難である。それゆえ、ミラーは彼自身の方法について二つの解釈のあいだを揺れ動いているようにみえる。あるところでは歴史内在的にのみ議論し、別のところではそれに規範的正当化を付加しようしているようにみえるのだ。それゆえ彼の本は全体としてこの一点、経験的調査と釣り合いをとるものとして正義理論を基礎づけようとする点において、どっちつかずのままになっている。

第二の問題は、第一の問題と密接に関連しているが、ミラー自身は提起していないものだ。リベラルで民主的な社会は、彼の区分する三つの領域で特徴づけることができるという主張に、ミラーはどのようにたどりついたか、この点が彼の議論でもうひとつ明白でないように思われる。そのような三分法が一定程度の説得性を持ちえない、というわけではない。古典的社会理論のいくつかは——さしあたり、ふたたびヘーゲルを想起するだけで足りる——一致して社会関係の三つの様態について、ミラーが自身の差異化の基礎としたのとほぼ同様な分割線を引いていた。彼はきわめて入念に経験的素材を哲学に取り入れようとした。それでもなお目に付くのは、彼が自身の領域の分割を基礎づけるのに払った注意の少なさである。我々の社会において相互行為の諸関係はどのような種類のものに区別できるかという問題に回答するには、社会理論的な議論を援用する必要がある。というのも、そのような相互行為の型は「現に」存在する、なんらかのかたちで直観されるというだけでなく、前史をもち、時間とともにその規範的性格を変え、場合によってはその相互関係が変化する。これらはみな経験的な所与だが、それを度外視することが許されるのは、私たちがこの三つの領域の分化の中に「高次」の理性が働いていると見る場合のみである。だがミラーはそういう考え方を避けるし、またいかなる種類の歴史哲学的思考からも縁遠いため、彼の三分法は、奇妙なことに基礎づけも連関もなしに現にそこにある、ということになっている。

ミラーにおいて領域の区分がどのような規範的基礎づけの負担を荷わされているかをはっきり理解しようとすると、この欠落はいっそう重みを増してくる。議論全体のなかで三つの相互行為の領域の区別が引き受けている機能とは、経験的に見出される住民の正義に関する判断を正当なものだと証明する際の光源となるような正義理論に基礎を与えることだ。この課題を果たしうるためには、三つの社会関係の型自体がすでにある種の道徳性を帯びてなくてはならない。つまり、そのような社会関係の実在を主張するだけでは不十分であり、むしろ、三つの型それぞれついて、その存在がもっともな規範的理由を有し、しかも社会的なものに関する私たちの直観的文法のなかに見出しうるような仕方で現実に存在していると示すことができなければならない。換言すれば、ミラーは自身の三分法の背後に遡及し、異なる領域それぞれについて、それらが道徳的ないし倫理的観点からどのような正しさを有するかを示す必要があったのだ。この条件が満たされないことには、ある領域と結びつけられた正義の原理を擁護するのに、この原理は、たとえ歴史的偶然的理由からであれ、ともかく現実に存在しているのだという理由しか持ちだせないという事態を避けられない。ミラー自身が本書でここまで述べたような基礎づけの課題を意識していたかどうかは、議論の流れのなかでは不明瞭なままだ。いずれにしてもミラーは、経験的所与から正義理論全体の規範的基礎をつくりだしたいという傾向を有しているように見える。

もっともデイヴィッド・ミラーの正義の構想の本来の関心事を考慮すると、この方法論上の疑念はさほど重みを持たない。ミラーにとって、正義理論の方法論的基礎づけの手続きをごく厳密にあきらかにすることはあまり重要ではない。むしろ彼の専らの関心は、支配的な正義理論の一元論を崩壊に導き、その過程で政治実践との結びつきを再び確立することにある。彼の構想の中心にあるのは、私たちの日常的な正義のイメージには、ただ一つではなく、三つの独立で固有の原理が刻印されているという考えだ。そして、この核となる考えを擁護するのに、私たちの社会関係のあり方にみられる区別を出発点とすること以上によい手段は、実際に存在しないかもしれない。

Ⅲ

ミラーのこの著作の最大の功績はおそらく、必要原理と業績原理によって、近年の手続き主義的な正義理論の知覚の地平からこぼれおちるおそれのあった二つの正義の規範をあらためて担ぎ出そうとした点にある。私たちはいくつかの社会的コンテキストにおいて、道徳的確信から、現存する財を個人の必要という観点にしたがって分配しようとする傾向を有する。これは本来自明のことだ。家族のつながりやある種の小集団を考えてみればいい。そういう集団では、極度の空腹が食糧の取り分を優遇することの正当化事由になったとして、道徳的にまったく問題の余地はない。もし、このような必要に応じた、不平等な分配の原理一般が手続き主義的な正義理論の管轄領域に属するとするならば、その場合この原理は、平等原則から同意によって決定された例外というかたちでしか正当化できないだろう。つまり、あらゆる関与者は原則的に同格であるという条件があくまでも維持されたうえで、特殊な状況において、彼らはみな不平等な分配に同意するであろうと考えられる。こういった議論に対してミラーは、必要原理は我々の正義のイメージにおいて独立で独自の地位を占め、その地位は他の原理の「寄生的」な使用から生じるのではない、と主張する。特定の種類の社会関係——これはより詳細に規定する必要があるが——のさまざまな事情のもとでは、各人をその必要に応じて扱うという規則に従うことは道徳的に正しく、不可欠である。もちろんそのような原理の適用に際しては、ここで何が必要としてみとめられるか、また当該の分配規則はどのようなものでなくてはならないかがあらかじめ規定されている必要がある。必要原理との関連で考慮されるべき必要は、ミラーの把握によれば、どんな恣意的な願望でも優遇の論拠として持ちだされるといった事態を阻むような限定条件が妥当するものでなくてはならない。その種の要求の根拠たりうる必要とは、その充足が身体の実存にとって、あるいは当該社会の社会文化的規範によって決定されるような充分に満足できる（decent）生活にとって不可欠の前提であるようなものに限られるだろう。後者の規定からすでにあきらかだが、必要原理が妥当する社会関係は、諸価値が共有されていることによって連帯的関係が支配しているものにかぎられる。何が個人の責任の領域で、何が「集団的な運命の打撃」の領域にあたるかということに関して構成員が合意している倫理共同体においてのみ、各人をその必要に応じて扱うという道徳規則は適用可能である。つまりそのような原理の前提は、私たちが集団として各人の基礎的必要の充足についてどの程度責任を負っているか、という点についての共通理解が存在することである。

この限定条件をみると、必要原理は小集団でしか妥当性をもたないとミラーが考えているかのように容易に思われそうだ。実際にはそうではなく、ミラーはむしろずっと大きな集団を念頭に置いている。それは、彼の他の系列の政治哲学を参照してはじめてあきらかになることだ。『ナショナリティについて』という表題をもつ、本論文の中心にすえられている研究の四年前に刊行された著作において、ミラーは国民国家の考えを積極的に転換しようと試みている。[10] ミラーは、国民国家に嫌悪の情をもよおすような個別主義の萌芽しか見ようとしない傾向に疑いの目を向け、国民国家への帰属の感情が国家による再分配措置にとっての必要な前提であることを立証しようとした。ネイションを大きな連帯共同体と捉えようとすることの第一の試みにつづき、ミラーは同様の方向性をもつ第二の著作を五年後に公刊する。ただし、そこでは「シチズンシップ（Staatsbürgerschaft）」の構想が中心に置かれた。[11] 彼がそこで展開した主張は、国家には中立性が求められ、そうであるならば、国家は特定の生活形式ないし特殊な善の構想に対するいかなる援助も控えねばならない、というリベラルな発想に反対するものだ。この種の制限は国民国家において不条理をはらむことをミラーは示そうとする。なぜなら国民国家は、その市民のあいだに相互信頼と共通のアイデンティティを有するという感情を保ち続けることをその本質的課題とすると考えなくてはならないからだ。同様に、市民の政治活動を定期的に投票所に向かうことに限定するのも誤りだ。むしろ国民国家においては、構成員すべてが活発に政治的公共圏における議論に関わり、共通の諸問題の合意にもとづく解決に寄与するよう期待することは正当である。

もちろん、シチズンシップに関するこの共和主義的把握に対する反論がないわけではないが[12]、ミラーの必要原理の扱いはこの把握を背景として理解しなくてはならない。彼はこの原理の妥当する領域を小集団に限定されたものと考えようとしない。もっと大きな国民国家も原理的には倫理共同体を形成しうると信じているからだ。そうだとすれば、つまり、ある国家の構成員間に共有されたエトスにもとづく連帯関係が存在するならば、ミラーの信じるところによれば、その構成員は希少な財の分配にあたり(先に規定した意味での)最も必要とする者を優先し、そのようにして必要原理を妥当なものとするだろう。ミラーが『社会正義の諸原則』においてこの正義の原理の例として論じているのは、健康保険制度だ。国民国家の連帯性という条件下では、保険料支払者の多数は、自分のせいではない疾病で特に切実な必要の状態にある加入者に保険料の総額のうち、より大きな取り分を認めることに同意するであろう。もちろんこのような必要に対する公正な分配の前提は、ミラーも明確に述べているとおり、自身が責を負うべき部分と誰のせいともいえない部分との境界が正確にどこにあるか、住民の中でのコンセンサスがあるということだ。

支配的な正義理論の道徳的一元論に抗してミラーが力を与えようとしている第二の分配原理については

まったく事情が異なる。彼によると、功績ないし業績原理は倫理共同体という前提を必要としないし、文化的コンセンサスを形成するために高いコストをかける必要もない。もっとも、今日においてこの基本原則をそもそも正義理論の関連で機能回復させることは容易ではない。個人の業績は何らかの要求の根拠となりうるという考えに、少なくない理論家が原理的に反対している。彼らは業績が生じたことを、才能と能力が付与されたために生じたいわれのない幸運の産物と見なすからだ。この点について決定的な影響を持った議論もまた、ジョン・ロールズが『正義論』で展開したものだ。「自然を起源とする才能と幼児期にそれが発達したという偶然は［…］道徳的観点からすれば恣意的である」[13]。こうロールズが決然と主張してからというもの、業績原理に再び妥当性を付与することはほとんど不可能であると思われていた。この暗黙の合意に対してミラーは自身の研究で立ち向かおうとした。業績原理の擁護（七章から九章）はミラーの著作の本質的な部分をなし、これは彼の企図全体の核心部分と考えることができる。

もちろんミラー自身も、業績原理には一連の概念的に不明な点があり、それがこの原理の適用を困難にしていることをはっきり理解している。だからといって、これらの不明な点の複雑な事情を口実に、業績による公正な分配という基本原則を正義理論の協議事項から完全に抹消してしまうのはナンセンスだと彼には思われたのだ。経験的調査が示すところでは、業績という観点は一般的な正義のイメージにおいては相変わらずごく中心的な役割を演じている。のみならず、社会的なものに関する私たちの直観的理解に関しても、社会の特定の領域では業績原理が優位を占めることが示されている。またミラーは、この業績原理がおもに引き合いに出される場所の概略をすでに彼の研究の第一部、基礎づけにあたる部分で示している。それによれば、社会の構成員が財やサービスの生産という目的で出会うあらゆる社会関係において、報酬を個人の業績に応じて分配するという規範原理が支配的でなくてはならない。とすれば、その場合の最大の困難は、「業績」ないし「功績」という概念そのものを定義する際に、純粋な偶然であるとか、恣意的であるという非難が重みを持たないようにするということにある。ミラーは第七章でこの課題に取り組んでいるが、その章は規範的議論と概念的議論が絶えず交替するかたちで書かれている。業績という概念に関して、多数の日常語的な意味から、恣意的でその語の本来の意味とはいえない個々の混入物とは相対的に分離された核心的要素を析出することができたとミラーは確信している。「業績」ないし「功績」とは、ある特定の活動を模範的になしとげた主体に対して、私たちが参加者のパースペクティヴから、いわゆる反応的態度（ピーター・ストローソン）として示す反応である、というのがミラーの考察の出発点となる観察だ。そのような肯定的判断の基準は、それぞれの活動形式そのものの中にあり、この形式は、もっと上手に／下手にやる、もっと適切に／不適切にやるなど、幅の広い可能性をはらんでいる。また、この種の判断には、当該主体はその活動を特に良好になしとげるために自身のもてるものすべてを発揮した、という私たちの確信も表現されている。この二つが合わさってはじめて、業績の判断とは、個人に帰すことのできる特定の活動の実行を特に賞賛に値するものとする道徳的判断であるということが明らかになる。したがってミラーの見方では、そのような判断は、そのような主体が優遇された取り扱いや利益、特権への権利をもってしかるべきだとされる理由の説明に根拠を提供する。

そして、この判断形式を社会全体の諸関係に転用しようとすれば、業績原理に妥当性を与える道徳的必要とミラーが呼ぶものが何であるかが明らかとなる。すなわち、財の配分に際して私たちにとって重要な活動を特に上手くおこなった主体を優遇して取り扱うことは避けられないのだ。確かに業績原理それ自体からは、どのような種類の活動が考慮されるべきか、どんなかたちの優遇が最終的に認められるべきかということは確定できない。だが、いったんそういった決定をする制度的秩序が現に存在するようになれば、重要と見なされる活動を上手くおこなったことに対していかなるかたちでも報いないということは、正義の命令からの背馳となってしまうだろう。のみならず、ミラーはこの業績原理の適用は、等しい労働には等しい報いをという「等価原理」にも妥当性を与えることをつねに同時に求めることを明らかにしている。なぜなら業績ないし功績を優遇の根拠とするということは逆に、同一の活動を同じようにおこなったのなら、すべてのひとは等しく報いられるべきだ、ということを前提としていることになるからだ。したがってミラーの見方からすれば、私たちの社会の経済的領域で業績原理が等価規則とともに適用されていることを批判する理由は何もない。つまり、最低限の生存が脅かされる域を越えたところでは、多元主義的正義理論の考え方をとれば、職業的地位と社会的ステータスが個人の能力と才能という観点から与えられることには根拠があることになるだろう。

ミラーが自身の正義の構想に理論的輪郭を与えるために論じている他の多くの論点についてここでは触れていない。三つの正義の原則がいかに相互に補完しうるかという問題に関する彼の考察や、手続き主義に対する彼の態度を説明しようとする試みについてはここではきちんと語れなかった。しかし以上の簡潔な要約でミラーの構想の画期的な意味が明らかとなっていることを願おう。社会正義の三つの原理を区別し、それを私たちの社会の異なる領域に割り当てるという提案で、デイヴィッド・ミラーは支配的な手続き主義的正義理論の土台を揺るがし、社会正義に関する私たちの理解を根本から考え直すよう挑発している。

原注

（1） David Miller, *Grundsätze sozialer Gerechtigkeit*, Frankfurt/New York 2008（原著：Cambridge［MA］1999）.

（2） Michael Walzer, *Spheres of Justice. A Defense of Pluralism and Equality*, New York 1983（独訳：*Sphären der Gerechtigkeit. Ein Plädoyer for Pluralität und Gleichheit*, Frankfurt/M. 1992）.〔『正義の領分――多元性と平等の擁護』山口晃訳、而立書房 一九九九年〕

（3） Luc Boltanski/Laurent Thevenot, *Über die Rechtfertigung. Eine Soziologie der kritischen Urteilskraft*, Hamburg 2007.〔リュック・ボルタンスキー／ローラン・テヴノー『正当化の理論――偉大さのエコノミー』三浦直希訳、新曜社、二〇〇七年〕このアプローチについては、本書一四五頁から一七五頁所収の拙稿「社会的なものの液状化――リュック・ボルタンスキーとローラン・テヴノーの社会理論について」も参照のこと。

（4） John Rawls, *Eine Theorie dn Gerechtigkeit*, Frankfurt/M. 1979.〔『正義論　改訂版』川本隆史／福間聡／神島裕子訳、紀伊國屋書店、二〇一〇年〕

（5） この点については以下の文献が十分な検討をしている。Adam Swift, »Social Justice: Why Does lt Matter What the People Think?«, in: Daniel A. Bell und Avner De-Shalit（Hg.）, *Forms of Justice. Critical Perspectives on David Millers Political Philosophy*, Lanham（MD）2003, S. 13–28.

（6） Rawls, *Eine Theorie der Gerechtigkeit*, a. a. O., S. 38ff.〔『正義論　改訂版』、二九頁以下〕

（7） Vgl. etwa Rainer Forst, *Kontexte der Gerechtigkeit. Politische Philosophie jenseits von Liberalismus und Kommunitarianismus*, Frankfurt/M. 1994.

（8） Axel Honneth, *Leiden an Unbestimmtheit. Eine Reaktualisierung der Hegelsehen Rechtsphilosophie*, Stuttgart 2001.〔『自由であることの苦しみ――ヘーゲル『法哲学』の再生』島崎隆／明石英人／大河内泰樹／徳地真弥訳、未來社、二〇〇九年〕

（9） Vgl. Bell/De-Shalit（Hg.）, *Forms of Justice*, a. a, 0., S. 2（Einleitung）.

（10） David Miller, *On Nationality*, Oxford 1995.〔『ナショナリティについて』富沢克／長谷川一年／施光恒／竹島博之訳、風行社、二〇〇七年〕

（11） David Miller, *Citizenship and National ldentity*, Cambridge 2000.

（12） たとえば以下を参照。Erica Benner, »The Liberal Limits of Republican Nationality«, in: Bell/ De-Shalit（Hg.）, *Forms of Justice*, a. a. 0., S. 205–226; Daniel A. Bell, »Is Republican Citizenship Appropriate for the Modern World?«, in: ebd., S. 227–347.

（13） Rawls, *Eine Theorie der Gerechtigkeit*, a. a. O., S. 346.〔『正義論　改訂版』、四一五頁〕

第Ⅲ部　社会理論的適用

第8章　国家間の承認
——国家間関係の道徳的基盤

国家の代表として行為する者は、他の国々に対して、自分たちの共同体に対して敬意を払い、そのために然るべき措置を講じて自分たちの共同体を承認するように強く求めたい、という動機に突き動かされて行為している場合がよくある——理論など全く意識していない場合の私たちは、当然のごとくそのように思っているのではないだろうか。だから、私たちは、日常の意見交換で、パレスチナの政治指導者の言動は、そうした承認願望を考慮せずには理解できないとか、ロシア政府は、西側諸国から以前のようにもっと注目されたいという思いから、何年も前から多大な労力と資金を必要とする活動に取り組んでいるとか、西ヨーロッパ諸国の政府は、外交関係と巧妙な言動で、ブッシュ政権に改めて自分たちの権威を認めさせようとしていた、などということについて容易に意見が一致する。[1] 確かに、承認のカテゴリーをこのように国家間関係に転用することは、一見したところ、何も驚くようなことではないのかもしれない。よくよく考えてみれば、近年のヘーゲル承認論の再活性化も、集団的行為者や社会集団の振舞いに、改めてもっと道徳理論的な言語表現を与えたい、それによって純粋に目的合理的で戦略的な行為であるという支配的なパラダイムから脱したい、ということが主要な動機の一つであった。[2]

しかし、すでに晩年のヘーゲルが、その法哲学において、「承認をめぐる闘争」の思想を国家間のやりとりの次元に転用することを、少なくとも「文明化された諸国家」の場合には、禁じていた。ヘーゲルは、文明化された諸国家間の関係を、国民国家は自己の利益を主張するものだという想定に基づいて、広く受け入れられた国際法によって律せられる関係として描こうとしたのである。承認と敬意を得たいという個々の国家の願望は、まだ未発達で法を持たない民族に対してのみ認めようとした。そうした民族は、歴史的にはさしたる成果もないまま名誉と称賛をめぐって闘争しているとヘーゲルは見たからである。それに対して、西側の啓蒙された法治国家が追求するのは、ヘーゲルの理解によれば、もはや国家の目標として定めた幸福の最大化と安全保障だけである。(3) 国際関係に関する公認の理論がここ数十年わがものとしてきたのも、こうした見方である。ヘーゲルに依拠しているわけではないが、そこで支配的なのは、各国政府は、国際法に則って独立を宣言した瞬間から、基本的に国民国家としての自己の利益を守り通すことを目標として振舞うものであり、したがって国家間の尊敬とか承認関係といった問題については相当無頓着である、という見方である。それゆえ、私たちの日常的直観と支配的理論との間には、決して小さくない、架橋困難な断絶があるように思われる。私たちは、後者においては、国家の行為をもっぱら目的合理的な利益追求というモデルに従って解釈することを受け入れていながら、前者においては、国家の振舞いを説明する際、承認願望とか名誉棄損といった半ば道徳的な動機を頻繁に考慮に入れているのである。

もっとも、学術的モデルを相手にして前理論的な意見が長く持ちこたえることができるかと言えば、普通はそうはいかない。国家のために行為する者あるいは政府は、もっぱら集団的な自己利益の保持を目指しているという見方は、日常的直観を改めて吟味してみれば、やはりそれは不適切で、もっぱら利益志向という標準的図式の方が適切だと私たちに思わせるだけの説得力を持っているということである。そうした見方に基づけば、それまでは誇りを傷つけられたことによる国家の行為であるとか政治的承認を求める行為であるなどと当然のごとく見なしていたものが、今や、国民国家としての利益考慮に基づく行為を象徴的な言動で粉飾しているにすぎないと見なされるようになる。このような日常的直観と学術的モデルとの緊張関係に関わる問いは、さしあたり純粋に経験的、記述的な性質の問いである。すなわち、目的合理的行為者という公認の見方は、今日、世界の国々が様々な場所で巻き込まれている政治的緊張や紛争や戦争を説明する上で、本当にふさわしいのだろうか。この問いを日常的直観の側から言いなおせば、紛争という事態や国家のために行為する者の外交上の言動を説明する上では、承認や敬意を得たいという動機も本源的動機として考慮する必要があるのではないか、ということになる。これらの問いへの答えには、もちろんぼんやりとながら、規範的帰結が結びついていて、その点を無視するわけにはいかない。というのも、私たちが、国際関係の説明において、個々の国家の承認願望を強調すればするほど、個々の国家は、相手側からの反応に影響されずに振舞っているわけではなく、したがって自分たちの集団的アイデンティティに対する国際的な賛同を必要としているということを潜在的には承知しているはずだ、ということを認めないわけにはいかなくなるように思えるからである。こうした見方の変更から、行為に関する直接的な指示を導き出すわけにはいかないにせよ、国際紛争においては軍事力あるいはハードパワーよりもソフトパワーに賭けてみる(4)という方向で考えることに対する強力な賛成意見が登場したと言うことはできるかもしれない。したがって、国家の行為に関してどのような説明枠組みを選ぶかということは、将来、緊張や論争や紛争が生じた場合に、各国はお互いにどのように関わるべきか、という規範的問いに対する答えに影響を与えずにはいない。つまり、個々の国家は自己利益を貫徹しようとするという面を強調するのか、外交政策として承認を得ようとするという面を強調するのかによって、国際関係はどのような形を取りうるのかということに関わる規範的イメージの地平も変化するのである。

以下では、ここまで手短に話題にしてきた諸問題に、どちらかと言えばいまだ模索途中にある考察によって答えてみたい。最初のステップでは、国際関係を説明する場合、承認の次元をこれまで以上に考慮した方がよいと思わせる理由を詳しく論じる。その際問題になるのは、国家間の紛争や緊張を記述するためには、どのようなカテゴリーがふわしいかという、すでに述べたように純粋に記述的な問いである（Ⅰ）。第二ステップでは、国際関係の説明におけるパラダイム転換の推奨から生じる規範的帰結を大まかに示してみたい。私はこのテーマに十分精通しているわけではないので、ここでもまた端緒的で試論的な考察で満足せざるをえないが、それでも、承認次元の強調によって、私たちの世界政治に対する道徳的視線も大きく変わることになるということだけは認識させてくれるはずである（Ⅱ）。

Ⅰ

承認のカテゴリーを国際関係の領域に転用する際に陥る主要な困難は、適切な理論的語彙を見出そうとするときに直面する障害においてさっそく明らかになる。すなわち、国家の行為における敬意の次元を名指そうとするや否や、間主体的関係に由来するがゆえに心理学的なもの、あるいは心的なものとの連想が強く働き過ぎる用語しかどうにも思い浮かばないという障害である。仕方なく、当惑を覚えながらも、私たちは、国家のために行為する者の承認願望とか敬意欲求などという言い方をする。そうした心理学的な概念が、それによって名指される事態を記述するのに、決してふさわしくはないということは承知の上である。承認の概念を人間同士の次元から、社会集団や社会運動の振舞いに転用するだけであれば、こうした用語の問題に直面することはない。社会集団や社会運動の場合、私たちは、それらの集団的アイデンティティを、個人のアイデンティティないし自己関係に対する高次の対応物と見なし、そうすることで、個人間ではなく集団間での承認闘争において何が争点となっているのかということについて、比較的明確なイメージを抱くことができる。したがって、マイノリティ集団が、自分たちの集団的アイデンティティに対する法的尊重やより高い社会的評価を求めて闘争する事態を指して「承認の政治」と呼ぶことには、何の躊躇もいらなかった。そうした闘争の出発点をなすのは排除、屈辱、侮蔑などの共有体験であり、それが集団の構成員の結集を促し、法的あるいは文化的承認を目指して連帯して戦うように突き動かすのである(5)。

ところが、こうした集団間の闘争から国家間関係の次元に移行すると、どれほどこうした転用が困難になることか、概念の問題がどれほど広範囲にわたることか。そもそも、数え切れないほど多様なエスニック集団や文化的集団の存在によって、ネイションとは同質の国民であるという虚構が決定的に崩壊し始めてからは、国家という人工物の集団的アイデンティティについて語ることはますます困難になった。しかし、たとえ歴史的事実に基づいて国家の民（Staatsnation）という観念に実質が伴っていた場合であっても、国家のために働く者を、集団的アイデンティティに基づく単なる遂行機関のように見なすことは、かえってできない。なぜなら、彼らは、安全保障とか権力の維持とか経済の調整といったそれぞれが固有の法則に基づいている諸課題に常に取り組まなければならないからである。もちろん、何が国家的課題と見なされるかは、そのつど支配的な政治的組織形態に応じて変わるが、それだけでなく政治的組織形態の記述も、どのような国家理論に基づいて記述するかに応じて変わる。例えば、リベラルで民主主義的な国家の機能を、どちらかと言えば「生の政治」による国民の管理のうちに見るのか、それとも安全を脅かさずに社会的正義を実現するための条件を創り出すことのうちに見るのかに応じて、国家のために行為する者が取り組むべき課題の詳細な記述の仕方も大きく違ってくる。しかし、こうした国家形態の違いや理論的な記述体系の違いを度外視してもなお、外交政策に携わる国家機関を、単に集団的アイデンティティを明確に表明するだけの柔順な機関のように捉えることはできない。なぜなら、自国の領土や経済的豊かさや政治的安定を対外的に守るという課題から生じる強制や要求に応じなければならないからである。したがって、単純に、集団的アイデンティティが存在するところではどこであれ必ずそれに対応する承認をめぐる闘争があるはずだという想定に基づいて、承認論を国家間関係に転用することはできない。どれほど不完全なものであろうとも自分たちの「アイデンティティ」を外の人々から尊重されたいという要求をかりに国民が抱いているとしても、それと、国家のために行為する者の行動との間に、まずは国を政治的に統制し権力を維持するという固有の機能的命令が常に割り込む。したがって、私たちは「願望」「要求」あるいは「感情」といった言い方をしてしまうが、それらは心理学的な概念なのだから、国際関係の領域には本来ふさわしくない。国家のために行為する者は、心的態度の担い手ではなく、あらかじめ与えられた政治的課題を遂行する機関なのである。

とは言え、理論的言語の次元では以前から承認という概念も使われていて、国家間関係の領域においても、全く当たり前のように使われることがある。すなわち、国際法の規約によれば、政治的に組織化された公共団体が、法的存在になるのは、その団体が、同じように国際法に則ってすでに承認されている他の国々によって「国家」として法的に「承認」される場合のみである。したがって、政府が外交政策として行いうる課題の中には、すでに自らを国家と見なしている特定の共同体が、一般的に規定されている国家であるための前提条件を本当に満たしているのか、確認するということも含まれるのである。(6) ハンス・ケルゼンの理解によれば、法的承認というこの国家の行為は、相互的になされることと理解しなければならない。なぜなら、新たに承認される国家が、国際的国家として十分資格を備えた法主体となりうるのは、その国家が、逆にその国家を承認する国家に対して同じように国際法上の承認を与えるときだけだからである。そうした一連の行為がなされない間は、法的な諸国家共同体の一員たる資格をいまだ立証したことにはならないので、新たな国家の国際法上の誕生は、いわば未完にとどまる。[7]

もちろんケルゼンは、同じ文脈の中で、承認という国家の行為には経験的事態を確認するという意義しかないのであって、敬意を表明するといった性格を有するわけではないということをはっきりさせている。ある国家がある政治的公共団体を国際法的な意味で承認するとき、それが意味するのは、その政治的公共団体は国家としての要件を満たしているとその国家が見なす、ということだけである。したがって、そこでは規範的意図を表明することは問題にならず、単に事実として認めるだけである。「承認という法的行為は、事実の確立であって意思の表明ではない。それゆえ、この場合は承認というよりはむしろ認識が問題なのである」[8]。したがって、ケルゼンによれば、ある国が他の国を承認すると真に言えるためには、ある程度決定の余地がなければならない。つまり、一定の条件が満たされていれば必然的に法的に承認という結論を下すために事態を検証するということではなく、ある国と特定の付き合い方を、つまりこれまでよりも濃密で好意的な付き合い方をすべきかどうかについて決定を下さなければならないのである。この第二段階においてようやく私たちは、ケルゼンもそう見なしていたように、国家間の承認について規範的行為として語ることが実際にできるようになる。というのも、この段階で問題になっているのは、国家要件に関する事実認定からの必然的結果ではなく、ある国と積極的で友好的な関係を結ぶかどうかについての国の指導部の自由な決定だからである。ケルゼンはそのような国家の行動様式を、要件認定との違いを明確にするために、承認の政治的行為と呼んでいる。それは、政府あるいは国家の代表者の意思の表明、つまり特定の外国を今後同等の権限を有する諸国家共同体の一員として扱いますという意思の表明である。その際ケルゼンが念頭においているのがもっぱら外交関係の樹立と貿易協定の締結だとしても、ケルゼンの概念の提案は、最初に述べた直観を理論の次元でさらに追究するための鍵を私たちに提供してくれる。というのも、国家間の承認関係とか、傷つけられた誇りと辱めとかについて語るときに、私たちが考えているることは、まさにケルゼンが承認の政治的行為について語る際に思い浮かべている次元を動いているからである。(9)

この次元の核心にさらに迫るために踏み出されなければならない第一歩は、国家のために行為する者のあらゆる振舞いが必然的に結びつかざるをえない正当化の基盤を強調することである。すなわち、自国の利益を守る対外政策によって彼らに与えられた使命を、実際に彼らが果たすことができるためには、その使命の果たし方が、国民が当然期待しているであろうことと一致しているのかということを常に考慮しなければならないということである。それぞれの国の政治的安定や影響力の大きさや経済的豊かさを対外的に守るやり方は、自分には使命を果たす能力があるということを目に見える形で示さなければならないということからして、その影響を受ける当事者たちが期待通りの支持を与えてくれるかどうかに左右される。対外的行為がこのように正当化に縛られていることは、民主的な政治体制を問題にしているわけではない場合であっても、重要な意味を持っている。なぜなら、今日のイランや中華人民共和国のように権威主義的な、あるいは独裁的な統治が行われている国々であっても、権力者や政治的エリートたちは、自分たちの行為に対する一般大衆の支持の度合いによって、自分たちの命令権限が左右されることを、たいていよくわかっているからである。ところで、国の全住民に対しては、文化的、エスニック的あるいは宗教的な違いを越えて、自分たちの国が他の国々から正当な評価と敬意を受けることに大いに関心を持っているであろう、という想定がなされるものである。国家として組織された公共団体の自尊心の拠り所となっているもの、例えば過去にいくつもの試練を乗り越えたこと、権威主義的傾向に抵抗する力、自分たちの文化が生み出したもの、等々は、他民族の政治的代表者によって「承認」されて当然である。[10] ここで、こうした関心をただちにナショナリスティックな心情と同一視するとか、さらに自分たちは他国民より優秀だという思い込みと同一視するといった誤りを犯してはならない。それらが誤りなのは、今日、国家として組織された全住民の集団的アイデンティティを、前政治的なエスニックな共通性によって支えることはもはやできないからだけではないし、この間の文化的グローバル化によって、自国の文化を優越的なものとして扱おうとするあらゆるもくろみがうまくいかないからだけでもない。[11] それよりも、各集団の自尊心の拠り所となっているもの全てを国際的に承認されたいという願望が原理的に目指すのは、他の国々の排除ではなく、他の国々を対等な仲間として扱うことだからである。そのような願望の目立たない例は、国際的なスポーツ大会で自国チームが勝利したときに、全国民を包み込むことさえある熱狂のうちに見出すことができる。あるいは、ある国の住民が、他所からの訪問者に対して、自分たちの共同体の過去を美化する文化的成果について自慢げに語る際の、実に素朴な態度のうちに見出すこともできる。これらはナショナリズムではないし、もちろん憲法パトリオティズムでもない。ナショナリズムでないのは、敵のイメージをいつまでも引きずってそれを拠り所にするなどということがないからであり、憲法パトリオティズムでないのは、文化の自慢は、必ずしも民主的な体制を支持しているかどうかということとは関係がないからである。今探究しているのはそういったことではなくて、それなくしては自分たちの集団的アイデンティティを疑ったり卑下したりせずには維持できないような集団的承認の形式である。

全国民のこうした集団的期待こそが、国家を代表する政治家が、外交活動を展開する際、常に拘束されているということを心得ていなければならないものである。彼らは自分の行為を正当化しなければならないので、機能的に定められた課題を遂行する際に、自分たちが代表する国の、承認に値する特徴を適切に表現するように心を配らなければならないと感じている。そういうものである限り、承認されたいという集団的願望は、個別の任務として、国家的行為が果たすべき諸課題の地平に含まれるというよりは、政治家が、憲法に則って彼らに与えられた課題を遂行する際の、そのやり方の下地に色を塗り彩色を施すようなものである。

そうした彩色において、国家のために行為する者あるいは政府にとってどのような選択肢があるのかということを明らかにするためには、当然ながら分析をもう一歩進めなければならない。すなわち、国家機関としてのあらゆる振舞いが否応なく入り込むことになる象徴的意味の地平を、思い切って意識化してみる必要がある。政治家が取る措置や行為は、明確に表現された意味内容を越えて、象徴的な演出の仕方によって一連の重要な意味を帯びる。政治的催しの場での、誰もが容易に理解できる特定の比喩の使用、歴史的に慣れ親しまれている儀式の採用、身振り手振りでさえ意識的になされること。これらは、国家のために行為する者が、「公式の」伝達内容を越えたメッセージを意図的にコミュニケーションするために用いる様々な象徴的手段の一部である[12]。ケルゼンが国家間の「政治的承認」と呼んだものの多くが、実はこのように外交的行為の象徴的演出という形で行われるのではないだろうか。自国の集団的アイデンティティに対する注意を喚起したり、相手国の人々が成し遂げたことに対する高い評価を示したりする表現は、たいてい、対外的に明示的に伝達し確認しあうことの一部としてなされるのではなく、その象徴的な演出の仕方の方に含まれるのである。もちろん、政府の代表者が、他国民の文化に対する一定の承認を明示的に表明しても、それが自国の政治的世論にかなっていると思える場合も常に存在する。そのような明示的な敬意表明の印象的な例は、アメリカのオバマ大統領が、最近、カイロ大学で、イスラム世界の数多くの政治的代表や精神的指導者を前にして行ったすばらしいスピーチである。アラビア語での挨拶から始まって、イスラム教の文化的成果について何度も言及したが、それらは全て、ブッシュ政権時代に多くのアラブ諸国に広まっていたかもしれない印象、つまりアメリカは自分たちの文化を見下しているという印象を与えないようにするためであった。[13] これに対して、政治家が自国民の集団的アイデンティティに対する敬意を明示的な形で相手に要求するという例に遭遇することはめったにない。国民国家としての独立性は他国からの評価に左右されないという外見保持の必要性、あからさまな弱みを決して見せてはならないという目標、外交的応接におけるエチケット。こうしたことが、自分たちの集団的アイデンティティを承認されたいという国民の願望を、国を代表して外交に臨む者が直接、公然と口にすることを妨げるのであろう。したがって、国家間関係のこうした承認の次元にとっては、それが象徴的な仕方で間接的に表明されるということが典型的である。対外的に自国の利益擁護のみを表明しているにすぎないような言動が、象徴的に演出され、敬意の表明と軽蔑が、あるいは承認願望と屈辱的経験が、緻密に計算されつつそれとなく表現されるのである。

こうした事情から、国家の外交活動において、自己利益の擁護のための戦略的次元と承認の規範的次元とを区別することは問題でもある。政治家は他国とのやりとりにおいて、まずは権力の安定や豊かさの最大化といった目的合理的な利害のみを追求し、その後で義務以上の仕事を追加的に行うかのように政治的承認を与えたり取り消したりする、というわけではない。むしろ政治家は、自分たちの集団的アイデンティティを承認されたい、あるいは他国民たちの集団的アイデンティティを承認したいという漠然とした願望が自国民の間に広まっているのかどうかを推定し、そうした規範的期待の地平の中でどのような目的合理的な利害を追求すべきかを決定するのである。したがって、純粋に戦略的な意図あるいは計算の層が、第一次的なものとして個別に存在するという前提から出発するような理論は誤りである。集団としてのまとまりがそれほど強いわけではない自国民の間にどのような承認要求があると判断するのか、また同じように決して一枚岩ではない他国民の間にどのような道徳的償いの要求があると判断するのか。国家のために行為する者は、その点を考慮することなしに、目的合理的な利害を定めることは決してできない。したがって、国家間のあらゆる応対と関係は、その政治的代表者たちが、確実に正当性を確保するために常に自国民の経験と願望の解釈者として振舞わなければならないがゆえに、常にすでに承認をめぐる闘争の道徳的圧力のもとにある。そうした要件――適切な自己像を世界中に広めたいという要求、集団として辱めを受けるという不名誉の回避、国家として行った不正を償いたいという願い――が、外交上の利益の捉え方を強く規定するので、分析的に外交上の利害からこうした要件を取り去ることはもはやできない。

当然ながら、以上のことは全て、先に述べたように、国際関係の分析における記述的次元のみに関わっている。国家間の関係を説明することが問題ならば、国家とはまずは自己の利益を追求するものだと想定して、それぞれの国の利害状況を前提にし、その上でなかなか位置づけにくい承認の「要求」を足し算的に付け足すという考え方は、あまり賢明ではない。国家のために行為する者は、むしろ、彼らが代表する国家が確実に存続するために必要と思えるものを、常にすでに、自国民の間に存在している承認願望についての彼らの解釈に照らして判断している。もちろん、それぞれの権力者あるいは政治的代表者には、いつでもある程度の解釈の余地があって、国民の間に広がっている不統一でほとんど組織だっていない感情を、いずれかの方向に解釈することができる。つまり、宥和的な雰囲気を強調するのか、むしろ敵対的な雰囲気を強調するのか、選択の余地がある。ただし、民主的な法治国家の場合は、憲法自体が原則に基づいて国民国家としてのアイデンティティの解釈を行っており、権力者や政治的代表者は、そうした集団的承認願望の把握において、一定の準則に拘束される。しかし、いずれにしても、国民の集団的アイデンティティに関する要求を政治家が簡単に無視できるような国は存在しない。なぜなら、そんなことをすれば、政治家にとって必要な国民の忠誠心という結束力を失うというリスクを冒すことになるからである。したがって、彼らは自分たちに与えられた役割について説明したり実行したりする際には、自国民が他国の態度との関係でどんな期待を抱いているのかということを常に考慮しなければならない。ヘーゲルのように、外交上の態度と集団的アイデンティティ願望とのこうした関係を文明化した国に関しては一般に認めようとしない者は、政治的行為の正当性を確保することが媒介環の役割を果たすことを、はっきり自覚していないのである。そういう人は、国家間の関係を説明する際、集団的アイデンティティに関する道徳的要求を無視することができると信じているわけだが、そんなことができるのは、近代の機能的に分化した国家であっても、やはり国家の構成員の支持があって存立しているということを認めようとしないからである。

こうしたテーゼに説得力を与えてくれる例を、比較的最近の歴史のうちに探してみれば、悲惨な例も好ましい例もたくさんあることがわかる。悲惨な例の最たるものが、国家社会主義の独裁者による他国領土の侵略政策であることは間違いないが、これは、ヴェルサイユ条約でドイツ人は屈辱的な扱いを受けたというドイツ人のかなりの部分に広がっていた感情をぬきには説明できない。ヴェルサイユ条約は、政治的に誰を外部の敵と見なすのかというところまで影響を与えたのである。この場合、ナチ政権の対外行動を、国民の間に漠然と広まっていた気分を「ヴェルサイユ」による国民的屈辱という一つのテーマへ徹底的に先鋭化することに成功したおかげで、汚名を返上し報復するという攻撃的政策を正当化することができたということから切り離して考察することはほとんど不可能である。[14] これに対して、最近のもので好ましい例の最たるものは、新しいアメリカ大統領〔バラク・オバマ〕の対外的な宥和政策かもしれない。これまた自国民の間に広まっている、孤立化を恥ずかしく思う気持ちを払拭しようという意図もそこには含まれていると見なければ、適切に説明することはできないであろう。もちろん、この二つの例は政治主導の承認をめぐる闘争の極端な例である。前者は、政治的権力者が、国民の間に漠然と広がる気分から、侵略と報復のための軍事行動を正当化する物語りを作り上げた例であり、後者は、民主的に選ばれた大統領が、大多数の国民の間に広がっていた意欲を萎えさせる後ろめたさを、巧みな話術の才能で、それまで対立していた国々に友好的態度を取ることが望ましいと思わせる方向で解釈してみせたものである。しかし、異なった仕方においてではあるが、二つの例がともにはっきりと認識させるのは、外交政策の目標を定める際、そのときどきの国民に関して想定される集団的アイデンティティの要求から切り離して、それを定めることは決してできないということである。国家同士が相互にどう相手に反応するのか、どのような関係を維持するのか、ということは、それぞれの側で行われる利害と価値の融合の問題である。つまり、承認を求める集団と見なされる国民の間に「私たち」意識が想定され、その「私たち」のパースペクティヴから、そのつど何が対外政策上の目標となるべきかが決まってくるということである。国際関係の説明においては心理学用語の使用は避けるべきであると最初の方で述べたが、今述べた点では心理学用語が有効である。ただし、理論言語そのものの一部としてではなく、理論が対象とする政治的現実の一部としてである。つまり、国家のために行為する者は、承認願望や歴史上の屈辱的経験に関する諸概念を用いて、国民の間に広まる気分に一定の解釈を与えなければならないという政治的現実の一部としてである。

　ところで、道徳的観点から見れば全く性格を異にする上の二つの例から、集団的感情の政治的動員が、実に様々な方向に向けてなされうるということもまた明白である。ある国民が、他国民から自分たちにふさわしい敬意を受け、自分たちの集団的アイデンティティを承認されたいという願望を持っていると見なされた場合、それが他国の侵略という攻撃的政策の正当化に利用されることもあれば、緊張を緩和する宥和政策の正当化に利用されることもあることは明らかである。この点に関して立てられる問いは、もはや国際関係論の記述的側面に関わる問いではなく、その規範的側面に関わる問いである。

Ⅱ

私の考えでは、国際関係の動態を説明する際に重要な役割を果たす承認のあり様を、さらにいくつかの種類に下位区分することはできない。社会集団や社会運動であれば、当事者や先頭に立って闘う人たちが自分たちについて言っていることを手掛かりに、集団としてどのような承認を望んでいるのか理解することができるが、そうした社会集団や社会運動と違って、国家によって統合されている様々な住民集団は、あまりに取り留めのないまとまりなので、経験的事実に基づいて何らかの比較可能な分類を行うことは困難である。したがって、ここでは次のような比較的漠然とした想定で満足せざるをえない。すなわち、国家という公共団体の構成員は、漠然とながら一般に集団として自尊心を共有していて他の諸国から敬意を表されたいと思っているし、彼らの共通の文化や歴史に対しても承認を得たいと思っている、という想定である。これ以上の区別、例えば間主体的関係から出発する場合であれば、相互承認の異なった仕方を区別することが可能だが[15]、それと同じ区別を行うことは、様々な住民集団からなる全体という高度に集約化される次元ではほとんど無意味と思われる。全体としての住民集団が、相手方から示されたいと望んでいるのが好意のサインなのか、法的に対等な関係のサインなのか、価値評価のサインなのか、それを明らかにすることは、住民たちの動機があまりに異なり、意図もあまりに漠然とし、目標もあまりにまとまりがないゆえに、ほとんど不可能である。かりにそれが可能だとしても、やはり国家間関係の説明にとっては、そのような区別は極めて限られた意味しかもたない。というのも、国家間の説明にとって決定的なのは、特定の住民が「実際に」どのような承認を望んでいるかではなく、政治家や権力者が住民の間でばらつきのある気分・感情からそのつど解釈によって創り上げるものの方だからである。外交上の目標を決める際には必ず住民間の「私たち」を想定せざるをえないが、その「私たち」は決して経験的なものではなく、仮説的なものなのである。それは、まとまりがなく推定されるにすぎない期待や感情から集団的物語が創り出されることで成立し、その物語が、過去の屈辱的経験や熱望される承認に照らして特定の国家間関係を正当なものと思わせるのである。[16]

この正当化の物語こそが、国際関係をどのように形作るかということをめぐって今日提起されている規範的諸問題にとっての鍵を握っている。[17]つまり、物語の内容次第で、戦争を引き起こすような対立関係を解消し、平和的な協力関係が増大する方向へ、国家間関係を変えていけるかどうかも大きく違ってくるのである。国際関係論の記述的問題から離れて、その規範的問題に向かうや否や、私たちは世界における現実の紛争に対して、経験的説明を試みる場合とは違うパースペクティヴを取ることになる。つまり、もはや国家間紛争はどのように記述することが適切かと問うのではなく、国家間紛争がめったに起こらないようにし、それによって国際関係が全体として平和的であることが期待できるようになるためには、どのような条件と措置が必要かと問うのである。もっとも、国家間紛争の原因についての適切な情報だけが、支配的事態を克服するためにはどのような解決策を考慮すべきかということを教えてくれるのだから、後者のタイプの問いは前者のタイプの問いから完全に切り離して答えることはできない。また、私たちの規範的な見解とユートピアの「リアリズム」[18]が増大するのは、国家のために行為する者たちや各国政府がどのような考えに基づいて他国との関係構築を計画したり計算したりするのかということについて適切な仮説を立てられる程度に応じてである。I節で展開した理論的想定が中心的な役割を果たすのが、まさに経験的事実と規範的見解とが絡まり合うこの地点である。というのも、国がどのような外交関係を目指すかを決めることができるのは、正当化の物語を動員することによってのみであり、それには自国の構成員が抱いている集団的自尊心に対する関心についての、彼らの立場から見て説得力があって信頼できる解釈が含まれていなければならない、という想定が正しいとすれば、国家間紛争の解消に取り組むにあたっては、まさにそのような間接的な脈絡において、国家間の「政治的な」承認関係が決定的な意味を持つからである。

ここで概略だけ示した規範的な根本思想は、様々なケースで見られる集団的感情という原材料と国家の正当化の物語との緊密な関係に由来する。すでに述べたように、国家のために行為する者が、外交政策上の目標を模索し定めることができるのは、国民の漠然とした様々な期待を物語的にまとめあげることを可能にした解釈に照らして、安全保障や豊かさに関する基本的利害を考察する場合のみである。しかも、彼らが自由に解釈できる余地は極めて小さい。なぜなら、集団的感情として総括的に描き出されたものは、実在はするが漠然としている期待や態度について、本当にそれなりに適切で説得力がある解釈を提供しているのか、常にチェックされるからである。外交上の利害を敵対的、攻撃的に追求することを正当化する物語が支持を失わずに存続しうるのは、様々な理由に加えて、その国の国民が、諸外国の言動によって自分たちの自尊心が傷つけられたと見なす明確な理由もまた存在する限りにおいてのみである。そのような理由がなくなれば、つまり、侮蔑や屈辱の感情が、様々に分化した国民の公共圏においてもはや広まりようがなくなれば、それに依拠していた正当化の物語も瞬く間に信憑性を失い、正当化の役割を果たすことはもはやできない。攻撃的な対外政策という好ましくない例について今述べたことは、積極的に友好協力関係を築こうとする正反対の例にも当然妥当する。国家のために行為する者のそのような言動を支持する物語的な解釈が維持されうるのは、様々な意見や世論をオープンな形で形成するための多様なフォーラム内で、自分たちの自尊心の拠り所となっている事情に関して、相手側から侮蔑されたという感情が支配的にならない限りにおいてのみである。いずれの例においても明らかなのは、利害関心と猜疑心を抱きつつも、他国から承認を暗示するシグナルを得ようとする国民の集団的感情こそが、外交政策に関わる正当化の物語の信憑性を左右する決定的な尺度だということである。国民の間に漠然と広がる気分と、政治的行動の公的な正当化との間の距離が大きければ大きいほど、国家のために行為する者たちは、彼らが代表する国の外交上の目標について自分たちが行う説明をますます維持することができなくなるということである。しかし、そうだとすると、ひょっとしたら次のように言うことも可能ではないだろうか。すなわち、各国は、他国の外交上の振舞いを間接的にではあるが一緒に決定することができる、と。なぜなら、外部に向かって敬意と承認を表明する象徴的手段を有する限り、各国は他国における意見や世論の開かれた形成過程に影響を与えることができる手段を手にしていることになるからである。

この中間的成果によって、私たちがここで追究している規範的問題について、最初に思ったかもしれない程度以上の成果がすでに獲得されている。すでに見たように、外交上のいかなる振舞いも、利害と価値の特定の融合状態から生じる。その融合状態においては、安全や豊かさの最大化という機能的要請と、それぞれの国民が自分たちの集団的アイデンティティに関して他国に対して抱いている公的な期待とが調和していなければならない。国家のために行為する者や政府が、そのために依拠するのが正当化の物語である。正当化の物語が、なぜ自国固有の利害を特定のやり方で、つまり協調的なやり方か攻撃的なやり方のいずれかのやり方で追求するのかを、歴史的事件やエピソードに基づいて根拠づけるのである。さて、ところで、このような外交上の振舞いの正当化に対して、他国は間接的に影響を与えることができるということもまた、今し方見たところである。つまり、各国は、他国民の意見や世論の形成に外部から働きかけることができるということであった。より詳しく述べれば、承認あるいは侮蔑のシグナルを送る多様な手段を有する限り、各国は、他国民の集団的アイデンティティに関して、当該国の正当化の物語とは異なる見方を具体的に示すことで、その正当化の物語を疑問に付すことができるのである。そのような対応の仕方は、国家のために行為する者の自己正当化と、国民の間での開かれた意見形成との間に、いわばくさびを打ち込むようなものである。つまり、相手国の国民に信頼してもらえるような形で敬意と承認を表明することで、その国民が、国家のために行為する者の正当化の物語をもはや信じなくなるように誘導しようというわけである。国際関係の政治的歴史を振り返れば、そのような試みが頻繁になされてきているにもかかわらず、国際関係の理論では、それに限られた意義しか認めていない。そもそも国際関係論では、国家の行為を主に目的合理的な利害追求のモデルで理解するので、国家間の承認関係の感情的なダイナミズムに適切な位置づけを与えられるような概念的枠組みが存在しないのである。理論の規範的次元では、このような欠落の報いが、どうやって敵対的な対立を減らし友好的な協力関係を構築していくかということを考えるにあたっての想像力の欠如となって現れている。つまり、基本的に利害の調整か国際法に基づく協定くらいしか考えつかないのである。だが、国家間の紛争の歴史が雄弁に物語っているのは、他国から承認あるいは侮辱されるということをめぐる集団的感情が、それらとは比べものにならないくらい大きな役割を果たすということである。

したがって、国家間関係が文明化する可能性を最も容易に大きくするすべの第一は、相手国の国民の集団的アイデンティティに対する敬意と価値評価を将来にわたって信じてもらえるような形で表明することである。法的協定が平和の構築につながるためにも、あるいは外交関係の育成と経済協定が緊張の解消に役立ちうるためにも、その前にまずは、諸国民のかまびすしい声が入り乱れる中で、相手方国民の歴史と文化が傾聴に値するものだと思っているということを示すシグナルをはっきりと目に見える形で送ることが常に必要である。政府の代表者や政治家たちの頭越しに伝達されるそのような承認こそが、他国の市民が、彼らの指導者たちの示す敵の公式イメージを信じることをやめ、自分たちは相手方から信用されていると信じるようになるという事態を確実にもたらすのである。国際関係の歴史には、この規範的原則に背けば国家間の紛争の危機を高めることにしかならず、逆に尊重したことでそのような対立の可能性を低減したということを示す事例がたくさんある。ヴィリー・ブラントがワルシャワでひざまずいたことは、国際社会に対する目に見える形での意思表示であって、これによってポーランド政府は、その後何年にもわたってそれまで自国民の間に存在したドイツ連邦共和国に対する偏見とルサンチマンを再び呼び起こすことがほとんど不可能になった[19]。ナチの独裁体制に対するセルビア住民の闘いは物資不足で悲惨なものであったが、その闘いの記憶をヨーロッパ、特にドイツ連邦共和国が抑圧したことが、かつてのユーゴスラヴィアから分離独立しようとする個々の国家（コソボ、クロアチア）に対して、性急に国際法上の承認を与えるという致命的な政策につながった。この政策によって、セルビア政府はますます孤立化し、結局、同政府のウルトラナショナリスティックな正当化の物語りを世論が強力に支持するという事態を招いてしまった[20]。パレスチナの住民が面目を保てないような生存状況にあるにもかかわらず、国際社会で指導的役割を演じている国々がそれに積極的に関与しないこと、せめて連帯の表明くらいはすべきなのにそれすら一切なされないことは、かの地の指導者たちが語り続けてきた空想的な話、すなわちイスラエルに対して復讐のための軍事作戦を展開するという話に、下層の貧しい人々の中からも積極的に従う者が次々と大量に現れるという事態を、今日に至るまで生み出し続けている(21)。

以上の事例以外にも類似の事例をたくさん挙げることは容易であろう。例えば、いずれのイスラム原理主義のテロ組織も、それぞれの活動地域で、新たにメンバーになる者が常にいることを何年も前からあてにすることができるということを考えただけでも、トランスナショナルな承認、つまり個々の国家機関という次元を越えた承認を示す政策をうまく展開できなったことのつけの大きさがわかるであろう。国家同士の和解への第一歩、平和的で協調的な関係を発展させるための第一歩は、いつでも敬意の表明と価値評価というソフトな権力手段の投入である。つまり、相手国の住民に対して、あなたがたの文化が達成したものは、他国民のそれに劣らないし、あなたがたがつらい目に遭うときは外部からの支援をあてにできますよというシグナルを送るのである。そうした承認を表す態度表明が明白なものであればあるほど、そして相手国民の公共圏における様々なフォーラムで容易に受け止めてもらえるものであればあるほど、そこから、一線を画するような敵対的な外交政策を正当化するための集団的物語を疑問視する意識が容易に広がるであろう。他国内に広まっている敵のイメージやルサンチマンを外部から働きかけて無効化するために各国が利用できる最善の手段は、当該国民をあらゆる国民で構成する道徳共同体の一員として迎え入れる用意があるというシグナルを、世界中に見える形でできるだけはっきりと送ることである。

もちろん、単なる国際法上の承認ではない政治的承認を意味するサインを送ったからといって、それだけで国家間の協力関係を築くための強固な土台ができあがるわけではない。集団としての屈辱的経験に由来する反抗的態度の克服に成功したら、あるいは歴史的に生まれたものではあるがこの間支配の正当化に利用されている敵のイメージを解消することができたら、引き続き条約の締結に向けた歩みを進めなければならない。すなわち、まずは平和的関係を確実なものにするとともに、長期にわたって共通の課題に協力して取り組むことをも約束するような条約の締結が目指されなければならない。ローマ条約からストラスブールの議会の設置に至り、今なお進行中のヨーロッパの統合プロセスが具体的に示してきたように[22]、そのような協力に関する協定を基盤とすることで、トランスナショナルな国家連合のより安定したネットワークも誕生しうる[23]。しかし、国家単位の政治が主役でなくなるそうした過程が進展する前に、常に先行しなければならない歴史的段階がある。すなわち、そうした過程に巻き込まれることになる各国の国民が、相互にそれぞれの集団的自尊心の拠り所となっている文化的産物や歴史的成果を認め合い、国民同士が相互に承認し合う歴史的段階である。トランスナショナルな信頼形成にとってのそうした情緒的基盤を適切に概念化できない政治理論は、規範面で、世界政治を文明化するための諸前提を適切に捉えることもできないであろう。今こそ、ヘーゲルとその政治的‐現実主義的後継者たちが行ってきた国際関係の見方とは異なった見方をすべき時である。

原注

（1）これらの例は、次の文献から借用した。Reinhard Wolf, »Respekt. Ein unterschätzter Faktor in den internationalen Beziehungen«, in: *Zeitschrift für Internationale Beziehungen* 15 (2008), S. 5–42.

（2）Axel Honneth, *Kampf um Anerkennung. Zur moralischen Grammatik sozialer Konflikte. Mit einem neuen Nachwort*, Frankfurt/M. 2003, Kap. 8.〔『承認をめぐる闘争（増補版）』山本啓／直江清隆訳、法政大学出版局、二〇一四年、第八章〕参照。

（3）Georg Wilhelm Friedrich Hegel, *Grundlinien der Philosophie des Rechts, Werke in zwanzig Bänden (Theorie Werkausgabe)*, hrsg. von

Eva Moldenhauer und Karl Markus Michel, Bd. 7, Frankfurt/M. 1970, §§338–352.〔『ヘーゲル全集　9b　法の哲学　下巻』上妻精／山田忠彰／佐藤康邦訳、岩波書店、二〇〇一年、三三八―三五二節〕

（4）　これらのカテゴリーについては以下を参照。Joseph S. Nye, *Soft Power: The Means to Success in World Politics*, New York 2004.

（5）　Chales Taylor, *Multikulturalismus und die Politik der Anerkennung*, Frankfurt/M. 1993, S.13ff.〔『マルチカルチュラリズム』佐々木毅／辻康夫／向山恭一訳、岩波書店、一九九六年、三七頁以下〕; Jürgen Habermas, »Kampf um Anerkennung im demokratischen Rechtsstaat«, in: ders., *Die Einbeziehung des Anderen*, Frankfurt/M. 1996, S. 237–276〔「民主的法治国家における承認をめぐる闘争」、『他者の受容――多文化社会の政治理論に関する研究』高野昌行訳、法政大学出版局、二〇〇四年、二三二―二六八頁〕; Axel Honneth, »Umverteilung als Anerkennung. Eine Erwiderung auf Nancy Fraser«, in: Nancy Fraser und Axel Honneth, *Umverteilung oder Anerkennung? Eine politisch-philosophische Kontroverse*, Frankfurt/M., S. 129–224, bes. S. 191ff.〔「承認としての再配分――ナンシー・フレイザーに対する反論」、『再配分か承認か？――政治・哲学論争』加藤泰史監訳、法政大学出版局、二〇一二年、一一七―二一六頁、特に一八三頁以下〕

（6）　Hans Kelsen, »Recognition in International Law. Theoretical Observations«, in: *The American Journal of International Law* 35 (1941), Heft 4, S. 605–617.

（7）　Ebd., S. 609.

（8）　Ebd., S. 608.

（9）　国際関係論におけるこうした見方については、特に以下のものを参照。Wolf, »Respekt. Ein unterschätzter Faktor in den Internationalen Beziehungen«, a. a. O.; Jürgen Haake, »The Frankfurt School and International Relations: On the Centrality of Recognition«, in: *Review of International Studies* 31 (2005), S. 181–194.

（10）　John Rawls, *Das Recht der Völker*, Berlin/New York 2002, S. 38f.〔『万民の法』中山竜一訳、岩波書店、二〇〇六年、四六頁以下〕参照。

（11）　こうした傾向については以下を参照。Jürgen Habermas, »Geschichtsbewußtsein und posttraditionale Identität. Die Westorientierung der Bundesrepublik«, in: ders., *Eine Art Schadenabwicklung*, Frankfurt/M. 1987, S. 161–179.

（12）　この点については、今でも次の文献が有益である。Murray Edelman, *Politik als Ritual. Die symbolische Funktion staatli-*

cher Institutionen und politischen Handels, Frankfurt/M. 1976. これに対する批判として以下を参照。Axel Honneth und Rainer Paris, »Zur Interaktionsanalyse von Politik«, in: *Leviathan* 7 (1979), S. 138–142.

(13) Barack Obama, »Amerika und der Islam schließen sich nicht aus«. Dokumentation der Rede Obamas in Kairo, in: *Frankfurter Allgemeine Zeitung*, 05. Juni 2009, S. 2.

(14) Patrick Cohrs, *The Unfinished Peace after World War I: America, Britain and the Stabilisation of Europe, 1919–1932*, Cambrige 2006（本書はヨーカー・ヘインズ氏にご教示いただいた）。

(15) Honneth, *Kampf um Anerkennung*, a. a. O., Kap. 5〔『承認をめぐる闘争（増補版）』、第五章〕参照。

(16) そのような「構築」のメカニズムについては以下を参照。Benedict Anderson, *Die Erfindung der Nation. Zur Karriere eines folgenreichen Moments*, Frankfurt/New York 1988.〔『定本 想像の共同体──ナショナリズムの起源と流行』白石隆／白石さや訳、書籍工房早山、二〇〇七年〕

(17)「正当化の物語」という概念については以下を参照。Rainer Forst und Klaus Günther, »Über die Dynamik normativer Konflikte. Jürgen Habermas' Philosophie im Lichte eines aktuellen Forschungsprogramms«, in: *Forschung Frankfurt* 2 (2009), S. 23–27.

(18) Rawls, *Das Recht der Völker*, a. a. O., §1〔『万民の法』第一節〕参照。

(19) これに関する分析は以下を参照。Christoph Schneider, *Der Warschauer Kniefall*, Konstanz 2006; Michael Wolffsohn und Thomas Brechenmacher, *Denkmalsturz? Brandts Kniefall*, München 2005.

(20) この点、つまりセルビア住民の苦難の歴史を西ヨーロッパが無視したことに対する批判という点で、その特異傾向や過激な言動にもかかわらず、ペーター・ハントケの政治的な態度表明は正当である。

(21) »›Suicide Bombers: Dignity, Despair and the Need for Hope‹. An Interview with Eyad El Sarraj«, in: *Journal of Palestine Studies* XXXI (2002), Heft 4. S. 71–76 参照（この文献はヨゼ・ブルナー氏にご教示いただいた）。

(22) Maurizio Bach (Hg.), *Europäisierung nationaler Gesellschaften*, Wiesbaden 2000 参照。

(23) この点に関しては Hauke Brunkhorst, »Demokratie in der globalen Rechtsgenossenschaft – Einige Überlegungen zur poststaatlichen Verfassung der Weltgesellschaft«, in: *Zeitschrift für Soziologie. Sonderheft »Weltgesellschaft«*, 2005, S. 330–347.

第9章　組織化された自己実現
——個人化のパラドクス

社会学は、一九世紀末におけるその端緒から、社会理論として登場する限り、近代社会のもたらす徴候的な変動過程の解明に取り組む学問として理解されてきた。その際、社会学がとりわけ自由に用いることができたものは、古典的な社会哲学の遺産を出自とする二つの概念である。すなわち、マックス・ヴェーバーの場合には、「合理化」という概念によって、もともと価値による紐帯や感情を通して伝統的な統合様式に服していた社会的諸領域に対し、目的合理性の規準が徐々に広がっていく過程が指し示され、またデュルケームなどの場合は、「個人化」という概念が伝統的紐帯やステレオタイプによる強制から社会の構成員がよりいっそう強くしかも不可逆的に解放される過程——それは、社会の構成員により大きな選択の自由と自律を与える過程である——と理解された。そうしたことから、近代社会の発展は、これら両概念に基づいて合理化と拡大傾向にある個人主義とが制度的に絡み合う過程と考えられたのである。もちろん、こうした概念の組み合わせによってもたらされる認識利得も大きいのだが、これら二つのカテゴリーそれぞれが個別に投げかける問題も、当初から多様性を帯びていた。例えば合理化概念に関して言えば、経済的組織、政治的支配、個人の生活、家族生活など、さまざまな領域における制度的合理化に関わる私たちの論議が、技術的規則の効率性という統一的規準によってなされうるのかどうか、そうしたこともそもそも明確ではない。つまり、これらの諸領域における制度的変化の過程がいくら個別に分析されようとも、果たしてそれらを目的合理性の上昇という同一規準のもとで理解してよいのかどうか、少なくともそういった疑問が生じてくるのである。もちろん、デュルケームがヘーゲルに従い、機能的分化という事実から個人が形成される可能性が高まると推論しているとすれば、社会によって引き起こされた「個人化」というカテゴリーのデュルケームによる使用ももはや勝るとも劣らず議論の余地がないわけではない。すでに、ヴェーバーはある個所で「個人主義」という表現は「考えられうる限り最大の異質性」を意味すると述べている。[1]この場合、中心的な問題は、当初から現象の記述から把握されうる個人の役割、紐帯、帰属性の多元化から人格的自律の高まる兆しがどの程度明らかになるのか、という点にあった。なるほどこうした第二の局面、すなわち個人の行為能力と反省能力の増大に対し、ある種の外部観察によって接近可能な判断基準が示されるかもしれない。しかし、こうした研究上の疑問点が解決されたとしても、以下のことには疑問の余地がないように思われる。すなわち、主体の自律化に関する主張が最後まで一貫して相互行為の参加者のパースペクティヴに結びつけられている一方で、生活史の個人化のほうは、観察が容易であり、その限りにおいて、客観的に進行するプロセスを意味しているのである。その意味で、個人化の概念、すなわち、近代に対する社会学的診断の二つ目の土台部分には、当初から扱いにくい両義性が内在している。なぜならば、個人化とは個人の個性が増大するという外的な事実と主体自身の固有の行為能力が上昇するという「内的」な事実を同時に意味しているからである。この論考で、私はこうした両極によって特徴づけられる現在の個人化過程の構造的特質に集中的に取り組みたいと思う。もちろん、そのために前もって概念をより明確にしておく必要がある。というのも、問題となっているケースは一見したときに受ける印象よりも、いくぶん多層的な性質を有しているからである。

Ⅰ

早い段階から、すでに概念的な差異化の感覚を磨きあげた社会学の古典的大家は、ゲオルグ・ジンメルである。そしてその概念の差異化は、個人化概念に内在する意味の二重性を解消しようとすると、社会学自身の専門領域内部において必ず必要とされるものである。社会学の創始者の世代に属する著作家の中で、以下の点においてジンメルに並び立つ者はいない。すなわちジンメルは、一方の個性が増大するという単純な事実、すなわち貨幣経済が可能にしたライフスタイルの多元化と、他方の人格的な自律性の上昇とのあいだには原理的な差異が存在していることをはっきりと認識していたのである。大都市において社会関係の匿名化が進展すると、集団への所属から解放され、そのことによって選択肢の多様化も進むのだが、こうしたことはジンメルの見方からすれば、個人の自由がそれと同じように成長するということではけっしてない。なぜならば、そのためには他の主体による「確実さを与える支え」が必要となるからである[2]。しかし、ジンメルは近代資本主義の診断という課題に対処するために、社会的個人化と自由の増大との区別の必要性を早い段階で指摘するだけではない。むしろ、自分自身の社会学的時代診断の中に、さらに加えて二種類の意味の層があることを明らかにすることにより、個人化概念のさらなる複雑性を社会学に持ち込んだのである。一方で『貨幣の哲学』の分析で明らかにされたように、社会的接触の貧困化、つまり人々のあいだの無関心の増大という危機が、ジンメルにとって記述的に把握されうる選択肢の多元化の過程と常に同時的に起こる。それゆえ必ず、個人化概念に関して三つ目の意味上の構成要素が区別されることになるのだが、この三つ目の構成要素は、匿名化された社会的接触が網目のように増大していくなかで、個々の主体がばらばらになっていく傾向を指しているのである。こうした発展傾向についても、当初ジンメルは観察のパースペクティヴから記述できると考えていた。そこでジンメルは、増大する孤独、つまり感受され苦しみとして経験される孤立の過程ではなく、客観的な事態、すなわち単なる自分だけの、他者から独立した利害にいっそう専念する事態を考えたわけである。

しかし何よりもまず、ジンメルは自由の増大という理念自体に関して二つの異なる意味の層が存在することに気づいていた。そしてこの二つの意味の層によって、彼はさらに個人化概念の差異化へと導かれたのである。(3) この場合、出発点は個人化の二つ目の中心、つまり自律化に対する目的の規定において区別を行うことにあった。ローマ・カトリックの文化圏に関するジンメルの見解によると、かつては信念や意図を自律的に表現することが内面的自由を形成する目的と理解され、そうした信念や意図は、原理的にはすべての人間が分かち持つことができる。人類それ自体の特徴を構成する個人の反省能力を実現することこそが問題であったので、平等の個人主義がかかわっている。このような自律の思想に対して、今日言うなれば、第二の個人主義が対峙する。そしてそうした個人主義は、自身の精神的根源をドイツロマン主義にもっているのである。ここでは、さまざまな主体が区別される独特で唯一無二の独自性を生活史において形作ることが個人的自由を増大させる目的である、と理解されている。その意味において、質的個人主義について議論する必要がある。それはヘルダー、シュライエルマッハー、ニーチェそしてキルケゴールを引き継いで、個人のほんものの (authentisch) 人格を表現することをめざしている。それゆえジンメルにとって、個人的自由の増大は自律性の増大とほんものらしさの成長の両方の方向に進むのである。両者の間には無数の緊張関係が存在するが、それらは近代という時代において容易に解消しえるものではない。彼の社会学的考察を要約すると、ジンメルは個人化という概念によって指し示されうる四つもの現象をそれぞれ区別していることになる。すなわち、経験的に観察されうる事実と見なされた生活様式の個別化に加えて、行為者の孤独感の増大、個人の反省能力の増大、ほんものらしさの高まりといったものが、個人化の概念によって理解されているのである。困難は、これらの四つの発展過程を社会学的時代診断のなかで常に区別することにあるが、そもそもそうすることによってはじめて、相互の結びつきも明らかになるのである。

おそらく過去一〇〇年の間に、近代社会の個人化の研究結果がまったく異なる形で解釈されてきたのは、こうした極端な意味の豊かさに起因するのかもしれない。マルクス・シュローアは、隠れた論争を理論的に概観する中で、個性が増大する過程がそれぞれ異なって評価されてきた三つの潮流を有意義に区別している。一方では、教育、管理そして文化産業によってますます多くの個性が付与される過程が、個人の再帰的な抵抗力を弱める同調的個人主義という特殊な形態を生み出す規律訓練の過程として描かれる。他方、デュルケームとパーソンズの系譜の中から、脱伝統化と機能的多元化が再帰的で自己責任に基づいた人生を設計する能力を解き放つ個性を増大させるチャンスと解釈する視座が生まれてきた。そして最後に、両者の中間に第三の理論グループが存在し、そのグループの中では、個人化の過程は伝統的紐帯から諸個人が解放されると同時に、その背後で同調性が増大するという両面的なものと見なされている[4]。現在に目を向けてみよう。そうすると、それ自体で混乱を来たしている見取り図がさらに複雑化していく。そして、シュローアがすでに区別した三つの解釈のパースペクティヴに、さらに新しい見方が付け加えられる。その新しい見方によって、個人化の過程について、個々の現象が先鋭化した姿か、あるいは完全な変化を被ってしまった原型構造のいずれかが浮かび上がってくるのである。その結果、いくつかのキーワードだけを指摘すると、コミュニタリアニズムの支持者の中では、ジンメルによってすでに無関心の増大として描き出された個人化の様相に対する社会学的な関心が集まっている。すなわち、社会的移動性が上昇し転職の頻度が高まることにより、主体が成熟した関係性を早く打ち捨ててしまい、絆を形成する能力がいっそう弱まる。そしてそれが原因となって、相互行為パートナーに対しても単なる自己中心的な態度を強めてしまうというのである。(5) 社会的コミュニケーションのバーチャル化がもたらす文化的帰結を分析する研究も、これと同様の方向性を示しているのに対して、(6) ジンメルのもう一つの主題は、チャールズ・テイラーがここ数年発表してきた時代診断的考察によって言及されている。テイラーの見解によれば、ほんものという ロマン主義的な観念は、今日では通俗化してしまっており、人知れず対話的、共同体的特徴が失われ、自己発見という自己中心的なパースペクティヴに陥ってしまったのである。(7) 加えて最後に、制度的な期待構造に向けられた次のような経験的研究にも目を配っておくべきであろう。すなわち、制度的な期待構造により、生活史の中で主体の独自性を形成してゆくことが主体それ自身に要求されるようになったというのである。とくに専門職の分野では、ますます「ほんものの自己」を呈示することが雇用の条件とされ、その結果、しばしばそれに関わる人間自身も、「本当」の自己の発見過程と作られた自己の発見過程とをもはや適切に区別することができなくなってしまうのである。(8)

これまで個人化という、全体の見通しを得にくい領域で生じた新しい現象をリストアップしてきたが、さらなる考察がそれを補ってくれるだろう。とくに社会心理学とメディア社会学の領域で、ジンメルが切り開いた個別化の過程と自律化の過程のスペクトルにさらに追加的な視点をつけ加えつつ発展させることに成功した分析が最近見受けられるようになった。しかし今日、個人化過程の解明に取り組む際にさらされる困難の全貌を明らかにするには、ほんの少し研究を垣間見るだけで十分なのである。すなわち、個人化のさまざまな局面に関わる社会現象や根本的変化が数多く存在しており、すでにはっきりとしている発展パターンといえども、安易な論議で片付けることは困難なのである。にもかかわらず、以下でパラドクスの概念を用いてこうした社会の発展図式について議論するならば、同じように正当性をそなえたその他の見解のなかで、本論考において可能な解釈の一つを提示するという方法上の制約を負ったものでしかない。ここで私が提示したい命題とは、以下のようなものである。西洋社会において三〇年、四〇年前にまったく異なる個人化の過程が歴史的に一回限りの合流を果たし、そのことによって急速に拡大した個人の自己実現要求が、社会的再生産における制度化された期待構造となった、しかし、こうした制度化の程度があまりに強力であったため、その内的な目的規定性が失われ、さらにシステムを正当化する根拠となってしまった、というものである。かつて質的自由の増大を約束した過程が、今や脱制度化のイデオロギーと化したというパラドクシカルな転換の帰結は、内的な空虚感、自分が余計者だという感覚、根なし草といったさまざまな個人的症候の発症として現れる。私はこうしたことを示唆する命題を説明するために、以下の三つの段階を踏みたいと考えている。私はまず、六〇年代、七〇年代において西洋の先進国のなかで互いに独立して発生し、そしてそれぞれが異なった道筋を辿った個人化の諸過程のあいだに生じた「選択的親和性」による個人化過程の結合について叙述する。そうすることで個人化の新しい形式全体について語ることができるようになる（Ⅱ）。第二段階として、続く数十年のあいだに個人のなかで大きくなっていった要求が、制度的、組織的な適応作用を通して、制度化された期待構造に変化する社会過程を再構成する。こうした変化の結果、今や制度化された期待構造は、主体に対する外からの要求のようなものとして主体と対立するようになる。ただしここでも、第一段階と同じくいくつかの本質的な発展傾向に課題を限定せざるをえない（Ⅲ）。第三段階で、私は最終的に社会心理学的、臨床的指標を列挙しようと思う。それらの指標は、個人化過程というパラドクシカルな転換が、物質的でもあり心理的でもある多く社会的苦悩が帯びる新しい形態を生み出そうとしていることを示唆している。そしてこうした見通しを得ることで、私は驚くべきアクチュアリティをそなえたジンメルの引用をもって、本稿を閉じることができるだろう（Ⅳ）。

Ⅱ

今やほぼ四〇年の歳月が経過し、今日、西洋の戦後社会における社会文化の根本的変化を互いに異なり、それぞれが独立性をもった個人化の諸傾向が交差する過程として描きだすことが十分可能となった。それゆえ、ウルリッヒ・ベックやアンソニー・ギデンズとともに再帰的個人主義という新たな後期近代的段階に関する議論を行うことはまったく誤りではない[9]。ただしこうした診断を下すに際して、以下の事実をはっきりと認識しておく必要がある。その事実とは、このような〔再帰的〕個人主義の形式が増大することに関して、それがいわば単線的な発展過程の結果ではなく、それぞれが完全に独立して進展する発展のダイナミズムが互いに強化しあったことの帰結である、ということである。ここで起こっていることは、おそらくマックス・ヴェーバーによって、物質的、社会的、精神的な変化の過程の合成として最も的確に説明されうる。つまり、これらの変化の諸過程は「選択的親和性」によって非常に多くの共通点を有していたために、一つにまとめられることにより、個人主義の新たな形態を作り出すことができたのである[10]。このような個人化の推進力の物質的基礎は、個人の生活様式の多元化に向かって一体となって突き進んでいった一連の社会構造上の発展過程に由来している。こうした生活様式の多元化は、純粋な記述的説明が可能である。すなわち、所得と生計を立てるための労働から自由な時間が不均衡に増大することによって、個人が意思決定を行う場を徐々に拡大することができたが、逆に階級に固有の生活環境を形成する力を弱めることになったのである。また、西洋の資本主義諸国においてサーヴィスセクターが拡大することにより国民大多数に対して上昇機会が大幅に拡大し、その結果、生活状況をたえず多様化させるような広範囲に及ぶ社会的上昇移動のプロセスが作動しうるようになった。そして、戦後からおよそ一五年経ったころには、同じく全西洋諸国に広まった教育機会の拡大によって、最終的に職業選択の可能性が急速に拡大した。こうした点から見ても、諸個人のライフコースは互いに著しい差異を示すようになったのである。これらのことから、人々はすでに学生運動の時代には個人のライフコースや生き方の点で、一〇年前にそうであったよりも、はるかに多元的でそれ自身において変化に富んだイメージを作り上げていったのである。

行為の選択肢が増加するという客観的傾向に加えて、最終的に行為遂行的なものとしてのみ理解される個人の自律的能力の高まりを証明する指標も、曖昧なものにとどまっているが、存在している。もっとも、教育機会が拡大するのに応じて、個人の自己発見の過程と反省の過程も大きく発展しないとすれば、それはむしろ驚くべきことであろう[11]。教育改革とそれに加えて巨大都市の再開発が、同様に階級固有の出会いのネットワークの解体をもたらしたが、そうした解体により、個人のライフコースの想像範囲が拡大し、結果的に実験的な行動を許容する範囲も極端に広がったと推測される。また七〇年代の初め、思春期の危機が深刻化している傾向が経験的研究によって指摘されながらも、全般的には自律的なアイデンティティ発見の可能性が高まっていることが示された[12]。個々の社会的要因がどうであれ、僅か二〇年以内のうちに人々の生き方が極度に個人化したという事実については疑いの余地はないように思われる。西洋社会の構成員は、自分の将来の可能性のために、自分自身の自己を人生の設計と営みの中心に据えるように強制されたり、奨励あるいは鼓舞されたりしたのである。

しかし、こうした社会構造上の変化の過程すべてをもってしても、別種の変化、すなわち社会文化的な変化や態度変容がそこに付け加えられなかったならば、個人主義の実際の新しい形態をもたらすのには不十分であったであろう。確かに、個人の行為の選択肢が客観的に拡大しなければ、この新しい文化理念が実現する機会はなかったと言える。しかし、その理念の根幹部分はすべて、それとは完全に独立した領域に根ざしている。適度に贅沢な消費行動を可能にしたのは、まずもって戦後の経済成長に伴う所得の上昇である。しかし、個人がそうした消費行動に対してますます強く結びつけていく特別な意味は、それとはまったく異なる文化的な源泉によってはじめて明らかにされるのである。すなわち、コリン・キャンベルによると、生活必需品ではない余剰な文化的生産物を消費することによって、独特の生の喜びを高める可能性を追求する欲求の根底には宗教的な水脈があり、それは多くの場合、プロテスタンティズムに由来している。そこではカルヴィニズムの労働倫理に対するオルタナティヴとして、非日常的な感情の高揚状態が神の善や恵みのしるしと見なされた。また幻想のなかで官能刺激から生じる快楽は、情緒主義やロマン主義によっていったんその宗教的な起源が失われてしまうと、今度はますます増加してゆく消費財を大量に所有するように働きかける規範的誘引剤となりうる。そしてその消費財の所有は、日常化した戦後期の消費主義に対して、それがもっている特殊な性格、つまりアイデンティティを安定化させるさまざまな性質を付与するのである[13]。そのうえ、こと消費主義にあてはまることは、この時代に起こったそれ以外の一連の行動の変化にも当てはまるように思われる。つまり、ほぼすべての領域で次のような変化が起こった。厳格な行動期待が解体することによって、単純に新しい人格理念が形成されるのではなく、これまでは少数の人々にしか認められなかった文化的慣習を手にする機会がより広い基盤の上に上昇したのである。そしてそののち二次的に、そうした慣習が変容を蒙ったアイデンティティモデルの発達を促進した。個人をますます自分自身の人生設計の中心に据えていくような社会構造上の変化過程によって、ロマン主義にその起源の大半を有し、小さな教派集団によって伝承された、人生を実験的な自己実現の過程として浮かび上がらせる解釈図式が、幅広く受け入れられるようになったのである。

こうした「選択的親和関係」にある社会の変化と文化の変容の結びつきのよい例として、後にしばしばセックス革命と呼ばれた行動の変化が挙げられる。ただし、六〇年代の生き方の多様化という趨勢のなかで慣習的な役割モデルの解体が実現するのだが、もちろん、そのことによって自ら性的なものの価値が自分自身のアイデンティティを試行する特権的な領域として高まったということではない。むしろ、小規模であったとしても、性にまつわる自由奔放な継続的試みが、個人の自己実現の表現として経験されうるような行動様式が形成される以前に、まず、人間は第一義的に「欲望する主体」(フーコー)であると解釈する文化的観念が幅広く成立する必要がある。それに加えて、歴史に支えられた解釈図式がこうして広まる際には、たとえばヘルマン・ヘッセあるいはヘンリー・ミラーといったある種の小説、そして当時生まれつつあったロックミュージックの受容が重要な媒介的役割を果たしていた可能性がある。いわば、新たに発展し、社会構造により可能となった自由によって開かれた規範の抜け道は、準ロマン主義的な伝統の蓄積を生活実践の場において引き受けることによってほぼ完全に塞がれることになったのだが、こうした準ロマン主義の伝統の受容こそが、自分自身の人生を自己の人格の核を実験的に実現してゆく過程として経験することを可能にしたのである。そうして社会構造上の個人化とロマン主義におけるほんものの理念が重なり合うことによって、いわゆる新しい個人主義の理念というまとまりあるイメージとして記述しうるものが誕生した。つまり、なおいっそう急速に社会的諸関係が多様化することにより、主体が自分自身のライフコースを、そのゴールに職業役割と家族の中での性別役割分業があるようなアイデンティティの直線的な発展過程として受け入れる余地がさらに失われたのである。パーソンズはまだ、こうした比較的硬直化したアイデンティティ図式を自分自身の理論の基礎に、あたかも自明のことであるかのように置いていた。しかし、そうした図式に代わり、さまざまなアイデンティティの可能性を実験的な自己発見の題材と見なす傾向が、行為の新しい選択肢が出現したこと、多様な社会的環境に所属すること、これまで知られていなかったライフコースとのより強い結びつきを得たこと、そしてロマン主義的解釈図式を受容したこと、を通して生み出されたのである。ジンメルの用語で表現するならば、「質的」な本性をもつ個人主義が大規模に発生したといえる。そこでは主体がさまざまな生き方を試行し、すでに手にした経験に照らして自分自身の自己の核となる部分を実現することができるようになる。そしてその自己の核は、主体と他者とを可能なかぎり最も明確に区別してくれる。しかし、こうして始まったばかりの変化の過程は、今や社会の中心となる諸組織が新しい行動理念に創造的な適応を果たし、その理念を効率を高めるための生き方の見本として広範囲に及ぶ構造転換の正当化のための根拠とすることによってのみ、継続されるのである。

Ⅲ

二五年前にダニエル・ベルは、私がつい今しがた物質的、精神な発展の過程が組み合わさった出来事として説明してきた社会文化的変化から、資本主義内部で矛盾がますます拡大していくという射程の広い結論を導き出した[14]。彼は、新しい快楽主義的な日常の道徳が形成され、それが資本主義の経済上の機能要件とますます摩擦を強めていくに違いないと主張するが、その場合、彼は主として学生運動に続いて起こった文化的大転換にその主張の根拠を置いている。ベルの確信によれば、この間、美的創造性と感覚的衝動の価値が芸術的アバンギャルドというサブカルチャーを通して国民大多数の行動を方向づけるようになったが、こうした美的創造性と感覚的衝動の価値は、経済的効率性を維持するために今後も必要とされる労働倫理の徳育をますます阻害するというのである。現時点で私たちは確信をもって言えるのだが、こうした社会学的予測は現在のところ現実のものとなっていない。ベルが描いた快楽主義的性格の中に難なく再認識されうる新しい「質的」個人主義は、資本主義的な経済活動の生産性を妨げるには至っていないのである。この間確かに、自己実現への要求が高まり、自己発見という精神的態度の中で、自分自身のアイデンティティと実験的に関わるようになったが、こうしたことは確かに離婚率の上昇、出生率の低下、家族形態の変化などを記した社会統計にすでに表れている。[15] またアンソニー・ギデンズの見解によると、第一次的諸関係は、相互の結びつきがわずかに自分自身の感情や好みといった移ろいやすい要素だけから成り立っている「純粋」な関係という性質をより強く帯びるようになるために、ますます脆く短命になっている。[16] そして、多くの心理的エネルギーが、いわゆる自由時間の活動のために費やされるという傾向も、明らかに強まっているように思われる。ただしそうした活動も、もはや労働日からの回復やその負担の軽減ではなく、自分自身の自己の性格を実験的に確かめるものとして経験されるのである。[17] 最後に過去一〇年の間、再び贅沢品の消費も、明確な階層差を伴いながら顕著に増大していったのだが、その理由がそうした贅沢品の消費の中にたとえ短時間であっても流動的状態にあるアイデンティティを美的に表現する機会が見出されたことにあるのは明らかである。[18] しかしながら、「かけがえなさという個人主義」（ジンメル）への方向性をはっきりと示しているこれらすべての発展傾向は、けっして資本主義的経済の機能要件と対立するものではない。むしろ反対に、そうした発展傾向がこの間に特殊な形で悪用され、資本主義的近代化の生産力になってしまったという印象を打ち消すことはできないのである。

それに伴って視界に入っていく変化の諸過程も、単純に唯一つの発展過程の現れとは考えられない。問題は意図的に結びつけられた行動の連鎖、つまり意識的に引き起こされた反応にある、とする見方も同様に事実に即していないように思われる。むしろ、自己実現の要求が二〇世紀の最後の三分の一が経過する中で、よりいっそう強く制度的要求へと反転させられたのはなぜなのか、その理由を説明するとすれば、「選択的」親和関係に基づいて互いに結合しあった変化の諸過程に関するイメージがあらためて顔を出す。つまり、諸個人はキャリアあるいは社会的な場面で成功を収めようとすれば、柔軟性に富んだ人生を歩み、さまざまな変化に対応しうる主体として自己を呈示しなければならない、という期待に、始めのうちは小規模に、しかしやがて大規模にさらされるようになったのである。[19] こうした転倒した過程の先駆的役割を、電子メディアが引き受けたのは確かである。電子メディアは、以前に比べて日常生活におけるその存在意義をますます高めているが、そうした意義が高まることによって、可能な限り独創的で創造的な人生設計という理想的なスタイルが維持される。そしてアドルノがすでに考えていたように、[20] たとえ諸個人がメディアによって伝えられる生き方の手本に対し、引き続き従来と同じような疑いを適度に抱く余地があったとしても、こうした過程において、自己実現という理想が無意識的に自分自身の主体性形成の要求として経験される可能性を排除することはできない。[21] 現実と虚構との境目は個々のケースでは消滅し、その結果、自分自身の自己をテレビあるいは映画の中の偶像の中に探そうとする無意識的な傾向が生じるかもしれない。こうしたことから、実験的に自分自身の人格の核となる部分を見つけ出そうとしながら、アイデンティティ発見の標準化されたモデルに従ってしまうある種の傾向について議論を行うことが可能である。

過去二〇年の間、自身の生産物の売上を加速度的に拡大するために、消費産業によって展開された広告戦略も、おそらくはそれに比肩しうる効果を発したものと考えられる。この場合、ある特定の商品に対する宣伝を目に見えない約束をすることによって行う傾向が確認される。その約束とは、商品の購入によって自分自身の生活設計の独自性を表現したり、高めたりする魅力的な手段を手にできるというものである。[22]こうした場合に議論の対象となりうる自己実現要求の道具化は、次のような事態を帰結する。すなわち、どの新しい自己イメージも、瞬く間に次なる広告戦略のための暗号化されたメッセージに変えられてしまうために、スタイルを革新してはそれにうまく反応する加速度的な螺旋構造が形成されるのである。その間に、依存関係が逆転するような印象が押し寄せてくるかもしれない。それは、流行産業と消費産業が模倣に値するほんものの生活のイメージを宣伝することができるように思われているからであり、そうしたイメージに主体が自己発見のプロセスの中で遅れながら追随するからである。自分自身の人生を歩む中で自己を実現しようとする試みは、潜在意識の中で、いわば文化的商品によって形作られるのであり、そうした商品は広告産業の手によって、年齢、階層、性差に固有の差異に対する計算された感性を通して個人に与えられるのである。

メディアの効果は、その社会的影響力の範囲という点で疑わしいが、そうした効果よりも明らかに重要なのが、八〇年代に生産及びサーヴィス部門を飲み込んだ構造転換である。この時期に起こったことは、経済的にはフォーディズム的生産方式が崩壊する局面に生じたこととして説明されてきた。とはいえ、私たちのここでの課題にとって決定的に重要なのは、このことによってまったく新しい労働主体が名指されたということにある。その労働主体というのは、制度上はもはや依存的な従業員ではなく、自身の自己に対する創造的な「企業家」であるように要求されている。[23]すでに「労働の規範的主体化」[24]が話題となる場合、また個人の労働成果に対する価値評価の高まりについて議論がなされる場合には、それは何をさてお[25]

き、生産及びサーヴィス過程を担う組織の内部に、従業員の精神的な面における独自のイニシアティヴがますます組み込まれていくことを意味している。つまり、階統秩序の緩和、チームの自律性、そして自己の裁量に立脚した新しい経営理念を通して、労働者の自己実現欲求が満たされるとされ、労働者は獲得した能力を自分たちが仕事をする中で自主的に発揮する可能性を模索しているというのである。しかし、まもなく以下のことが明らかとなった。すなわち、新しいポスト・テイラー主義的企業戦略は、労働をますます「天職」として扱うということとはまったく別の作用を持ち、その結果、従業員に対して、これまでとはまったく異なる期待を向けることが許されるようになった。つまり、従業員のモチベーションはその内側から要求された仕事の特性にだけ合わせて調整されなければならないし、彼らは表に表さなくとも、如何なる職場の変更も自分自身の決断の結果として説明する構えを持たねばならない。そして雇用はすべて、企業全体の繁栄に資するものでなければならない、というのである。わずか二〇年が経過した間に、仕事での自己実現に対する意欲を迷うことなく示すかどうかによって雇用が左右されるとする新しい要求システムが生み出された。またこうした転倒は、個々の被雇用者に責任を負う構えが整ったからには、企業による身分保障は時代にそぐわないという主張によって、規制緩和政策を正当化する可能性をも生み出した。このことによって被雇用者や労働者に加えられる圧力は、極めてパラドクシカルな形態をとることになる。おそらく、被雇用者や労働者は依然として社会的そして経済的な安定を強く願っていると推量されるにもかかわらず、彼らは将来の就業機会のために、自己実現モデルに従って自分自身の職業経歴をかりそめのものとして形成せねばならないのである[26]。

　こうして示された過程の中に、増大する自己実現要求を資本主義的経済における生産力へと転換させる傾向が埋め込まれていると見ることは、おそらくまったくの誤りではあるまい。自己の人生をますます強く自分自身のアイデンティティの実験的な探究として理解しようとする主体の傾向は、ただ単に全体として生産部門とサーヴィス部門の規制緩和をめざす一連の経済上の構造転換の措置に対する正当化の根拠として機能するだけではない(27)。むしろ今日、新しい個人主義は、一つの生産の原動力として直接的に利用されてもいるのである。それは、新しい個人主義が見かけ上変化した労働者の欲求を呼び起こし、労働者に対して、社会国家によって制御されていた資本主義の諸条件下にあったときよりも、より多くの積極的参加、柔軟性、イニシアティヴを要求している、という意味においてそうなのである。ただし、個人の衝動や欲望を経済的に利用するこうした傾向を、怜悧かつ敏感に協力的に振舞う経営サイドが六〇年代の「快楽主義的」な資本主義批判に対処する意図的な戦略とする理解は、私には的外れのように思われる。むしろ「資本主義の新たな精神(28)」というものは、その同じ名前でリュック・ボルタンスキーとエヴ・シャペロが魅力的な研究を行ったのだが、それぞれ固有の歴史と発展のダイナミズムをもつ異なるプロセスが連鎖して生まれた意図せぬ結果であるように思われる。電子メディア、広告産業そして生産領域に目を向けつつ、これまで言及してきた構造変化に、個人の自己実現に対する漠然としているが日常的な期待が広がっているという事実を付け加えると、われわれもまた、ボルタンスキーとシャペロの研究が最終的に到達したものと同じ結論に到達する。すなわち、半世紀前から徐々に拡大してきた自己実現の個人主義は、この間に道具化、標準化そして機能化によって、感情的にははるかに冷え切った要求システムへと反転してしまったのである。そしてそのシステムの生み出した帰結の下で、主体は今日、幸福を謳歌するどころか、苦悩しているようにすら見えるのである。

Ⅳ

過去二〇年の間に西洋の資本主義を飲み込んだ制度的変化によって、実際の生活の中で手にした自己実現の理念は、規制緩和された経済システムのイデオロギーや生産力に変容してしまった。主体が自分の人生を実験的な自己発見のプロセスとして解釈しはじめたときに、彼らが形作っていた要求は今や、曖昧な形で彼らに対する外からの命令へと反転してしまったのである。その結果、陰に陽に主体は常に人生の決断や目標を未決定の状態に留めおくように強いられている。こうして理念が強制へと反転し、要求が命令へと転倒するによって、社会的な不安や苦悩が生じたが、それらは西洋社会の歴史上、大量現象としては経験されたことのないものである。確かに、こうした不安や苦悩はピエール・ブルデューが『世界の悲惨』[29]に関する著書の中で、彼の共同研究者とともに解明しようとした日常的な不幸の現象には当てはまらない。規制緩和と失業が恒常的余剰人員という階級の増大を生み出し、国際的に展開するコンツェルンがあらゆる政治的統制を逃れて、たえず新しい契約締結の手法を探求し、労働移民が臨時就労の機会をもとめて貧困地帯から西洋の大都市に移住するような場合には、資本主義的産業化の初期段階に存在したような保護対象外の賃労働、パートタイム労働、家事労働の諸形態が復活するのである[30]。労働市場の柔軟化、もちろんそれは新しい個人主義を引き合いに出すことによってかろうじて正当化される社会全体の漸進的な市場化のことであるが、そうした市場化が、新たに、かの「社会問題」を挑戦すべき課題とした。だがそれは、二〇世紀という時代が、その後半の五〇年の間に成功裏に克服した一九世紀の遺物と見なしているものである。

しかし、過去一〇年の間にこうした目に見える領域の外では、資本主義社会の歴史上ある意味で体験したことのない、別の形の社会的苦悩の存在が明らかになった。ただし、それらは心の領域で発症するために、実証的な調査ではいっそう近づきにくいものとなっている。その結果、こうした社会的苦悩に対しては臨床上の徴候しか示されないのである。フランスの社会学者アラン・エーレンベルクは、『自己の消耗(Fatigue d'être soi)』というタイトルをもつ印象深い研究のなかで臨床的ケースを吟味し、われわれが今日、急激なうつ病の増加に直面しているという結論を得ている。また、臨床の現場での診断数が増加しているだけでなく、化学的な抗うつ剤の処方がこれまでになく盛んであるという事実は、急速にうつ病が恐るべき規模で神経症的症状にとってかわっていることを示している。エーレンベルクは、こうして広く拡大した病をめぐる見方を説明する鍵として、自分らしくならねばならない、という漠然と広まった要求が、いわば個人の心に過剰に強く課されている、という見方をとっている。自分自身の内面生活からほんものの自己実現の素材を引き出さねばならないとする終わりなき強制によって、主体はある種の継続的な内省を代償として要求される。そういった形の内省は、ある地点でいわば空洞といったものに行き着かざるをえないのである。そして決断の瞬間においても、心的な経験はもはや人生に進むべき方向を示さなくなるが、それこそがエーレンベルクによれば、うつ病発症の瞬間なのである[32]。私たちは、自己実現の理念が強制へと転換する瞬間とともに、例の空虚体験が大部分の人々の経験となるような歴史の入口に立つことになったのかもしれない。あらゆる側面から、ほんものの自己発見に向かう心理的な衝動に抵抗しないよう強いられることによって、主体にはほんものの姿を演技するか、うつ病に逃げ込むか、すなわち戦略的な理由から独自性を演出するか、病的に沈黙するか、のいずれかの選択肢しか残されてはないのである。同時代の社会文化的変化に対する鋭い観察をもっていたことを慮れば、ジンメルが『貨幣の哲学』のなかで、すでにこうした状況を予見していたという事実は驚くに値しない。『貨幣の哲学』では自己実現の理想についてこう書かれている。「なるほど彼――この場合、農民を意味する（ホネット）――が勝ち取ったのは自由であった。ただしその自由は、何かからの自由（Freiheit von etwas）であって、何かへの自由（Freiheit zu etwas）ではない。むろん、その自由は単に消極的なものなので、見かけ上はすべてのものへの自由ではある。しかし、まさにそうであるがゆえに、実際はあらゆる指示を欠き、あらゆる規定的、被規定的内容を欠落させており、偶然で気まぐれで魅惑的な衝動の拡大を無抵抗のまま許してしまうような空虚や不安へと傾くのである。これは支えを失った人間の運命に対応する。そうした人間は神々を遺棄し、そうして手にした『自由』によって、ただそれぞれ任意の一時的な価値を偶像へと祭り上げることだけが可能となるのである(33)」。

原注

（1） Max Weber, »Die protestantische Ethik und der Geist des Kapitalismus«, in: *Max Weber. Gesammelte Aufsätze zur Religionssoziologie I*, Tübingen 1972, S. 17–206, hier: S. 95, Fn. 3.〔『プロテスタンティズムの倫理と資本主義の精神』大塚久雄訳、岩波文庫、一九八九年。一五八頁の本文と、一六二頁の注7〕

（2） Georg Simmel, »Individualismus«, in: ders., *Schriften zur Soziologie. Eine Auswahl*, hrsg. und eingeleitet von Heinz-Jürgen Dahme und Otthein Rammstedt, Frankfurt/M. 1983, S. 456.

（3） Vgl. ebd

（4） Markus Schroer, *Das Individuum in der Gesellschaft*, Frankfurt/M. 2001.

（5） Robert D. Putnam, *Bowling Alone: The Collapse and Revival of American Community*, New York 2000.〔『孤独なボウリング――米国コミュニティの崩壊と再生』柴内康文訳、柏書房、二〇〇六年〕

（6） Andreas Wittel, »Towards a Network Sociability«, in: *Theory, Culture & Society*, 18 (2001) Heft. 6, S. 51–76; Hubert L. Dreyfus, *On the Internet*, London 2001.

（7） Charles Taylor, *Das Unbehagen an der Moderne*, Frankfurt/M. 1995.〔『「ほんもの」という倫理――近代とその不安』田中智彦訳、産業図書、二〇〇四年〕

（8） Martin Baethge, »Arbeit, Vergesellschaftung, Identität. Zur zunehmenden normativen Subjektivierung der Arbeit«, in: *Soziale Welt*, 42 (1991), S. 6–19; Hermann Kocyba, »Der Preis der Anerkennung. Von der tayloristischen Missachtung zur strategischen Instrumentalisierung der Subjektivität der Arbeitenden«, in: Ursula Holtgrewe, Stephan Voswinkel und Gabriele Wagner (Hg.), *Anerkennung und Arbeit*, Konstanz, 2000.

（9） Ulrich Beck, *Riskogesellschaft. Auf dem Weg in eine andere Moderne*, Frankfurt/M. 1986〔『危険社会――新しい近代への道』東廉／伊藤美登里訳、法政大学出版局、一九九八年〕; Anthony Giddens, *Modernity and Self-Identity. Self and Society in the Late Modern Age*, Cambridge 1991.〔『モダニティと自己アイデンティティ――後期近代における自己と社会』秋吉美都／安藤太郎／筒井淳也訳、法政大学出版局、一九九八年〕

（10） Weber, »Die Protestantische Ethik und der Geist des Kapitalisumus«, a. a. O., S. 83.〔『プロテスタンティズムの倫理と資本主義の精神』、一三六頁〕

（11） Jürgen Habermas, *Theorie des kommunikativen Handelns*, Bd. 2, Frankfurt/M. 1981, S. 567ff.〔『コミュニケイション的行為の理論』（下）藤沢賢一郎他訳、未來社、一九八七年、四〇四頁以下〕

（12） Rainer Döbert und Gertrud Nummer-Winkler, *Adoleszenkrise und Identitätsbildung*, Frankfurt/ M. 1975.

（13） Colin Campbell, *The Romantic Ethics and the Spirit of Modern Consumerism*, Oxford 1987.

（14） Daniel Bell, *Die Zukunft der westlichen Welt. Kultur und Techonologie im Widerstreit*, Frankfurt/ M. 1976.

（15） Kurt Lüscher, Franz Schultheis und Michael Wehrspaun (Hg.), *Die postmoderne Familie*, Konstanz 1990; Hartmut Tyrell, »Ehe und Familie – Institionalisierung und Deinstitutionalisierung«, in: ebd., S. 145–156.

（16） Giddens, *Modernity and Self-Identity*, a. a. O., Kap. 3.〔『モダニティと自己アイデンティティ』、第三章〕

（17） Vgl. etwa: Dean MacCannell, »Staged Authenticity: Arrangements of Social Space in Tourist Settings«, in: *American Journal of Sociology* 79 (1973), Heft 3, S. 589–603.

(18) Eva Illouz, *Der Konsum der Romantik, Liebe und kulturelle Widersprüche des Kapitalismus*, Frankfurt/New York 2003.

(19) Richard Sennett, *Der flexible Mensch. Die Kultur des neuen Kapitalismus*, Berlin 1998; Sighard Neckel, »Identität als Ware. Die Marktwirtschaft im Sozialen«, in: ders., *Die Macht der Unterscheidung. Essays zur Kultursoziologie der modernen Gesellschaft*, Frankfurt/M. 2000, S. 37–47.

(20) Theodor W. Adorno, »Freizeit«, in: ders, *Gesammelte Schriften*, Bd. 10. 2, Frankfurt/M. 1977, S. 645–655.

(21) John B. Thompson, *The Media and Modernity. A Social Theory of the Media*, Stanford 1995, Kap. 7.

(22) Rob Shields (Hg.), *Lifestyle Shoipping. The Subject of Consumption*, London, 1992.

(23) G. Günter Voß und Hans Pongratz, »Der Arbeitskraftunternehmer. Eine neue Grundform der Ware Arbeitskraft?«, in: *Kölner Zeitschrift für Soziologie und Sozialpsychologie*, 50 (1998), S. 131–158.

(24) Baethge, »Arbeit, Vergesellschaftung, Identität«, a. a. O.

(25) Kocyba, »Der Preis der Anerkennung«, a. a. O.

(26) Johann Behrens,»›Selbstverwirklichung‹ order: Vom Verblassen aller Alternativen zur Berufsarbeit. Umfragen und Fallstudien zur Krise der Arbeit in Familie und Erwerbsarbeit«, in: Hans-Joachim Hoffmann-Novotny und Friedhelm Gehrmann (Hg.), *Ansprüche an die Arbeit. Umfragedaten und Interpretationen*, Frankfurt /New York 1984 S. 117–135; Sennett, *Der flexible Mensch*, a. a. O.

(27) Robert Castel, *Die Metamorphosen der sozialen Frage. Eine Chronik der Lohnarbeit*, Konstanz 2000.〔『社会問題の変容——賃金労働の年代記』前川真行訳、ナカニシヤ出版、二〇一二年〕

(28) Luc Boltanski und Eve Chiapello, *Le Novel Esprit du Capitalisme*, Paris 1998 (dt.: Der neue Geist des Kapitalismus, Konstanz 2003).〔『資本主義の新たな精神』(上・下) 三浦直希他訳、ナカニシヤ出版、二〇一三年〕

(29) Pierre Bourdieu u. a., *Das Elend der Welt. Zeugnisse und Diagnosen des alltäglichen Leidens an der Gesellschaft*, Konstanz 1997.

(30) Castel, *Die Metamorphosen der sozialen Frage*, a. a. O.

(31) Alain Ehrenberg, *La Fatigue d'être soi. Dépression et société*, Paris 1998 (dt.: *Das erschöpfte Selbst*, Frankfurt/M. 2008).

(32) ドイツでは以下を参照。Jörg Frommer, Martina Knüfermann, Christian Krause und Diana Wittig, »Angst und Depressivität im Ost-West-Vergleich. Eine inhaltsanalytische Studie an psychotherapeutischen Erstinterviews«, in: Aike Hessel, Michael Geyer und Elmar Brähler (Hg.), *Gewinne und Verluste sozialen Wandels. Globalisierung und deutsche Wiedervereinigung aus psychosozialer Sicht*,

Opladen/Wiesbaden, S. 212–221.

(33) Georg Simmel, *Philosophie des Geldes* (= *Georg Simmel Gesamtausgabe*, Bd. 6), Frankfurt/M. 1989, S. 552.〔『貨幣の哲学』居安正訳、白水社、二〇一六年、四四六頁〕

第10章　資本主義的近代化のパラドクス[1]
――研究のためのプログラム（マーティン・ハルトマンとの共著）

過去一五〇年の間、資本主義社会の発展過程に対して、次のような図式を用いて分析することが自明のこととなっていた。その図式とはすなわち、肯定的に評価された合理化あるいは解放のプロセスが、遅延、妨害、さらには植民地化をすすめる経済的な構造的関係とのあいだにある矛盾に繰り返し陥るとするものである。確かに、時とともにこうした種類の合理化過程あるいは解放過程が意味する内容も、規範的に次第に豊かなものとなってきたが、資本主義的な価値増殖システムによる構造的制約という考え方のほうも、同時に維持されつづけてきた。そして、生活世界のコミュニケーション的合理化という強固な論理が想定された場合でさえ、主要な発展の図式は、経済的な機能法則が支配する自立化する世界に対して、ますます深まる対立傾向を描き出したのである。しかし今日、西洋における資本主義的近代化の新しい展開について研究しようとする者は、これまで使い古してきた分析モデルの欠点にただちに行き当たることになる。文化と経済の境界、生活世界とシステムの境界を明確に決することができないだけでなく、今日、規範的に進歩であると見なされてきたものが、以前の時代よりはるかに疑わしいものとなっているのである。混乱の要因、まさに現状が抱える困難は、おそらく以下の点にあると考えられる。すなわち、過去数十年の規範的な主導理念は、確かにこれまでのところ実現に伴う有効性を持っていたのが、その背後では、そうした理念がいたるところで新たな段階に突入した資本主義的拡大をただ単に正当化するだけの概念に成り下がってしまい、そのために理念の解放的意味が失われたり、あるいは変質させられたりしたのである。私たちは、以下の考察で変化を被って先が見通し難くなっているこうした資本主義的「近代化」の形態を追究しようと思う。その際、古びた矛盾の発展図式に代わり、パラドクシカルな展開を捉える発展図式を導入する。そしてこのことは、次のような特異な事態を指し示している。すなわち今日、過去数十年間の多くの規範的進歩が、資本主義を新自由主義に向かって解き放とうとする圧力の下で、社会の統合メカニズムの中に組み込まれることにより、脱連帯化と脱成熟化をもたらす文化という対立物へと反転してしまったのである。

I　資本主義社会の規範的潜勢力

私たちの分析の出発点は、第二次世界大戦後二〇年たった西洋の先進国において、国家によって規制された資本主義が生み出される歴史的時期にある。そしてそうした資本主義は、景気循環を安定化させる社会政策と経済政策の助けを借りながら、福祉国家的制度の創設を可能とした。社会民主主義諸政党が未だ政府における多数派の地位を占めていないにもかかわらず、社会民主主義政権が有する特徴が現れた上記の時期に、(2)教育、社会政策そして労働政策の領域では、機会平等の有効な形態を生み出すための諸条件が大きく前進したのである。むしろそれだけではなく、資本主義社会の規範的統合の核となるすべての領域で、これまで資本主義の構成要素と両立可能と見なされてきたものをはるかに上回る道徳的進歩がはっきりと姿を現した。こうした発展過程の概要を把握するために、当初から一体となって資本主義の規範的統合を実現してきた中心的な諸領域について、最初に言及することが有効であろう。その際、ごく大まかにではあるが、近代社会の進化に関するタルコット・パーソンズの記述に従いながらも[3]、さらにその印象深い描写に対して、規範的領域における相互行為の特徴及び正当化の特徴に合致するよう、承認論的解釈を与えることにしよう。パーソンズによって、近代社会において資本主義的経済システムの確立に成功したのはひとえに、（a）人格に関する中心的な観念として「個人主義」が、（b）法的な統治形式として平等の正義理念が、（c）地位の割当原理として業績主義の思想が、それぞれ同時に制度化されたことによる、と指摘されている。これらの想定を補完しながら、さらに以下のことも加え議論を開始しよう。すなわちそれは、（d）愛のロマン主義的理想によってユートピア的な避難所が形成され、それが利害計算の圧力にますます浸食されてゆく社会の構成員に対し、日常の道具主義から感情的に超え出る見通しを持たせるというものである[4]。

これら四つのどの領域も、当然のことながら空間的に隔離された区画ではなく、相互承認の社会道徳的な形式として知識社会学的にイメージされなければならないが[5]、そのおのおのがすでにして規範的潜勢力を有している。というのは、その基礎にある理念が社会的現実の事実性のなかでそれぞれ実現されているものよりも、より多くの正当な要求と義務を含んでいるからである。確かに、パーソンズは現実と規範的理念、事実性と妥当性の間のこうした緊張関係を近代的法と業績原理の二つの次元に関してのみ浮き彫りにしたのだが、私たちの考えでは、個人主義や愛といった近代の主要な観念に対しても同じような指摘をすることができる。そしてそれに対応して、西洋の資本主義社会は高度なダイナミズムを備えた社会秩序として理解されねばならず、その自己変革能力も、資本による終わりのない価値増殖命令だけではなく、それとともに生み出された新しい承認領域にある、制度化された過剰効力にも起因しているのである。また、こうしたそれぞれの承認領域の本質的な土台となっている道徳的理念に訴えかけることで、社会の構成員は体制化した社会秩序を超え出た地平を指し示す正当化可能な要求を主張し、その実現を求めることもできるのである。それはおのおの、主体に以下のことが可能だということを意味している。

1　主体は、これまで社会文化の中で適切に承認されなかった自律性のさまざまな局面あるいは真正性（Authentizität）の諸側面に実験的に言及することによって、制度化された個人主義の規範的約束を効力のあるものとすることができる。

2　主体は、平等な者の間で平等な存在として扱われるように、自分自身の構成員資格や生活状況の構造的側面に言及することによって、近代的法秩序の平等理念の実現を要求することができる。

3　主体は、社会的再生産に対する労働の貢献によって、社会的なより高い価値評価やそれに結びついた物質的な報酬を手に入れるために、労働による貢献の現実的価値に言及することで近代の業績原理の規範的内容に実効性を与えることができる。

そして最後に、以下のことも可能である。

4　主体は、親密な関係性の制度化された行動において、これまでに適切な感受性や対応する応答が存在しなかったような欲求あるいは願望に関心を向けることにより、ロマン主義的愛の理念という道徳的約束の実現を要求することができる。

すでにパーソンズは、近代社会において社会的に制度化された正義規範の過剰効力が変革を促す潜勢力を有するが、それはとりわけその効力の過剰性が、所与の事実を正当化できない差別であるという道徳的含意を持つ事態として浮かび上がらせることに由来する、と指摘している。(6) 私たちはこのことから、所与の社会関係を道徳的に正当化されない不利な処遇、あるいは排除として主体が経験しうる少なくとも四つの承認領域の存在を推定することができる。個々に規範の過剰効力が表出する可能性は、資本主義的な価値増殖命令を政治的に中立化しうる程度によって測られる。つまり、国家が規制的な社会政策や経済政策の助けによって、資本蓄積の傾向を強く抑制することが可能となればなるほど、四つの領域で道徳的潜勢力の実現を要求し、場合によっては制度的に達成する機会が社会の構成員に対して拡大するのである。こうしたことから、「社会民主主義」の時代を、これまでにない規範的進歩によって特徴づけられる資本主義社会の発展の一段階であった、と捉えるのが妥当であると考えられる。実際、上述の四つの領域すべてにおいて、それぞれの領域における承認規範の拡張を示唆する道徳的発展がはっきりと姿を現しているのである。

Ⅱ 「社会民主主義」時代における道徳的進歩

上述の期間に見られた四領域における道徳的進歩を裏付ける指標を挙げるのは難しいことではない。二〇世紀の一九六〇年代後半以降に西洋のほとんどの資本主義国で確立された社会民主主義的制度は、さまざまな規範の高度化もしくは一般化を成し遂げたが、そうした諸規範は、それぞれの規範に対応した過剰効力によって資本主義の文化の内部に制度化されていたものである。

1 社会経済的な転換のプロセスと文化変容の複合効果によって、社会民主主義の時代には制度化された個人主義は、実験的自己実現という理念へと高度化していった。この理念の中核には、生涯にわたって新しい、そしてそのときどきにほんもの（authentisch）と考えられた生き方を試そうとする思想が息づいている。というのも、一方におけるバランスを超えた収入の上昇と就業から解放された自由時間の増大、そして他方におけるロマン主義的人生観の急速な普及によって、ますます多くの人々が自分自身の生涯をもはや職業上の役割や家族内での役割を順番に引き受けるだけの既定の直線的な道のりではなく、自分自身の個性を実験的に実現する機会として解釈することが可能になったからである。[7]「個人主義」というものが、これまでは上流階級に限定された自律した生き方の理想に押し留められていたとすれば、今日ではほんものという理想の新しくより高められたヴィジョンの中で、社会のマジョリティを捉えるものとなったのである。

2　社会民主主義の時代の二〇年間で、近代的な法秩序以上に、はっきりとした形で道徳的進歩を成し遂げた領域は存在しない。つまり、文化的あるいは性的マイノリティの行動を禁止したり、処罰したり、あるいはタブー視したりする法律上の差別が当事者の圧力によって取り除かれただけではなく、むしろ多くの場面で新しい自由権や社会権（労働法、刑法、家族法）が創設され、それらの権利によって個人の自律性の発展を支える経済的、社会的前提が改善されたのである。主観的権利の拡大と並んで、最初にこれまで排除の対象であった集団（外国人）が市民権を享受したり、あるいは文化的マイノリティの集団が新しい固有権（文化権）を手にしたりすることによって、法的平等の一般化が起った。総じてこの時期、社会構成員の法的自律はそれ以前のあらゆる資本主義の時代と比べ、適切に保護されていたと言えるかもしれない。

3　近代的な業績原理に関しても、この時代は道徳的進歩を経験している。その理由は、女性運動が業績原理の男性的・産業主義的解釈に対する問い直しを大衆に広く影響を及ぼすような形で行ったことにある。たとえ女性運動の反抗や異議が直接的に制度上の成果に結びつかずとも、すくなくとも子育てや家事労働を「業績」として評価し、それに応じた物質的承認が与えられねばならないという観点から、社会の再生産に対する価値ある貢献と見なす傾向が顕著となった。しかしこれと同時期に、社会的な機会の平等を保障する条件を改善するという目的を共通にもつ教育政策上の多種多様な改革も着手された。そして教育制度の浸透性を高め、出自による障壁を解体する試みにより、個人が首尾よく業績獲得競争に参加できる可能性が高まったのである。

4　最終的にこの時期に、親密な関係は社会的あるいは経済的な外的規制による最後の残骸から解放された。とりわけ全般的な所得の上昇を前提として、主体はパートナー探しに際して完全に自分自身の感情にのみ従うことが可能となった。そして「純粋な関係」[8]が確立されることによって、婚姻による社会移動の増加だけでなく、それと同じ速さで核家族の「脱制度化」も進行した。親密な関係は感情的価値のために取り結ばれるのであり、もはや生活状況の安定あるいは子育てのためではなくなったのである。

Ⅲ　新自由主義的革命

「社会民主主義」の時代の規範的成果について論じたのちは、次の段階として経済発展、とりわけ一九八〇年代初頭以降、国家によって制御された資本主義の多種多様な統合機能における脱正当化を促した経済発展について問題にすべきであろう。私たちはこうした経済発展を「新自由主義的革命」というキーワードで要約しているが、それは一方で産業社会学の研究領域においてしばしば確認されている経済的な価値増殖のプロセスの転換を焦点化し、他方で「新しい」経済的組織構造と結びついた評価規準の社会的行為領域への拡張にもねらいを定めている。ただしこうした行為領域は、「社会民主主義」の時代にはすでに論じた規範原理の観点から直接的、経済的な価値増殖の強制力に制限を加えたり、あるいは少なくとも方向転換をさせたりすることが依然として可能であった。資本主義は、こうした二重のパースペクティヴによって、一方では固有の運動法則に従う経済システム、パーソンズが常に強調したように[9]固有の方法で規範的に統合された経済システムとして説明され、他方では政治的、社会的制度を変化した経済構造に対する継続的な適応行動へと強制する社会システムとして論じられる。ここでは、新自由主義的革命という概念によって以下のプロセスすべてが描き出される。（1）（福祉）国家による制御活動が低下する結果、国家による保障政策がもはや戦後の時期に担保されていた水準を確保できない状態に陥る過程が明らかにされる。今日とくに、グローバル化に関する研究とかかわって、（たとえその際、グローバル化という概念が議論の余地がなくならないにせよ）[10]国民国家によって枠づけられた福祉国家レジームが弱体化した要因の分析が進められている。これとの関連で専門的な用語で言うなら、「脱組織化された資本主義」について時折議論されることがあるが、こうした資本主義の形成は、とりわけグローバル企業の勢力拡大、資金の流れの国際化、そしてさらに政治組織の社会民主主義的モデルがその拘束力を失う原因となった階級文化の絆の弱体化に起因している。[11]新自由主義的革命は、より強力な企業内的な視点からすると、（2）株主中心主義的な経営が拡大する過程として説明される。そしてそうした過程は、株主以外で企業に関わっている集団の影響力が低下するのに応じて、株主の企業に対する影響力が増大するという結果に至る。つまり、「株式市場の動きは、株主のメガネを通した企業価値を映し出し、それ以外のあらゆる関係者、たとえば被雇用者、銀行、地域、国家、下請け業者、顧客や末端の消費者に対して企業が創造する価値には関知しないのである」。[12]こうした資本主義は、「株主資本主義」と呼ばれている。私たちの観点からとくに重要なのは、（3）リュック・ボルタンスキーとエヴ・シャペロがマックス・ヴェーバーに依拠し、資本主義の「精神」と名づけたものにかかわる資本主義の転換である。こうした考察の出発点には、資本主義的行動というものは、それ自身の内部から動機づけの資源を満足な形で動員することができない、そのために正当化というものが必要とされる、といった想定がある。一方でボルタンスキーとシャペロの分析によると、一九三〇年から一九六〇年の間、大企業にとっての関心ごとは、従業員に長期にわたって技能上の経験を積む機会を提供すること、そして事情に応じて職員住宅、余暇センター、研修制度を設けることにより保護的な社会的環境を形成することであったが、それに対し現代的な資本主義的精神のあり方は「プロジェクト志向的」として説明されるものである。プロジェクト志向的な「正当化秩序」（プロジェクトによる採用（*cité par projects*）の枠組みでは、価値のある人材とは、個人的な高い適応性と幅のある柔軟性をもって新しいプロジェクトに関わることができ、すぐれたネットワーク能力を自由に操ることができる人物、そしてまた自律的で信頼に値する行動をとる人物のことを指している。[13] これと関連して、専門的な用語で言えば「新しい」あるいは「柔軟な」資本主義についての論議がなされている。こうした新しい資本主義について説明を行う際の重要な標識は、大企業の中で上から定められた数値目標を効率的に満たす能力にではなく、自己責任のもとで自分自身の能力と感情資源を個人に委ねられたプロジェクトに関する活動に投入する態勢にこそ求められる。こうして被雇用者は、労働力を所有した企業家あるいは自己自身の企業家となるのだが、その際、彼は外的な強制や誘因によって資本主義的行動への参加に強制されるのではなく、いわば自律的な動機づけに基づいて業務を遂行しているのである。[14]

私たちが提唱する命題は、今や以下のように定式化することができる。すなわちそれは、「新しい」「脱組織化された」そして「株主を重要視する」こうした資本主義が、先に区別して示しておいた規範を伴って構造化されている行為領域に影響を及ぼし、その行為領域において、制度化された規範的成果を部分的に反転させるような展開を引き起こす、というものである。ただしこの場合、私たちの認識では、現代の資本主義がこれらの行為領域に及ぼす影響に関する本質的な論点は、この影響は資本主義的な価値増殖命令が生活世界の行為モデルに対し植民地化的介入を行うという意味では理解しえない、という点にある。周知のとおり、経済的行為を単なる道具的な活動とする説明には繰り返し批判が寄せられているが、それはそうした説明が経済的行為に内在する規範的契機をおろそかにしているからである。しかしこうした体系上の論点とは別に、まさしく現代資本主義に関するこれまでの描写は、「資本主義社会は常に自分自身では再生産できない文化的外部条件に依存している」とする命題が依然として妥当性をもつということを示している。[15] ユルゲン・ハーバーマスが、前世紀の七〇年代初頭に『晩期資本主義における正統化の諸問題』に関する研究の中でこの命題を定式化したとき、それは以下のような時代診断的命題と密接に結びついていた。つまり、資本主義的行為に対する伝統的な動機づけの資源（「市民的私生活主義」と「家族的・職業的私生活主義」）が福祉国家的な保障給付の影響によって徐々に侵食されており、その結果、批判的意図の下でいっそう普遍的規準へと向かう道徳の観点にたって、後期資本主義社会（晩期資本主義社会）を依然として貫く資本と労働の矛盾から正当性の装いをはく奪することが可能である、という命題である。こうした解釈によると、後期資本主義は階級形成を行う「潜在的な」敵対関係[16]という意味において、また必然的に以下のような事態を帰結する発展の論理という意味において、矛盾した存在なのである。その発展の論理の帰結とは、福祉国家によって制御された資本主義という基礎の上で推し進められる脱伝統化の傾向が、この段階の資本主義に典型的な不平等と不公正を自己破壊的に暴露するという事態である。

今や容易に推測できるように、ここで主張しようとする仮定は、現代資本主義が新しい動機づけの資源を動員することに成功したという事実に由来している。しかも、その動員は福祉国家のエージェント自身に向けられた批判の上に立脚し、そしてまたテイラー主義的あるいはフォーディズム的な労働の仕組みに対する批判的異議を顧慮して達せられたものである。言い換えれば、「新しい」資本主義がかくも成功を手にすることができ、また自らと結びついた価値増殖命令の政治的中立化を無効にできるのは、以下のことがらに対して少なくとも寄与するように思われたからである。すなわち、新しい資本主義が己れの秩序にしたがった統合のモデルとして、社会的に影響力のある利益団体の観点からは、少なくともみかけのうえでは、社会民主主義の時代に制度化されたいくつかの成果を変化した社会経済的諸条件の下で維持することに対して、あるいはそれらを現代化された形式へと変化させることに対して寄与するように思われたのである。五つ目の節で取り上げる予定にしているいくつかのパラドクスの効果を生み出しているのは、まさに規範の負荷された社会的諸連関を経済化するこうした傾向なのである。というのも、今日ではいわゆる西洋の自己理解にとって本質的ないくつかの規範原理の名のもとで、資本主義が促進されたりあるいは正当化されたりしているからである。こうした考察の背景には次のような想定がある。すなわち、「新しい」資本主義の抱える矛盾や不安定化が価値増殖から程遠く連帯によって形作られる行為領域にも姿を現し、そのことによって複雑にして――私たちの求める言い方によれば――まさにパラドクシカルな方法で、こうした行為領域に分節化され制度化されている規範や価値の解放的意義を解体させることに一役買っている、という想定である。これらの矛盾は、もはや資本主義の矛盾として認知されない場合が多いし、またこうしたこと自体、すでに現代という時代の主要なパラドクスだと考えられる。それは主体が労働力を所有する企業家という役割の中で自己の運命に対して責任を引き受けるということを「学習してしまっている」からなのである。

Ⅳ　パラドクスの概念について[17]

ここでパラドクスという概念について、もう少し正確な限定を加えることが有益であろう。これまで述べてきたことから、私たちがパラドクスの概念を矛盾に対立する概念としてではなく、特殊な矛盾構造の展開を示すものとして導入していることは理解できよう。現在、矛盾として記述される経験的状況の多くは、規範的意図が現実的に効果のある形で反転することに端を発している。矛盾がパラドクスとなるのは、こうした意図をまさに実現しようと試みることによって、その意図の実現可能性が低下する場合である[18]。とくにそれが顕著な場合、意図を実現しようとする試みが、もともとの意図と相いれない諸条件を作り出してしまうことがある。こうしたパラドクスの効果を確認できるようにするために、ここでの主張にしたがって、規範的語彙に言及しておく必要がある。そうした規範の語彙の助けを借りることで、とりわけパラドクスの効果がある特定の「本来の」意図に関係づけられるのである。私たちが進めてきた考察の文脈において、こうした役割を果たすのは先に言及した四つの規範領域であるが、それらの規範領域は当然のことながら社会的闘争の開かれた成果として解釈されなければならないし、またこうした闘争の枠内で主体は人格的特徴、権利、業績、あるいは感情的欲求が承認され評価されていることを認識しようとする。しかし、こうした承認や評価をめぐる闘争が内発的あるいは強制的にパラドクシカルな効果を生み出すわけではない。むしろ、ここで「新自由主義的」革命という概念によって要約されるあらゆる転換のプロセスがこうした闘争の構造的制約として作用し、その結果、闘争の形態や闘争によってもたらされる帰結に変化をもたらすのである。ここでの前提に従えば、資本主義的な価値増殖へと強いる圧力を受けて、個人主義、権利、業績、愛に関する制度化された解釈モデルは、パラドクス以外には言い表しようのない形に変化するのである。

「古典的」矛盾概念のパラドクシカルな矛盾概念への転換に関連するのは、以下の三つの論点である。第一に、（a）パラドクシカルな矛盾に関する論議に際しては、社会発展における進歩的契機と阻害的契機の明確な対置関係を放棄する必要がある。パラドクスの効果は、まさにその内部で肯定的要素と否定的要素が混在することによって際立つ。つまり、その内部において状況の改善が複雑にも悪化という事態を伴うことによって顕在化するのである。私たちが主題として取り扱う矛盾は、まさしく次のような構造を有している。すなわち、解放的な語彙あるいは解放的な意図のもとで進められた社会制度変革の諸契機が、拡大する資本主義の影響を受けてその元来の内容を失い、またその結果、複雑にもそれらが抑止すべき価値増殖を志向する行為の論理の解き放ちを助長するのである。こうした文脈において重要なのは、病理的あるいは否定的な社会状態に対する診断可能性を否定することではない。むしろ、本来的に解放的な内容を指し示していた概念とのつながりを失うと、こうした状態の説明や読解はなされないということが重要なのである。さらに、（b）自己崩壊的な資本主義的価値増殖の過程を描いたモデルは、依然として「後期資本主義」の社会構成体に対する説明としては典型的なものであるが、パラドクシカルな矛盾についての論議はそうしたモデルがなくとも可能である。資本主義的な価値増殖のモデルと結びついたさまざまな不平等は、普遍主義的道徳の影響と、不平等に対する伝統的な正当化モデルが社会国家の主導によって崩壊させしめられたことに起因する影響とによって正当性を喪失する、とする仮定は、すでに示されていることだが、資本主義が不平等に対する新しい正当化を調達できないでいるという想定をも含意している。それに対して、資本主義のパラドクシカルな矛盾に関する論議は、「倫理化された」資本主義というイメージを前提にしており、そうした倫理化された資本主義とは、規範的な自己規定のための既存の語彙に立ち返ることにより、社会的不平等、不公正、あるいは不利益の新たな正当化を定式化することに成功しているというものである。また最後にパラドクシカルな矛盾というモデルは、(c) 現在の社会的闘争を階級理論によって再構成することを放棄する。ただそのことによって「新しい」資本主義に付随するいくつかの否定的帰結を階層あるいは環境に特徴的なものとして同定する可能性を拒絶するべきではない。しかし一方で、こうした形での同定作業は、パラドクスとして説明される資本主義に対する経験の仕方の多くが典型的に地位の高い従業員に当てはまるという事実によって困難なものとなる。また他方ですでに指摘したように、それ自体がパラドクスではあるが、社会的相互依存が増大しているにもかかわらず、主体はますます自分自身の振舞いを個人化したものとして進んで認知したり、あるいはそう仕向けられたりしていく。これら双方の要因によって、集合的主体を対置する矛盾の理論は経験に対する準拠点を奪われ、その結果、進歩的な行為主体と「反動的」な行為主体を安易に同定することができなくなるのである。

資本主義のパラドクシカルな矛盾に関する包括的な論議は、今日、自身に対しより強い説得力を要求するには、多くの面で補完され拡充される必要があろう。その必要が生じるのは、説明の対象となる資本主義の「圧力」が異なった行為領域に対して異なった作用を及ぼしているからである。ただしこの場合、以下の事実が重要となるだろう。すなわち、「新しい」資本主義はすでにそれ自身の内部において矛盾に満ちた構造化を経ており、そうした矛盾が非経済的な行為領域の内部に持ち込まれているのである。パラドクシカルな効果が明らかになるのはまさに、これらの行為領域に存在する主体がさらにこうした領域に特徴的な規範に照らして自己を認識する場合である(そしてこのことは、あたかも規範的に柔軟化された資本主義のいわば同意を伴っているように見える)。しかし、これはすべての関連性のあるパラドクシカルな矛盾を特徴づける構造ではないかもしれない。パラドクシカルな矛盾がどの程度正確に再構成されうるかは、いわばそれぞれの状況に応じて探究されねばならない。ここで提出する命題はただ、すでに現代資本主義の構造がパラドクシカルな矛盾を多く生み出しており、そのことによってパラドクシカルな矛盾という概念が一般的な説明手段として有効である、というものにすぎない。

V　資本主義的近代化のパラドクス

すでに述べたように、私たちの一般的な命題は、資本主義的経済システムの新自由主義的な構造転換は、以前にはいわゆる進歩の過程と言われたものをなるほど後退させることはないにしても、その機能や意味において持続的に変容させる圧力を行使するというものである。以前は個人の自律可能性の上昇として一義的に分析できたものが、資本主義の新しい組織形態の中では、社会的な脱連帯化を推し進める効果を有する要求、規律訓練あるいは不安定化といった様相を帯びるようになる。このことが個別にもつ意味を最終的にすでに分化を経験した行為領域をもとにして解明することにする。

1　ロマン主義的傾向を帯びた個人主義の社会的一般化は、社会民主主義の時代には、個人史における自由の増大をもたらしたという点で規範的進歩を意味したが、そうした規範的進歩は、新自由主義的な資本主義の構造転換の圧力の下で独特な形でその反対物に転換した。新しい解釈モデルは、単に生活世界における力を再び失ってしまったわけではないし、また柔軟性に対する要求に直面しその効力を喪失したということでもない。むしろ、そうした新しい解釈モデルは、多くの社会構成員の自己理解を規定するという、変わらぬ強い意味を保持しているのだが、資格要件や行動期待として経済過程に忍び込んだがゆえに、過去二〇年のうちに人知れず、その意味の方向性を変化させてしまったのである。今日、主体はそれぞれの職業への従事を社会的な義務の遂行としてではなく、実験的な自己実現の変更可能なステップとして理解しているという考え方に訴えかけることによって、企業の構成員であるという特権の解体、地位を安定化するさまざまな法的保障の取消、そしてより高度な柔軟性を備えることへの期待といったものが正当化されている。さらにそのうえ、創造的なことがらを実行する能力や人生経歴の流動性を求める職務上の要求を超える期待が、製造業やサーヴィス業における高賃金の仕事内容に結びついた資格要件の中にますます織り込まれている。新しい資本主義のイデオロギーやその生産活動の要素へと変化しはじめたロマン主義的個人主義の規範的な構造転換を伴いながら、被雇用者が職場や職場の同僚と長期的な絆を形成することがますます難しくなるという点で、連帯の喪失という傾向が現れる。加えて、変化した職業上の適格性では人生経歴において場所の選択、時間の配分、活動の種類に関して未決定の開かれた状態でありつづけることが求められるが、その結果、友情関係、愛情関係、そして家族形成においてさえも重大な負担にさらされることになる。いずれにせよ、ネットワーク資本主義は主体の行為能力に対する限りない要求によって特徴づけられており、そうした要求を通して、私的領域と職業及び公的領域との境界が曖昧になるのである。労働力を所有する企業家に対して、外部から課された生産規模を義務として達成するだけでなく、コミュニケーション的、感情的な能力、あるいは資源を投入しながら多少なりとも自己責任において設定したプロジェクト目標を達成する心構えも要求されている。こうした仕事に関わる限界のない活動が引き金となって、私的な行為領域と職業上の行為領域の分離が弱められる[19]。またそれと関連して、インフォーマルな「生活世界」における諸能力が職業上の目標のために動員される（経済合理性が今日では生活世界によって「植民地化」されていると言えよう[20]）。そのうえ、ネットワーク資本主義はこれまで価値増殖と無縁だった行為領域を経済化し、そのことによって業績とそれに対する給付の原則が、連帯によって形成されている非対称的な互酬性の領域にまで侵入するのである。こうした経済的なもののインフォーマル化とインフォーマルなものの経済化の帰結は多層的であり、この場で詳細に論究することはできないが、三つの現象をごく簡単に指摘しておきたい。〔第一に〕インフォーマルで感情的な能力が価値増殖を中心とした労働の過程に組み込まれ、経済的命令がインフォーマルな関係に入り込んだ場合、主体にとって間主体的関係における道具的局面と非道具的局面を適切に区別することがいっそう困難になる。言い換えると、ネットワーク資本主義において友情の関係は道具的な利害をも十分に見据えながら形成されるが、同時に一方では道具的な関係のほうもまた、友情の関係に変化を遂げるのである。そしてそうした意味において、友情に基づいた道具的な関係という見極めにくい中間的な形態が一般的なものとなる。そうした関係はまた、主体自身にとってさえも不明瞭なものと感じられる。なぜならば、他者が私たちに接触するときの「真実」の意図がどのような様相を帯びるのか、ほとんど見極めがつかないからである。さらに〔第二に〕、ネットワーク資本主義における主体には、確かにある意味、自分自身の「ほんもの」の利害関心を職業との関連でより熱心に追求することが求められる。しかし同時に、プロジェクトに応じて組織化された職場においては、あらゆる新しい要求に対し柔軟に対応できる「可もなく不可もない」パーソナリティに対価が支払われる。したがってここにも、「ほんものという理念」の元来の解放的な意味が資本主義的な価値増殖システムの正当化をはかる手段へと変容してしまった領域が存在するのである。被雇用者がもたらす個々の貢献に対し、企業内部で評価を行うことには困難を伴うが、そうした困難の具体例として、プロジェクトに応じて組織される仕事のシステムにおいて、個別にもたらされた労働の成果を記録することが依然不可能に近い、という事実を指摘することができる（ここではより深い議論を経ていない命題、すなわち、ほんものに対する要求は一般的には承認を得た形式においてしか発展しない、という命題を前提にしている)。それに対応して、被雇用者の貢献は彼ら個人の観点から見るとますます低くしか評価されない。つまり、「柔軟な組織では過去の功績に対する記憶の期間は極めて短く、そのことによって階統的秩序はまったく予想通りに不安定なものとなる。人に対する評価は、もはや人それ自身を対象としてはなされなくなり、代わって常に今ここにおいて提示される能力を鑑みて行われるようになる。それに呼応してこうした組織の内部では、例えば[被雇用者の(A・ホネットとN・ハルトマン)]過去の業績への評価から生まれる特別な責務が入り込む余地は、たとえわざわざ年齢や勤務歴を重ねるという道筋を辿ったとしても、もはや存在しないのである[21]」。そして最後に〔第三に〕、私的と公的、非公式と公式の能力や資源が混同されることによって、主体がその時々の自分自身の資格や貢献の価値を測り知ることを可能にしてきた多少なりとも客観性のある規準が失効する。例えば、コネクションを構築し安定化させる能力を、成績証明書や資格証書の形式に落とし込むのは至難の業である。またそのうえ、ネットワークは内部での評価を生み出しやすいが、そうした評価の価値はネットワークの外部では査定されにくい[22]。以下の考察で再度取り上げるが、こうして資格や能力の社会的価値が不安定化することにより、主体は本来の仕事の領域の外にあるアテンション・エコノミーの闘争において、表面的には見誤りようのない業績や属性に対する承認をよりいっそう強く求めるようになるのかもしれない(たとえば多くの露出症的なテレビトークショーに見られるように[23])。

2　先に論じた社会民主主義時代に手にした成果は、市民的自由の権利や政治的参加の権利をさらに確固としたものとし、拡大していくことにあった。それらの諸政策によって、一方では(例えば契約の自由を超えて)個人の自律可能性が高まり、同時に差別の禁止によって市民的自由権の土俵の上でもまだ可能性としてありえた不平等な取扱い事例が回避されるようになった。最終的に政治的参加権は不法な支配を抑止し、トマス・H・マーシャルの観点から言えば、市民的自由権を実際的に実現するための前提としてまず機能したのである。ここで私たちの考察にとって大切なのは、社会的な地位の権利というカテゴリーであり、それはマーシャルの有名な論考『シティズンシップと社会的階級』の中では市民的自由権、政治的参加権と結びついて、市民の地位の本質を形成するものである。社会的な地位の権利を福祉国家が制度化するということは、いわば政治的権利やその他の社会的な参加権は最低限の物質的給付がなければ現実化しない、ということを認めているのと同義である。マーシャルの論考ではこの場合、「請求者の市場価値に準拠して査定されることがない、実質的所得に対する普遍的権利」を生み出したのが、まさに社会的な地位の権利なのである。[24] 主体が業績に依存しない物質的給付を自由に享受できるようになってはじめて、多少なりとも同等の権利をもって本質的で社会的な制度や実践に関わることができるようになる。これとの関連で、二つの観点にとくに注目しなければならない。そのうちの一方は、市民の地位と結びついた権利の条件性に関する考察である。[25] 自由の権利と政治的な参加権は、前提としてある一定の生活水準を享受しうる場合にのみ実現可能であるが、そうした生活水準を主体はどんな場合でも自分自身で打ち立てることができるわけではない。そしてこのことに密接に関わっているのだが、二つ目に、社会的な地位の権利によって、主体はその都度の自分自身の生活状況に対して単独で責任を負う必要性からある程度解放される。福祉国家が扶助の制度化を行うということは、複雑な社会において社会的不平等がさまざまな初期条件と結びついている事実を認めることと同義であり、そうした初期条件の本当の性質に対し、主体がそれに応じて十分に対処することはほぼ不可能に近いのである。こうした意味において、社会権というのは力を付与し、負担を軽減する位置を占めている。現代社会を俯瞰すると、この二つの点で崩壊の傾向が見うけられる。福祉国家のエージェントが変容する過程で、社会権はある部分では広範囲にわたって解体した。しかしまたある部分では、請求を行うにあたり、支援を必要とするクライエントの物質的資源に左右される経済化した社会的サーヴィスに再び変化していったのである。この変容過程において、同様に請求の資格が再道徳化するという現象と、福祉国家による救済がパターナリズム化するという現象が確認される。福祉国家による給付を受けようとする者は、反対給付を行わねばならない。例えば失業の場合、どのようなものであれ提示された仕事は進んで受けるといった、そうした反対給付によってはじめて、請求者にその資格が与えられるのである。またパターナリズムの脅威は、社会的サーヴィスを請求する原理的根拠、すなわち義務の伴わない給付を請求する権利が自己責任の言説によって体系的に掘り崩されている領域全般において差し迫っている。福祉国家の給付が権利に基づく請求と見なされる可能性が少なくなればなるほど、以下のような危険性が高まる。すなわち、責任を負わない官僚機構の恣意性にこうした給付が委ねられるか、あるいは市民社会の諸団体がもっている安定的ではないが、せいぜい現在の苦境を解消するのに足りる人々の関心と寄付を誘引する能力に頼るか、のいずれかになってしまうのである[26]。しかし、自己責任の言説には第一に福祉国家のさまざまなエージェントから視線を完全にそらせてしまう傾向がある。この場合、こうした言説はクラウス・ギュンターが示したように、個人への責任の帰属が内的、外的な前提条件にどれほど依存しているのかを見過ごしてしまっている。ここで言う前提条件とは、主体が行為あるいは無為に対して正当にも責任あるものとして扱われうるために与えられなければならないものである[27]。これらの諸前提を顧みることなく責任の帰属がなされるとすれば、責任は一つの「命令」に転化する。そしてその「命令」がパラドクスという性質を帯びるようになるのは、社会がいっそう複雑さを増していくという条件下で、主体が自分自身の生き方のさまざまな局面に対し、もはや言葉の完全な意味において責任を負うことが事実上不可能であることが明らかになった瞬間である。(28) つまり、帰属される責任の命令的な性格は、個人が事実として責任を負っていない状況に対して責任を負わねばならなくなればなるほど強まっていく。こうしたパラドクスが強化されるのは、自己責任という考え方が元来、徹頭徹尾解放的な性質を享受していたためでもある。クライエントに対する身近な支援の要求へと向かい、またそれによって主体がもはや扶助を目的とする単なる社会的給付の受け手としてのみ見られる必要のない領域を浮上させたのは、確かに非人間的な福祉官僚に対する批判だったのである。それにもかかわらず、自己責任に基づく行為の諸前提と意味ある自発的行動の水準との間の最適なバランスに関する真摯な議論が展開されるより前に、自己責任言説が猛烈な勢いで公共圏に侵入してきたが、その言説は、自分自身の行動をとりまく社会的状況に対する個人的責任の範囲が以前に想定されていたよりも拡大していることを示唆していた。

ここで目を引くのは、ネットワーク型の資本主義的な構造の拡大に伴い、社会政策に関わって極めて大きな効力を有していた――多くの場合、国民国家によって構築された――責任共同体のイメージが崩壊していることである。しかしこうしたイメージにより、政治的あるいは文化的共同体への帰属意識に訴えかけ、再分配に伴うより大きな犠牲を一般に要求できるようになるのである。現在、ネットワークを実現した社会というイメージが社会の自己記述の重要な手段として浸透する程度に応じて、社会的なつながりに関するそれ以外のイメージが影響力を失っている。しかしながら、あらゆる社会的連帯のモデルはほぼすべて、「その中で恵まれない人々の不幸と幸福な人々の幸せを互いに関係づける」枠組みを必要としている。(29) ネットワーク資本主義のもとでは、市民が自らの活動、成果、失敗を個人化して認識する傾向が強くなり、その結果、より大きな全体性に対する関係性がほとんど成り立たないように思われる、というのが本論考の命題である。その主体に対してもたらされる帰結は、一方で自己責任への強制というパラドクシカルな概念によって特徴づけられるが、他方でそれは心理的な用語によっても把握されうる。すなわち、個人が自分自身の生活状況に対して負わねばならない責任が大きくなればなるほど、要求が過剰になるという危険性も高まるのだが、それに対してアラン・エーレンベルクは次のような主張を行っている。つまり、より高レベルの責任期待が課された結果として不満足感が高まれば高まるほどうつ病の罹病数が増加するのである。エーレンベルクによれば、「うつ病患者（Le déprimé）は壊れてしまった人（est un homme en panne）」である。うつ病患者は役に立たなくなったと思い込んでいる人であり、規則に違反した人、法的に約束されていた保護を奪われた人ではないのである[30]。

3　封建的あるいは前近代的社会では、地位の配分はとりわけ帰属の目印（出生、出自）によって行われたが、近代の産業社会の特徴は、普遍的規準に従って帰属主義的な地位の配分の仕組みを崩壊させることにある。とくに、パーソンズは以下のような指摘を行っている。すなわち、社会的な地位のいっそうの専門職化に伴って、理念に従って普遍主義的に形作られた業績原理が重要性を帯びるようになる、なぜならば、誰一人として、単に出生や出自のみを根拠として業績原理と結びついた努力から排除されてはならないからである、と[31]。このことから、業績原理が解放的な内実を備えていたことが容易に理解できよう。というのも、主体が個人の努力によってのみ成功を手にすることができる領域が拡大すればするほど、社会的な地位に機会平等に関われる領域も拡大するからである。例えば経済の領域に目を向けると、近代の産業社会に典型的に見られる「家計と経営の分化」、さらに雇用された従業員層の増大に利する「経済組織に対する所有者支配の進歩的な縮小化」といったプロセスが、業績を中心とした活動領域の全体的な拡大局面として特徴づけられる[32]。近代的な経営手法（そしてそれに応じて形成された経営者層）によって、多くの比較的小規模の経営体において長期にわたり特徴的に見られた家族的経営形態が縮小することで、家族経営に支配的であった人格的依存モデルから、より非人格的で、またそうであるがゆえに恣意性あるいはパターナリズムからより自由になった人間関係モデルに入れ替わることも可能となる[33]。その際、業績原理はこうして大まかに描き出した形態においても、すでにして厳しい社会科学的批判の対象となっていたことは疑いえない。パーソンズ自身も、個人がもっぱら生まれもった能力だけで同等の権利をもって市場競争のシステムに入り込むことができる、という初期の資本主義を支えた想定が幻想であったということがただちに明らかになった、と強く主張している。第二次世界大戦後に始まる教育制度の拡大とともに、市場の動向に関わるために役に立つ能力はひとえに「一連の社会化の諸過程によって媒介」されうるという考え方が姿を現した[34]。もちろん、こうした解釈は同等の権利に基づく業績志向的な市場競争への参加という社会民主主義時代に認められた前提が存在することを示している。より重要なのは、全体社会の秩序イメージとして業績原理が占めている位置に対して、イデオロギーではないかという疑念を向けるあらゆる批判の形式である。なぜならば業績原理には、体系的かつ規範的な論証を引き合いに出して不平等を正当化し、それゆえ、たとえば業績原理に従うことを放棄する「社会的な生産や分配」の代替モデルをも否定する傾向があるからである[35]。さらにそのうえ、現在までに以下のような優れた経験的な論議も存在する。すなわち、とりわけ指導的地位の世界では、出自や階層と結びついたハビトゥスの特徴が、業績による特徴を備え資格判定にもとづいた地位に対して優位しており、その結果、帰属主義的な地位配分が完全に克服されたとは言えない状況がある、というものである[36]。しかし、こうした批判的モデルによって正当性を付与する業績原理の力が衰えることはない。反対に以下のような事実を示す新しい研究も存在している。それによると、規範的期待としての業績原理は、以前と変わらず意識を形作る影響力を行使し、さらにそのことによって、社会的な分配や報酬支払の仕組みに対する評価の規準として機能しているのである[37]。業績原理への批判の一部も、なるほどそうした業績原理に結びついた普遍主義的規準の不十分な実現、あるいは制限を伴った実現を示唆している、と解釈しうる。言い換えれば、業績原理の解放的内容が、まさに業績原理に対する批判の文脈の中で保持されていることが往々にしてあるのだ。業績原理が全体社会の秩序イメージとして変わらず演じている一貫した肯定的な役割と並んで、政治的、経済的な言説が存在しており、その言説の枠組の内部では、業績の意味がますます重要性を高めている（「業績は再度、割に合うものとなるべきだ」）。重ね合わさった二つの状況がパラドクスの性質を帯びうるとすれば、それはまさに業績原理が経済領域の全域において、最後に残った現実的内容を喪失したという事実が示された瞬間であろう、というのが本論考の命題である。それに関連して、業績の不安定性と名づけうる事態を結果的に引き起こすさまざまな状況が存在している。一つに、業績の正義に関わる現象についての経験的研究において、市場における成功が、もたらされた業績に対する報酬のただ一つの規準として通用する傾向があるという事実がすでに知られている。言い換えれば、市場で首尾よく販売できる製造物やサーヴィスを生み出すために労働力を投入した者だけが、言葉の本来の意味において報酬を獲得するのである。こうした観点からすると、市場は「業績を評価する不可避の審級」として出現することになる[38]。そうなると、上述の方法で成功裏に利潤へと転換されなかった業績は、すべて不安定なものとならざるをえない。業績原理がこのように「市場化されている」ということが一つの命題であり、この命題は、個別の経験的判断の要素から独立して現代に対する社会理論的診断の基礎となっている。例えば、ジクハルト・ネッケルとカイ・ドレーゲは、市場はもっぱら経済的成果に対してのみ自発的な関心を抱くが、そうした成果が得られる方法に対しては「いわば『盲目』でかつ中立」でありつづけると見ている[39]。したがって、社会が「市場化」すればするほど、物質的あるいは象徴的な財の正当な分配規準として、偶然、遺産、幸運などといった要素が考慮の対象とされるのである。個別の領域で観察されうる分配規準のこうした市場化が、規範的期待の枠組として広範囲に渡って効果的に定着するかどうかを最終的に判断するには確かに時期尚早ではある。そうしたことは、偶然、幸運あるいは遺産といった要素が一般的に受け入れ可能な社会的不平等を正当化する構造に有効な形で組み入れられてはいない、ということにおそらく由来しているのかもしれない。だが、自分自身の業績の価値と地位が全般的に不安定化しているのは確実であり、そうした不安定化はプロジェクト型の資本主義のすでに述べたいくつかの特徴によりさらに強化されているのである。再度、ここでのいくつかの重要な論点に言及すると、客観的規準に基づいた雇用関係の締結が行われるかどうか、あるいはそれが人格的傾向に基づいて行われるか、明確でない場合が多いのである。それにはネットワーク資本主義にとって決定的に重要な能力（たとえば関係を構築する能力、信頼を生み出す能力、柔軟性など）を客観化するという一般的な困難がかかわっている。結局、プロジェクトの追求と結びついた名声の獲得は、ほとんど成績証明書や資格証書という「国レベルでの相当物」に対応していない。そのため、名声の獲得はさしあたってプロジェクトの内部にとどまるのである。[40] こうした諸要因を考え合せると、なぜ主体が今日、自分自身の貢献や業績の「真」の価値について確信をもつことが難しくなっているのか、その理由がただちに明らかになる。しかし、もしこうした意味で業績原理がその実際的な内容を変化させるとすれば、現在、政治的、経済的な議論を支配している業績をめぐる言説は、潜在的な解放の手段から、自己責任の言説と同じように、業績から解放された社会福祉の視点を掘り崩し、実際にはそうした可能性が現実には存在しないにもかかわらず、地位への参加の可能性を暗示する手段へと変容する。

4　ロマン主義的愛が交換関係という道具的世界に対立する情熱であるとする観念は一九世紀初頭に形成されていたが、[41] それはすでにして典型的なブルジョワ的空想の産物であった。確かに、始まりつつある世俗化の最初の徴候が増殖するように思われた歴史的瞬間において、感情的に経験される男女二人の関係性に対しては、それ以前においてとりわけ「聖なるもの」を侵犯した経験にのみ付与される体験的特徴が与えられていた。しかし、比較的長期に及ぶ関係や婚姻関係を同じ社会層のメンバーの間に強く限定化されるように配慮する、社会的利点に対する冷徹な感覚が、初期の段階から男性と女性の共棲的結びつきからなる通常の世界に対抗的なもう一つの世界にもその背後から溶け込んでいったのである。ところがロマン主義的な愛の観念が社会的に拡大することで、男女二人の関係の構築と維持をますます強く商品の消費に依存させる社会的行動が生み出されると、ようやくその瞬間、経済的関係という「冷たい」領域に対する境界が決定的にそれ自身の内部から崩壊することになった。そして二〇世紀の初頭以来、エヴァ・イロウズが説得的に示したように、愛はますます「事物化」され商業化された。というのは、主体が自身の情緒的な関係を象徴的に表現し、儀式的に社会的環境から切断するために、商品と贅沢品をますます用いるようになったためである。[42]ただし、イロウズが同じく明らかにしたように、主体はこうした次第に高まる商業化の過程にあって、経済的行動に巻き込まれるにもかかわらず、自分自身の感情を効用に対する戦略的な考量から自由にする能力を保持し続けている。むしろ、ほとんど名人芸の域に達する巧みさで、主体は情緒的な愛情に基づく関係を、したがって「純粋な」関係を瞬時の破綻から守り、すくなくともある一定の期間持続させるために商品の消費を利用できるように思われる。その限りにおいて、ロマン主義的な愛の観念の生成とともに承認規範として二者の親密な関係の内部に入り込む配慮の義務は、愛の戦術が経済化する過程で独自の力を保ち続けるのである。確かに私たちの確信によれば、社会民主主義時代における女性運動の圧力の下で、主体は以下のこと、すなわち、夫婦関係が強い協力関係という性格を帯びるようになること、そして家事労働や子どもの養育の不平等な分担について男性の側からも道徳的課題としてますます強く認識されるということ、に注意を向けるのである。しかし二〇年が経過し、今日では愛情における消費の合理性の新しい形態が生み出されることによって、こうした消費と感情文化の不安定な結びつきを解体へと強いるさまざまな傾向が顕在化している。一つに、新しい資本主義のネットワーク型の構造に典型的な脱領域的労働を強いる圧力の下で、比較的長期に及ぶ愛の関係や親密な関係が重い負担にさらされている。すなわち今日、時間という資源に対する要求の高まり、よりいっそう強くなる社会移動への期待、そして最後に、強い自己責任と感情的関わりの要求によって、「純粋」でただ愛情を土台としてのみ築かれる関係を維持するために必要とされる卓越した創造的能力を私的領域において発揮することが、よりいっそう困難となっているのである。しかし、消費に浸ったロマン主義的な愛の実践の趨勢として生じる空洞化に原因を負うのは、こうした構造的な強制力だけではない。むしろ、利益を志向する計算のモデルが親密な関係の中で支配的になり始めることにより、計算に長けた行為という企業家的観念を主体の自己関係に浸透させる資本主義の新しい「精神」が親密な関係性の細部にまで侵入しているように思われるのである。ただしこのことは今日、親密な関係が、ますますその関係が快楽や楽しみの増大に効果があるかどうか冷静に計算することによって受け入れられるようになったことを意味しているわけではない。反対に、新しい行動モデルとして生じてきたように思われるのは、次のような傾向、すなわちこうした愛の関係を形作る比較的長期に及ぶ機会が、それが常に短期的計画しか予想しえないキャリアにそった将来の社会移動への準備とどの程度両立可能か、という観点に従って計算を行う傾向である。もしそうだとすれば、確かに愛の中にある消費行動の形態に長期に渡ってそなわっていたものの、感情の力から自立してはいなかった側面が、今日、愛の最も内的な核の部分で優位を占めることになるだろう。すなわち、これまで不安定な関係を儀式的に継続させるためにパートナーが共同で求めてきた経済合理性が、彼らが互いを試算的に査定するための手段となるであろう。

原注

（1）これらの考察は、研究プログラムをさらに精緻化することに寄与するものであり、そのプログラムは、フランクフルト社会研究所において、同研究所のもとにある研究企画の理論的枠組みとして使用されることになっている。研究プログラムの基本的な概略は、アクセル・ホネット編の以下の著作で示されている。Axel Honneth（Hg.）, *Befreiung aus der Mündigkeit. Paradoxien des gegenwärtigen Kapitalismus*, Frankfurt/M. 2002.

（2）Ralf Dahrendorf, »Das 20. Jahrhundert – Bilanz und Hoffnung«, in: Dieter Wild（Hg.）, *Spiegel des 20. Jahrhunderts*, Hamburg 1999, S. 18.

（3）Talcott Parsons, *Das System moderner Gesellschaften*, München 1972, v. a. Kap. 5 und 6.〔『近代社会の体系』井門富二夫訳、至誠堂、一九七九年、第五章と六章〕

（4）Eva Illouz, *Der Konsum der Romantik, Liebe und die kulturellen Widersprüche des Kapitalismus*, Frankfurt/M. 2003.

（5）Axel Honneth, »Umverteilung als Anerkennung. Eine Erwiderung auf Nancy Fraser«, in: Nancy Fraser und Axel Honneth, *Umverteilung oder Anerkennung? Eine politisch-philosophische Kontroverse*, Frankfurt/M. 2003, S. 129–224.〔「承認としての再配分――ナンシー・フレイザーに対する反論」、『再配分か承認か？――政治・哲学論争』加藤泰史監訳、法政大学出版局、二〇一二年、一一七―二一六頁〕

（6）Parsons, *Das System moderner Gesellschaften*, a. a. O., S. 104.〔『近代社会の体系』、一二二頁〕

（7）Axel Honneth, »Organisierte Selbstverwirklichung. Paradoxien der Individualisierung«, in diesem Band, S. 202–221; Charles Taylor, *Das Unbehagen an der Moderne*, Frankfurt/M. 1995.〔『「ほんもの」という倫理――近代とその不安』田中智彦訳、産業図書、二〇〇四年〕

（8）Anthony Giddens, *Wandel der Intimität. Sexualität, Liebe und Erotik in modernen Gesellschaften*, Frankfurt/M. 1993, Kap. 4.〔『親密性の変容――近代社会におけるセクシュアリティ、愛情、エロティシズム』松尾精文／松川昭子訳、而立

書房、一九九五年、第四章〕

（9） 特に以下を参照。Talcott Parsons, »Die Motivierung des wirtschaftlichen Handels«, in: ders., *Beiträge zur soziologischen Theorie*, Neuwied/Berlin 1964, S. 136–159.

（10） Vgl. Michael Zürn, *Regieren jenseits des Nationalstaates*, Frankfurt/M. 1998, S. 64ff.

（11） Scott Lash und John Urry, *The End of Organized Capitalism*, Oxford 1987, v. a. Kap. 7.

（12） Martin Höppner, *Wer beherrscht die Unternehmen? Shareholder Value, Managerherrscaft und Mitbestimmung in Deutschland*, Frankfurt/M. 2003, S. 15.

（13） Luc Boltanski und Eve Chiapello, *Der neue Geist des Kapitalismus*, Konstanz 2003.〔『資本主義の新たな精神』（上・下）三浦直希他訳、ナカニシヤ出版、二〇一三年〕

（14） Vgl. Hans J. Pongratz und G. Günter Voß, *Arbeitskraftunternehmer. Erwerbsorientierung in entgrenzten Arbeitsformen*, Berlin 2003.

（15） Jürgen Habermas, *Legitimationsprobleme im Spätkapitalismus*, Frankfurt/M. 1973, S. 107.〔『晩期資本主義における正統化の諸問題』細谷貞雄訳、岩波書店、一九七九年、一二〇頁〕

（16） Ebd., S. 130.〔同上、一四九頁〕

（17） 以下も参照。Martin Hartmann, »Widersprüche, Ambivalenzen, Paradoxien. Begriffliche Wanderungen in der neueren Gesellschaftstheorie«, in: Axel Honneth（Hg.）, *Befreiung aus der Mündigkeit*, a. a. O., S. 221–251.

（18） Anthony Giddens, *Die Konstitution der Gesellschaft. Grundzüge einer Theorie der Strukturierung*, Frankfurt/M. 1988, S. 369.〔『社会の構成』門田健一訳、勁草書房、二〇一五年、三五三—三五四頁〕〕

（19） Arlie Russell Hochschild, *Keine Zeit. Wenn die Firma zum Zuhause wird und zu Hause nur Arbeit wartet*, Opladen 2002.〔『タイム・バインド　働く母親のワークライフバランス——仕事・家庭・子どもをめぐる真実』坂口緑／中野聡子／両角道代訳、明石書店、二〇一二年〕

（20） Vgl. Nick Kratzer, *Arbeitskraft in Entgrenzung. Grenzenlose Anforderungen, erweiterte Spielräume, begrenzte Ressourcen*, Berlin 2003, v. A. S. 236–239. クラッツァーはこの文脈で、ポスト・テイラー主義的合理化の「柔らかい」側面について議論している（S. 236）。

（21） Nicolas Dodier, *Les Hommes et les Machines. La conscience collective dans les sociétés technicisées*, Paris 1995, S. 341–342（Übersetzung M. H.). 加えて以下も参照。Kai Dröge und Irene Somm, »Spurlose Leistung. Zeit, Status und Reziprozität im flexiblen Kapitalismus«, in: *bios* 18 (2005), S. 368–374.

(22) Boltanski/Chihapello, *Der neue Geist des Kapitalismus*, a. a. O., S. 463.〔『資本主義の新たな精神』(下)、一八五―一八六頁〕

(23) Alain Ehrenberg, *L'individu incertain*, Paris 1995, S. 175ff.

(24) Thomas H. Marshall, »Staatsbürgerrechte und soziale Klassen«, in: ders., *Bürgerrechte und soziale Klassen. Zur Soziologie des Wohlfahrtsstaates*, Frankfurt/M. 1992, S. 66.〔『シティズンシップと社会的階級――近現代を総括するマニフェスト』岩崎信彦／中村健吾訳訳、法律文化社、一九九三年、六〇―六一頁〕

(25) Vgl. Georg Vobruba, »Freiheit: Autonomiegewinne der Leute im Wohlfahrtsstaat«, in: Stephan Lessenich (Hg.), *Wohlfahrtsstaatliche Grundbegriffe. Historische und aktuelle Diskurse*, Frankfurt/M. 2003, S. 141 (同箇所にもマーシャルからの引用あり)

(26) ニコラス・ローズは、「再道徳化」の概念をとりわけ国家と市場を超えて展開する市民的アソシエーションによる援助の給付を鑑みて使用している。なぜならば、そうした給付はある特定の人格的特徴に対してのみ援助が差し向けられるからである。以下を参照。Nikolas Rose, *Power of Freedom. Reframing political thought*, Cambridge 1999, S. 265.

(27) Klaus Günther, »Zwischen Ermächtigung oder Disziplinierung. Verantwortung im gegenwärtigen Kapitalismus«, in: Honneth (Hg.), *Befreiung aus der Mündigkeit*, a. a. O., S. 117–139.

(28) Ebd., S. 128.

(29) Boltanski/Chiapello, *Der neue Geist des Kapitalismus*, a. a. O., S. 421.〔『資本主義の新たな精神』(下)、一三七頁〕

(30) Alain Ehrenberg, *La Fatigue d'être soi. Dépression et société*, Paris, 1999, S. 16 (dt.: *Das erschöpfte Selbst*, Frankfurt/M. 2008).

(31) Parsons, *Das System moderner Gesellschaften*, a. a. O., S. 140.〔『近代社会の体系』、一六七頁〕

(32) Ebd., S. 138 und S. 135.〔同上、一六四―一六五、一六一―一六二頁〕

(33) Boltanski/Chiapello, *Der neue Geist des Kapitalismus*, a. a. O., S. 55.〔『資本主義の新たな精神』(上)、四九頁〕

(34) Parsons, *Das System moderner Gesellschaften*, a. a. O., S. 123.〔『近代社会の体系』、一四七頁〕

(35) Claus Offe, *Leistungsprinzip und industrielle Arbeit. Mechanismen der Statusverteilung in Arbeitsorganisationen der industriellen »Leisungsgesellschaft«*, Frankfurt/Köln 1970, S. 9.

(36) Michael Hartmann, *Der Mythos von den Leistungseliten. Spitzenkarrieren und soziale Herkunft in Wirtschaft, Politik, Justiz und Wis-*

senschaft, Frankfurt/M. 2002.

(37) Sighard Neckel, Kai Dröge und Irene Somm, »Welche Leistung, welche Leistungsgerechtigkeit? Soziologische Konzepte, normative Fragen und einige empirische Befunde«, in: Peter A. Berger und Volker H. Schmidt (Hg.), *Welche Gleichheit, welche Ungleichheit? Grundlagen der Ungleichheitsforschung*, Opladen 2004.

(38) Ebd.

(39) Sighard Neckel und Kai Dröge, »Die Verdienste und ihr Preis: Leistung in der Marktgesellschaft«, in: Honneth (Hg.), *Befreiung aus der Mündigkeit*, a. a. O., S.105.

(40) Boltanski/Chiapello, *Der neue Geist des Kapitalismus*, a. a. O., S. 463.〔『資本主義の新たな精神』(下)、一八五―一八六頁〕

(41) Niklas Luhmann, *Liebe als Passion, Zur Codierung von Intimität*, Frankfurt/M. 1982.〔『情熱としての愛――親密さのコード化』佐藤勉/村中知子訳、木鐸社、二〇〇五年〕

(42) Illouz, *Der Konsum der Romantik*, a. a. O.

第Ⅳ部　精神分析的拡張

第11章　否定性の仕事

——精神分析の承認論的修正

精神分析における「否定性」の役割の問題という極めて複雑なテーマに対しては、まずいくつかのテーゼを立て、自身の考えの要点を可能なかぎり明確に表現するのが得策だろう。私は三つのステップを踏もうと思う。まず、批判理論が精神分析を必要とするいくつかの理由を略述し（Ⅰ）、対象関係論へと門戸を開くべき必要を、フランクフルト学派の前世代の代表者たちによる修正主義であるという非難と一線を画しつつ述べる（Ⅱ）。最後に、このパラダイム転換は高すぎる代償を払うことになるのではないかという問題を考察する（Ⅲ）。そう主張される理由は、これによってフロイトの本来の「とげ」というべき「否定性」が精神分析的アプローチから除去されてしまうから、というものだ。この最後のステップでこの小論のタイトルのきっかけとなった問題に言及することになる。しかし、前の二つのステップを踏むという回り道は、そもそも「否定的なもの」のもつ力という問題の位置価を明らかとするために不可欠なものだ。[1]

Ⅰ

フランクフルト学派の伝統に根ざす批判的社会理論が、依然として精神分析理論との密接な結びつきを維持している理由は、少なくとも二つある。だがこの根拠づけは、アドルノあるいはマルクーゼの著作という伝統を示して足りるものではない。今日の眼からみれば、ホルクハイマーが目指し、そしてフロムが実際に成し遂げた批判理論と精神分析の共同作業は、まったくの偶然の産物といえるようなものだった。当時、マルクス主義と精神分析を統合しようとする試みには広範な潮流が存在した。それらが目標としたのは、史的唯物論の社会理論的な核心を精神分析理論で補足し、精神分析理論によって革命的高揚の不在、すなわち社会統合の程度を説明しようとするものだった。つまり、精神分析が援用されたのは、抑圧された主体が自身の合理的利害関心を知覚することを妨げる心理的、無意識的拘束力を明らかにするのにそれが適していると思われたからだ。ファシズムが瓦解し、安定を取り戻した連邦共和国〔旧西ドイツ〕に研究所のメンバー（その一部）が帰還したその時点において、すでに社会文化的状態はかなり変化していた。解かれるべき問題は、プロレタリアートの心理的拘束ではなく、国民全体の独特な無力感と無抵抗ぶりであるように思われた。それでもやはり精神分析は補完的な理論戦略として推奨された。なぜなら精神分析は、主体の自我喪失、つまり個人の「危機」を、父親的権威の喪失がもたらした心理内部の結果として解釈するという見通しを、資本主義的市場の没落という想定とのつながりの中で与えたからだ。それ以後、現代史の経験の劇的変化につれ、精神分析と批判的社会理論を統合する必然性の主要な論拠もまた消失した。つまり、生活世界が急速に脱伝統化する時代において、主体はみずから個人化と自律化のプロセスを歩んでいるように思われる。となると、批判的社会理論は精神分析の構想を組み込んだうえで結局のところ何を説明する目標とすべきなのか、もはやはっきりしなくなったのだ。この二つの理論の融合への固執は、しばしば実験的手法に敵対的な因襲派であることの表明か、概念上の革新を無思慮に拒否していることの表現でしかないことがしばしばであった。結局のところ、批判的社会理論はいかなるタイプの学際性を有するべきかという問題についての回答はついぞなく、それは構想上の基本概念や説明されるべき事柄によって見定められることになる。それゆえ、ハーバーマスがコミュニケーション行為の理論の展開によって精神分析との密接な結合を断念し、その位置にピアジェとコールバーグに着想を得た発達心理学を置いたことも、以上の流れからはさしあたり、まったく首尾一貫したことだったといえる。この発達心理学はポスト慣習的道徳意識が貫徹される可能性を、指導的な基本諸概念と構想的に一致するようなかたちで説明するものだと捉えられたのだ。

批判理論は新たな段階にすすむたびに、自身にとって精神分析のもつ特殊な位置価をあらためて問うことが必要となるが、それは批判理論のもつこの内的歴史性のゆえなのだ。つまり、場所（フランクフルト・アム・マイン）と時間（一九二〇年および三〇年代）という点で多くの偶然的要素を含む歴史的経緯を除外すると、二つの理論的アプローチを統合する必然性はさしあたりまったく存在しないのだ。しかし批判理論が（ごく広義の）精神分析を必要とするということにはもっともな理由がある。ハーバーマスとちがい、私はそう確信している。ここでは一連の理由のうち二つを挙げるが、いずれも精神分析の理論構成が使用する主体のイメージに関係している。

（a）社会の批判的理論は、人間の人格に関する可能なかぎりリアリスティックで現象に肉薄した構想を規範的次元において必要とする。この構想はまた、主体の無意識的で非合理的なさまざまな拘束力にも適切な場を与えられるものでなくてはならない。そういった反省に抗う動機や情動を考慮しなければ、その理論はある種の道徳的観念論に陥って、個人の中の合理的能力を過剰に見積もる危険がある。今日に至るまで精神分析は、いかなる変種であれ、人間の合理性がもつ根本的限界に最大の注意を払ってきた。抑圧された衝動的な幻想、ずっと無意識にとどまる運命的拘束、意のままにならない情動の結合体など、いかなる形態であれ、精神分析ではつねに人間の人格のもつ無意識的衝動の諸力が考慮される。これらの諸力は、合理的熟慮に対し、ほとんど乗り越えることのできない一定の制限を課す。それゆえ批判的理論は、理性的道徳の諸理念についてまわるさまざまな幻想から身を守るため、精神分析の洞察に導かれた道徳的心理学によって補足される必要がある。この心理学において人間の人格は、不偏不党性という仮説的な立場に立つことを厳格に義務づけられた、いわば過剰な要求を課された存在としてイメージされる。過剰というのは、この義務にしたがえば人間は自身の生活をまっとうするという実存的基礎を無視せざるをえないからだ。それゆえ批判理論にとって精神分析は、ホルクハイマーがごく一般的に「唯物論」にみたのと同じ役割を、規範的次元においてはたす。すなわち、人間は無意識の運命的衝動、あるいは反省によって汲み取りきれないさまざまな拘束力によって、自身の代替不可能な生に縛られており、原理から導出されるいかなる理性的道徳も、このことを根本のところで配慮せざるをえない。精神分析はこの見方を堅持する。

(b) 規範的次元のみならず、説明的次元においても社会の批判的理論は精神分析による補足を必要とする。なぜなら精神分析は、人間の行為のうち反省の手を逃れた動機をもっとも顧慮しうるからである。この議論は、理性的道徳の観念論的傾向を視野においた先の議論と平行性がある。すなわち、社会的事象は、主体が言語化したものを超え、主体の無意識的衝動のはたらきや結合欲求の沈殿した諸行為の結果としても把握しないかぎり、適切に説明できない。ごく根本的次元において、行為者の意識の埒外にとどまりつづける情動や動機を社会的世界の内部で考慮しなくてはならないだろう。そのような不透明で自我から遠いところに位置する動機は、さまざまな不安、拘束の渇望、融合願望、征服幻想といったかたちで表現されるが、こういった動機を適切に考慮するには、生活史における無意識的情動の生成に十分目配りした心理学、社会化の理論が必要である。そしてこれまでのところ、この求めに応えられる理論として、種々のタイプの精神分析以上のものを私は知らない。

ここでまさに問われることになるのは、ここまで素描した課題を今日最良のかたちで果たしうるのは精神分析のさまざまな変種のうちどれなのか、ということだ。私の考えるところ、回答の基準となるのは、精神分析のさまざまなヴァージョンのうち、社会のもつ社会化の環境全体をもっとも考慮しうるのはどれか、ということだ。この基準の別の定式化を試みるならこうも言えるだろう。批判理論を補完する心理学の最有力候補は、精神分析の中でも、その根本概念を社会理論的範疇へ相対的に縫い目なく翻訳しうるものだ。第二のステップにおいて、精神分析のうちでも対象関係論がこの課題にもっとも適していると思われる理由をいくつか示す。

II

まず対象関係論の基本的考えを手短に紹介し、そのうえで、この理論が今日、批判的な社会理論との学際的共働に特に適しているといえる理由を述べる。また、三〇年前にアルフレート・ローレンツァーとユルゲン・ハーバーマスが試みた修正は十分な地点にまで達しなかった。それは、この試みが全体としては間主体性の見地を精神分析的手法の方法論次元にしか及ばさず、そこに含意された社会化理論の基本概念そのものの次元での妥当性を与えなかったためだ。この点についても、もちろん私はこの考察によって示すつもりだ。対象関係論においては、人間関係にまつわる病理の治療的分析から逆方向に推論をおこない、どうすれば他の人格への情動的結びつきの成功形態へと到達できるか、そのための諸条件が探求される。もちろん、このように精神分析内部で人間の行為のうち、人格相互の様相へと考察が集中できるようになるには、それに先だって一連の理論的衝突を経なければならなかった。その衝突の過程で、子どもの衝動生活の発達に関する正統派のイメージを疑問視できるようになった。フロイトとその直接の継承者らにとって、子どもの相互行為の相手はさしあたり、リビドーの固着対象となる程度に応じて意味をもつだけであった。この固着は、欲動の要求と徐々に芽生える自我のコントロールとのあいだの心理内的葛藤から生じる。そしてこの間接的、二次的役割以外では、関係人物のうち、母親にのみ独自の位置価が与えられる。なぜなら、嬰児の心理的無力感を抱く時期における母を失うのではないかとのおそれが、成熟期のあらゆる種類の不安の原因とされたからである。このようにして子どもの心理的発達のイメージが確立し、そこでは子どもの他の人格に対する関係は、リビドー的欲動の発達におけるたんなる一関数としか見なされなくなったが、この見解に最初の疑念を呈することになったのが、ルネ・スピッツの経験的調査であった。彼の観察によれば、母親の慈しみが欠如すると、たとえ身体的欲求の充足がすべて確保されていても、嬰児の行動に重大な障害が生じる。これは早期の子どもの発達にとって感情的結びつきが独自の意味を持っていることを初めて示したものだが、モリス・イーグルが『精神分析における最近の諸展開』で概観したとおり(2)、この見解は心理学的研究のさらなる調査結果によって支持され、確証を得ている。また文化人類学の実験研究でも、サルの嬰児といわゆる母親代わりの結びつきは、欲動の充足という体験から生じるとは言えず、「接触の快さ」の経験に由来するに違いないということが示されている。さらに、ジョン・ボウルビィの画期的研究の結果によると、人間の嬰児はすでに生後数カ月の段階で、それ以後のあらゆる形態の感情的結びつきの基礎となる対人関係の距離を縮めようとする積極的な心構えを発達させる。また、ダニエル・スターンは、特にスピッツとボウルビィの研究に触発され、母子の相互行為はきわめて複雑な過程で、そこでは両者が感情・情感を相互に共同体験する能力を相互的に習得することを説得的に証明した。

　これらの研究はすべて、戦後期イギリスとアメリカのような開かれた研究風土をもった精神分析の内部においても、相当の困惑をひきおこさずにはいなかった。というのも、これらの研究は、フロイト理論のエス－自我構造モデルとは反対に、言語習得以前のごく早期における相互行為の経験が、後にも持続する意味をもつことを示しているように思われたからだ。すなわち、社会化の過程が、小児が最初に関わる相手との情動的交渉の中で積む経験に決定的に左右されるのだとすれば、正統派の考えはもはや維持することはできない。というのも、正統派の考えでは、心理の発達はリビドー的欲動と自我の能力のあいだの《モノローグ的》関係が、順序を追ってさまざまな組織形態を採るものとされてきたからだ。結局、精神分析の概念的枠組みは根本的に拡大され、社会的相互行為を一個の独立した次元として取り込むことが必要となった。その相互行為内部で子どもは、他の人格との感情的な関係を通じて自身を固有の主体として把握することを学習するのである。この理論的帰結にはさらに治療的側面から次のような調査結果が付け加えられることになった。心の病を患う者のうちで、自我とエスの成分のあいだの心理内的葛藤が原因ではなく、子どもの独り立ちの過程で人格相互のあいだに生じた障害のみを原因とする者の数が増加したのである。境界性人格障害や自己愛性人格障害にみられるような病理に直面して、セラピストらは正統派のイメージとは一致しない説明の方向性をとることを余儀なくされたのである。この方向性は子どもとその関係者との相互的な結びつきに独立した意味を認めようとするものであった。

　以上のわずかな例証で概略を示したさまざまな課題に対し、概念的な回答を与えようとする最初の試みが、精神分析的な対象関係論である。一般化すれば次のように言えるだろう。子どもの心理的社会化の過程は、フロイトとその弟子が当初目にしていたのとはきわめて異なるものであった。すなわち、心理内的審級の構築、哲学的に把握すれば主体の自己関係は、子どもが段階的に相互行為の型を内面化するプロセスである。このプロセスの中で子どもは、母、父、兄弟姉妹、そして仲間集団と順番に遭遇する関係する人格との出会いの中で相互行為の型を学習しなくてはならない。したがって、心の組織化は相互的プロセスとして達成される。このプロセスにおいて成長する主体は、客観的に存在するさまざまな相互行為関係の独立性を承認することを学習するのだが、それは、主体が心の内部でこれらの関係を模倣し、さまざまなはたらきをする審級を自身の内部につくりだすことによってのみ達成される。

この最後の定式化から、対象関係論がなぜ批判的社会理論との共同作業にふさわしい学問分野であるかを読み取ることは困難ではなかろう。というのも、心的構造、エーリッヒ・フロムにおいてまだ性格構造と呼ばれていたものが、類型化されたいくつかの相互行為の型が沈殿したものと捉えれられ、それによって相互行為の諸関係の社会的諸形態に関心を寄せる社会理論との接合が容易に可能となるからだ。フロムの場合、社会的現実のうちで彼が精神分析的理論構成に関係づけることができるものの多様性の幅はさしあたりきわめて狭く見積もられていた。すなわち、それは父親と関わる態度のあり方に限られていた。なぜなら、この関係が性心理の発達の一定段階への固着の原因であるとされたためである(3)。それに対し対象関係論において、社会は、子どもがその発達の過程の中で順を追って関係をもち、段階的に克服しなくてはならない相互行為の型すべての中に登場する。子どもの対象関係、つまり子どもと具体的な他者あるいは一般化された他者との安定した相互行為は、いずれも社会的に類型化された形式を有する。そしてまた、内面化によって獲得された〔心の中の〕審級には、つねに社会的相互行為の諸関係の特定の構造が反映している。対象関係論と批判理論とのこの結合は、否定性という精神分析の棘を喪失する――少なくともおそらくアドルノはそういう見方をするであろう――危険とどう関連しているだろう、第三のステップで手短にこの問題について語ろうと思う。

Ⅲ

ここまでの叙述では、子どもの社会化は、相互行為の型を内面化するプロセスにおいて相対的に葛藤なく進行し、個人の心的構造には何の傷も残らない、といった印象を持たれかねない。たとえ、この社会化のモデルをそれにふさわしく再構成された欲動理論によって補完し、欲動が審級構成を促進するエネルギーだと理解されるようなっても[4]、葛藤の欠如というイメージは本質的に変わらないだろう。こういった構想への批判として、死の欲動というかたちであれ、内因的攻撃欲求というかたちであれ、つねに正統派の精神分析の中心に位置してきた否定的な諸力が過小評価されている、と主張することもできよう。すなわち、対象関係論との接合によって批判理論から人間の根本的な適応不全という洞察が失われてしまう、という主張である。アドルノは、その洞察こそ精神分析の中心的寄与であるとおそらくつねに把握していた。私の見方が正しければ、ここで提起された問題は、本質的に以下の点に収斂する。すなわち、あの否定的な力、あるいは枠を超えようとする人間の心理的傾向、人間の破綻したところといったほうがいいだろうか、これは人間の欲動のあり方の構成部分とどうしても考えなくてはならないものだろうか。それともこれは内面化として遂行される人間の社会化の不可避的な帰結ともみなすことはできないだろうか。この問題が決定的なのは、それによって対象関係論の批判的ポテンシャルが測られるからだ。というのも対象関係論も、例えばウィニコットの移行対象に関する考えにみられるように、次のようなことを認めている。すなわち、子どもは相互行為の世界が独立したものであることを承認するよう強制され、そのために癒し難い傷を受け、その傷は象徴的統一を再興しようとする傾向として生涯作用しつづける。それどころか、フランスの精神分析家コルネリュウス・カストリアディスにならって、そのような衝動こそ心の中の力の源泉であり、個々の主体はこれによってその都度の安定した自我の枠を超え、拡大された新しい相互行為を求めるよう、たえず強いられると理解することもできる。[5] もちろん、このダイナミックな否定性は私たちの欲動の付随物ではなく、私たちが社会化することの避けがたい帰結と把握される点で、正統派の把握とは決定的違いがある。だがおそらく、両者の差異は、精神分析が批判理論に対して有する規範的役割に関しても、説明的役割に関してもごく些細なものだろう。というのも、どちらの場合においても、次のような主体のイメージが生まれるからだ。すなわち、主体は、相互行為の世界が独立したもので、自身の意のままになるものではないことから過大な負担をおわされているため、破綻したかたちの間主体性しか持ち得ない状況にある。そして主体の中で無意識にはたらく結合願望、服従への憧憬、征服幻想などに関して、われわれが規範的ならびに説明的に考慮しなくてはならないものは、精神分析のどちらのバージョンにおいても同様に提示される。内因的攻撃衝動を人間に想定することに関してこの間、経験的にさまざまな疑念が呈されてきたが、[6] こういう事情を鑑みれば、あまりにも強い欲動理論を放棄することは私には意味があるように思われる。人間は死の衝動ないし攻撃衝動を根源的に備えているという想定を放棄しても、社会理論の批判的意図について失うところは少ないのだ。

原注

（1） Joel Whitebook, »Wechselseitige Anerkennung und die Arbeit des Negativen«, in: *Psyche* 55 (2000), S. 755–789（本書所収のジョエル・ホワイトブックに対する私の詳細な反論も参照）; Reimut Reiche, »Subjekt, Patient, Außenwelt«, in: *Psyche* 53 (1999), S. 572 ff.

（2） Morris Eagle, *Neuere Entwicklungen in der Psychoanalyse. Eine kritische Würdigung*, München/Wien 1988.

（3） Gunzelin Schmidt Noerr, »Zwischen Sozialpsychologie und Ethik. Erich Fromm und die ›Frankfurter Schule‹«, in: Institut für Sozialforschung (Hg.), *Mitteilungen*, Bd. 11, Frankfurt/M. 2000, S. 7–40 参照。

（4） たとえば Hans W. Loewald, »Triebtheorie, Objektbildung und pscychische Strukturbildung«, in: ders., *Psychoanalyse. Aufsätze aus den Jahren 1951–1979*, Stuttgart 1986, S. 193–205 参照。

（5） Cornelius Castoriadis, *Gesellschaft als imaginäre Institution*, Frankfurt/M. 1984, Kap. VI.〔『想念が社会を創る——社会的想念と制度』江口幹訳、法政大学出版局、一九九四年、第三章〕

（6） Martin Dornes, *Die frühe Kindheit. Entwicklungspsychologie der ersten Lebensjahre*, Frankfurt/M. 1997, Kap. 9 参照。

第12章　私たちのなかの私
——集団の駆動力としての承認

「集団（Gruppe）」の概念が非常に高い可塑性を持ちまさに異質な社会現象へと適用されうるにもかかわらず、それぞれの歴史的時代は、個々の特に目立った特徴を多くの諸現象から拾い出して、集団のその時代自身のイメージを作り出そうとする。自分のイメージを作り出す際に映し出される不安と期待、恐れと待望は、諸個人が相対的に安定した持続的な団体（Vereinigungen）へと繋がり合うそれぞれの時代に典型的な経験と不可分である。二〇世紀の激動の歴史を瞥見してみても、アソシエーションが様々であったことが明らかとなるのであり、これらのアソシエーションはいち早く普遍化されたある経験の圧力のもとで、社会集団の成立と拡大に結びついた。つまり、最初、匿名的で権威に従順な大集団の体験は、社会の注意を大きく引きつけたので、集団の概念はフロイトからカネッティを経てアドルノに至るまでほとんど完全に退行的な大衆（Masse）のイメージを与えられたのである。(1) 後に第二次大戦後に、この否定的なイメージはしばしばギャング、つまり若者による暴力団の小集団のカテゴリーに転用された。この概念が一般的に使用される時には、成長しつつある裕福な社会そのものから生み出された落伍者への不安が示されていた。(2) しかし、集団のそのような社会イメージの歴史のなかでは、二〇世紀において、否定的な類型化と並行して、社会的な団体の有益な効果への希望が表れる肯定的な形が生じることもあった。つまり、アメリカの社会心理学が社会集団や近隣集団の教化する機能を発見した後に、[3] またピアジェが子どもの道徳発達についての画期的な研究において仲間集団が持つ社会化する意味を指摘した後に、[4] すぐさま葛藤のない社会関係を明らかに保証すると見なされる社会的な第一次集団の存在に、過剰に強い期待が寄せられた。さらに今日では、コミュニタリアニズムの普及の結果としてこの理想化された集団に代わって、文化的共同体のイメージが現れた。この文化的共同体の価値がしみこんだ環境のなかでは、諸個人は、社会の単なる法関係においては到ることができないパーソナリティの強さを展開しうるとされた。[5]

諸集団がこのように時代に特徴的な形で様々に描かれたかもしれないとしても、その描かれ方は、それぞれの社会団体のありうるたった一つの性質のみを取り上げた上で、それをすべてを規定するメルクマールへと類型化するという形式上の傾向を持っていることで非常に似通っていた。つまり、集団の否定的な捉え方においては、自我を危機に陥れる、集団の退行的な特徴が普遍化され、その結果最後には集団の多くの社会的諸現象のなかから、ただ鈍感な大衆だけが残されたのである。それに対して、集団の肯定的な捉え方においては、自我を強化し洗練化する要素が理想化されたので、自律を喪失する危険は気づかぬうちに完全に視野から消え去ったにちがいないのである。そのような一面化されたパースペクティヴの形式において、これらの理論は、すぐに文学やメディアに反映されることになった社会的神話を形成することに貢献することでしばしば日常意識に影響を与えた。つまり、ここで社会集団の自我の発達に対する影響について支配的だったイメージは、ある程度、社会集団の一定の特徴に集中した科学的理論を方法的に抽象して選択的に流用したものだったのである。確かに、この過程から、閉じた循環という危険も繰り返し規則的に生じることになった。この循環は、日常的神話が科学調査に反作用を与えるものであり、科学調査はその一般的普遍化から部分的に日常的神話の資料を引き出したのである。つまり、研究者たちは、社会現象の一定の局面にだけ意識を切り詰めて従事したとき、矛盾的な仕方で、それが生まれることを無意識的に手助けした社会的神話の犠牲になったのである。集団研究に関しては二〇世紀の間じゅう、世間一般に広まった社会イメージが理論形成へこのようにコントロールできない仕方で反作用することが何度もあった。この点に関しては今日に至るまで、社会集団においてただ退行的な特徴か、またはただ自律を促進する特徴のみかを際立たせ、その両者が同一のメカニズムに根づいていることをそれ以上考えない傾向が支配的である。したがって残念なことに、精神分析の内部では今なお、集団のむしろ否定的なイメージが支配的である。つまり、フロイトの後継者たちは集団の存在をたいてい自我の弱さを補償する衝動から説明するのである。したがってこの点では、集団生活のなかで個人の心の原初的な層が再活性化される退行的過程にとりわけ注意が向けられる。それに対して今日、社会学や政治理論においては、言語、伝統、価値によって統合された小集団や大集団という、文化的共同体の現象によって完全に型どられた集団のきわめて肯定的なイメージが支配的である。したがってこの点では、個人に心理的な安定と統合を与えるという集団的アイデンティティが、支配的価値システムから逸脱する形式によって創られる過程に、もっぱら関心が向けられているのである。

双方の研究方向はこのように相互に相手を見ないことの結果としてもはや、自らの対象領域がどの程度それぞれのもう一つの傾向によって型取られているのかを、正しく認識することができないだけではない。精神分析が、諸個人か社会集団に巻き込まれていることがその自我‐力の役に立つことを認めなければ認めないほど、社会学的な集団研究において、集団体験のなかで早期の対象関係の無意識的な再活性化によって諸個人が脅かされうる危険を意識することもできなくなる。しかしより深刻であるのは、一面的な類型化が二つの学問分野の根本概念における結合を根底から妨げているように見えることである。つまり、それぞれの側で集団に入ることに対して決定的と考える動機がかけ離れているので、二つの完全に異なった社会現象があるという印象が生じるのである。この危険が今日うまく処理できるのはただ、社会集団を説明するための出発点となるカテゴリーとして最初の段階で否定的な選択肢や肯定的な選択肢に中立的に関わる術語が選ばれるときである。このことが可能であるために、集団は、その大きさや種類とは独立に、第一に、諸個人の人格的安定や成長を助けるがゆえに諸個人の心理的欲求や利害関心のなかにある社会的メカニズムとして理解されねばならないだろう。しかし、このように集団に支えられることを求めることは、社会化する結びつきやより後の社会経験の種類にしたがって、集団における無意識的な問題の程度を複合的に決定する様々な諸形式という形を取る。以下では、私は承認の概念に立ち戻りながら、箇条書き風にそのような統一的なカテゴリー構造を展開することを試みよう。最初に、個人が社会的承認の経験に依存することが、なぜ個人的主体が社会的集団化の様々な形態におけるメンバーシップを求めるのかの理由を説明するという前提を端的に示そう。諸個人がその成長の過程のなかで依拠する承認の一つ一つの形態は、求められた集団メンバーシップというもう一つの形態と分析的に細かく対応しているのである（I）。しかしながらこの出発点となる前提はまだ強い抽象化を含んでいる。なぜなら、それは、集団生活でたいていの場合効果を発揮する個人的な融合欲求を無視しているからである。したがって第二歩においては、私はドナルド・ウィニコットを参照しつつ、集団における体験をしばしば共に規定する退行的な傾向を論じることによって、集団の先ほど導入された理想化された像を訂正しよう（II）。しかしまたこの歩みでもまだ、集団概念を本当に完全に社会的現実に適合させるためには十分ではない。というのも確かに、集団におけるの振舞いは、コミュニケーション過程の病理化（Pathologisierung）に至り破壊的な結果を引き起こす無意識的な投影（Projektionen）やファンタジーからも影響を受けうるからである（III）。したがって、自我〔私〕（Ich）が集団という私たち（Wir）へと調和的に没入するという、出発点となる前提の根底に横たわっている理想化を一つ一つ撤回するという考え方を追求するのである。

I

集団形成の様々に異なった形態に関して私が示そうと思う考察には、人間の社会的発展とパーソナリティ成長という承認論的な構想がその根底にある。一方では対象関係論から、他方ではミードの後継者であるアメリカ社会心理学によって明らかにされた研究結果を総合しつつ、私は、主体の自我形成が、間主体的な承認の性格を持つ社会的反応行為を内面化する諸段階を通じて行われることから出発する。つまり、小児（Kleinkind）は、自分の相互行為パートナーの肯定し励まし力づける態度が自分のまだ不安定な体験に一歩一歩関わることによって、ある意味で肯定的自己関係の諸層からなる内的なパーソナリティの核を形成することができるようになる(6)。私たちが、自律能力の程度が増加する自己関係のそれぞれ異なった段階を分析的に細密に区別するとき、私たちはこの社会化過程をいっそう細かく差異化することができる。これら諸段階は、相互行為パートナーの数が増えるとともに、承認の振舞いもますます複雑で要求度の高いものになっていくことによって区別される。この承認の振舞いの内面化を通じて、成長しつつある子どもは自分自身の能力と権利との意識に到達するのである。そのような前提を基礎とするなら、内的に体験された欲求と希望を自分のパーソナリティから出た言葉で表現されるものとして把握することができるようになる、子どもの自己関係の最初の段階から出発することは、問題ないように見える。エリク・H・エリクソンが精神分析のために実り豊かなものとした適切な概念によって、自分の欲求（Bedürfigkeit）の価値についてのこの種類の基本的な安定性は、「自己信頼」として描き出される。[7] 通常は母や父である第一次的な準拠人格の安定した気づかいの態度（Fürsorgeverhalten）の内面化が成功することを通じてこのような自己信頼が形成されるならば、第二段階に到達することにもすでに、重要な相互行為パートナーのネットワークを拡張することが必要である。というのも、子どもは、自己信頼を越えて、他者の目の中で帰責可能な存在者として通用するという基本的意識からなる、肯定的自己関係の追加される形式を形成することを学ばねばならないからである。ジョージ・ハーバート・ミードとジャン・ピアジェに依拠した考察に立ち戻ることで、この段階の歩みについて推定されるのは、この歩みが他の子どもたちとともに実践される遊戯行為（Spielverhalten）を内面化する過程において行われることである。つまり、成長期にある者は、遊びにおいて、自分自身をその判断力が価値があったり信頼できると感じることができる相互行為パートナーとして経験することによって、自己尊敬（Selbstachtung）や自己尊重（Selbstrespekt）の最初の萌芽的な形式を発達させるのである。[8] 確かにこの過程には、他の家族構成員から、共通の意思決定にとってもはやその確信が完全に重要でないことはない主体としてだんだんと尊重される経験も関連している。最後に、自律形成のさらなる歩みが獲得される第三段階は、発生論的にけっして第二段階の終了後にようやくなされるのではなく、むしろ時間的にはそれと並行してなされる。というのも、子どもが自分自身の身体と精神的能力という価値の意識に最終的に到達するためになさねばならない間主体的経験は、子どもが、弱く一般化された他者との相互行為において自己尊敬の最初の形式を獲得する期間に、すでに一般的になされるだろうからである。[9] 概して、積極的自己関係の三つの段階——自己信頼、自己尊敬、自己価値感情——のこの区別は、個体発生的な連続という強い意味において理解すべきではないだろう。むしろ私たちが十分な根拠を持って想定できるのは、自己関係の三つのすべての形式がまだ分かれずにすでに両親の気遣いの態度の内面化において展開されうることと、その後になって初めて、相互行為パートナーがだんだんと差異化する過程において自分の体験における別々の局面として経験されることである。

人間の社会化過程のこの考察から生じるイメージは、個人化と社会化の交差という考えを含んでおり、この交差は、個人の成熟のための社会集団の位置価を推論することを可能とする。既に述べたように、段階的に差異化する承認態度の内面化は、子どもが次第に自らを、社会環境における権限のある構成員として見ることができるようになる自己関係の複雑な形式を構築することに至る。自律化の過程は、社会化の過程とある程度交差している。というのも、社会的に期待された規範と能力を満たすことができるのは、これらを自分自身の自己了解の実践的核となした主体だけであるからである。しかし肯定的な自己関係のそのような形式を保持しうるために、いやむしろ拡大しうるために、主体は、ある程度本来の承認態度の鏡となる社会集団において構成員となることを必要としている。つまり、自分の欲求のなかで、自分の判断能力のなかで、とりわけ自分の能力のなかで価値あるものと見なされる経験は、この経験が一般化された他者の匿名性のなかで力や活力を失わないためには、主体によって集団体験において常に再び刷新され再現されねばならないのである。つまり、集団は成人にある程度、直接的であるが身振りや言葉によって媒介された承認態度の再体験を許すのであり、この承認態度は成人が子ども時代に幸福な環境においては、その具体的な準拠人格の支持肯定する反応において読み取ることができたものなのである。[10] したがって、正当であると思われるのは、主体が自分の欲求、判断能力、様々な能力を直接的な相互行為において持続的に確認されているのを見る社会集団の構成員として承認されたいという、主体の全く当然のまさに自然な欲求から出発することである。

当然そのような集団は最初から、肯定的自己関係の様々な諸形式のなかのどれがその集団において承認の再現のようなものをとして経験されるのかによって区別されうる。自分の自己信頼を維持し時には強めることもまたなしうるために、主体は、友情と愛の関係によって本質的に与えられるような持続的な信頼される愛情（Zuwendung）という保護される経験を必要とする。ここでは厳密な意味の集団について語っているのではない。なぜなら、追求される間主体性はむしろ、融解（Verschmelzung）と分離（Ablösung）のバランスのなかで初期の共棲（Symbiose）の構造をまねているように見える一対（Dyade）の形態を持っているからである。いずれにしても、成人たちにも、親密なしばしば性的な色彩の緊密な関係の形において自分自身の欲求の価値を意識したいという衝動を想定することはそれほど突飛なことではないであろう。かつて体験された愛では獲得された自己信頼を一生涯にわたって保つには十分ではないので、主体はたいてい共棲に近い承認経験に繰り返し依拠することになる。[11] 私が「自己尊敬（Selbstachtung）」または「自己尊重（Selbstrespekt）」と名づけた種類の肯定的自己関係の場合には、事情は違っている。たいていの場合、主体は既に青年期の終わりにおいて、自分自身の判断形成の価値に対する信頼を、以前には仲間集団（Peergroup）のなかで得ていた具体的な誉め言葉から引き離すことを学ぶ。おそらく、自己尊敬のような感情を精神的に持続的に持つためには、国家公民の役割を次第に引き受けることでさえ十分かもしれないので、主体は未来において直接的な誉め言葉や確認から自立することになる。しかしこのような成功した結末が可能であるのは、非常にまれだろう。なぜなら、一般的に、国家公民的義務ととりわけ権利との経験は、必要な程度に自己尊敬を調達するためには、自分自身の生の営みにとって抽象的すぎるからである。したがって主体はしばしば、公共的な意識において法人格の身分を拒まれたところでは特に、それを埋め合わせる尊敬のようなものを作り出す、社会集団の構成員であることに依拠することになる。リチャード・セネットが作った表現に従えば、そのような集団は、責任と尊敬の独自なコード（Code）が支配的である「尊敬のカウンターカルチャー」[12]を形成する。したがって構成員の数が、直接的で見渡すことのできる相互行為をまだ許している規模を越えることはごくまれである。なぜなら、集団は諸個人を、励ます身振りや言葉という鏡において自分自身の判断能力の価値を意識することで助けねばならないからである。しかし小集団のこの範囲が越えられ、したがってフェース・トゥー・フェースの相互行為がもはや可能でないところでは、代わりとなる尊敬の規範が一般化された媒体となっている社会運動が重要な意味を持つ。具体的な承認の身振りの代わりに、そのような匿名的な大集団においては、構成員に距離を置いても補償となる尊敬を与えるのを助けるために十分に共棲的な力を持つ、集団に共有されたシンボルと儀式が現れる。

しかし疑いもなく、集団形成のもっとも肥沃な土壌をなすのは、以前に自己価値感情として描いた人格形成の段階である。というのも、自分の能力が他者の目から見ても価値を持っているという意識は、あまりに弱く力ないものにならないために、生涯の長きにわたって刷新される確認を必要とするだろうからである。確かにこの種の肯定的自己関係にとっての心理的基礎は、成功した社会化に既に早くも置かれている。なぜなら、両親、兄弟姉妹、同年齢の友人は普通は、成長する者にはっきりと、一連の価値ある才能と器用さを持っていることを知らせるからである。しかし学校に入り、後にとりわけ職業生活に入ることによって、自分の自己価値感情がその価値評価に依存している人々の数は著しく増加するので、侵害される可能性（Verletzbarkeit）が増すことへの反応として具体的な同意（Zustimmung）と確認もますます望まれるようになる。仲間の間で自分の能力に対する直接経験可能な価値評価を得たいという欲求のなかに、今日、集団形成にとって中心的なものと言えないにしても、一つの動機がある。諸価値の複数化とさまざまな副環境の成立とともに、この傾向はおそらく増加しさえする。なぜなら、諸個人にある程度匿名的に自分自身の成果の価値について知らせうるだろうような統一的な尺度が、全社会的にはもはやほとんどないからである。したがって現在、その存在がもっぱら一定の価値の観点の実践化に向けられており、その構成員に相互に自分の能力と才能を確認し合うことを許す組織された集団、またはインフォーマルな集団の数はもはやほとんど見渡すことができないくらい多い。そして、そのような諸集団の内部や諸集団の間でふつうに行われる競争は、このような種類の価値評価が序列における配置を前提しているという事実だけを表現している。

私が今まで承認欲求と集団形成との間の関連について行った短い考察は、まるでこれらすべての集団が無意識のダイナミクスから自由であるかのような印象を与えたかもしれない。集団生活の目標がすべての構成員に非常に透明であり、その動機が心理的健康に非常に役立っているように見えるので、無意識の力や刺激の影響は問題にならないという印象を与えたかもしれない。しかしながら、この最初の考えは、方法論的なフィクションの結果に過ぎず、このフィクションは集団形成の完全に無垢でいわば自然な衝動だけをまずもって単独に示す意図に拠っている。このイメージは、承認されたいという希望において、主体のコントロールの及ばない深層が主題化されるやいなや、既に決定的な観点で異なっている。というのも、ウィニコットによれば、子どもは、他者からの独立が承認される最初の歩みを示す、早期小児期の（früh-kindlich）共棲からの分離によって、一定程度過剰な負荷がかけられるのである。したがって後期成人期に至るまでに、主体は、他の主体からまだ分離していないものとして体験しうる融合（Vermelzung）の状態に時折陥る衝動を保持している。私が第二歩として示したいのは、すべての集団生活はある程度この傾向の特徴も持っていることである。しかし、その際、無意識的な刺激が重要であるかもしれないという事実からは、まだ、ここでは病理的意味での退行について語ることができない。

II

ウィニコットが彼の中心となる前提に与えた根拠は、最近では相当数の留保が付けられているとしても、基本的には簡単に理解できる。彼の論拠において、対象関係論の理論家は、私たちが人生の始まりに共棲的一体化の体験の局面を持つことを考慮に入れなければならないというテーゼから、結論を導き出している。つまり、小児がその心理的な力をそもそも母親（またはほかの準拠人格）の側からの安定した気遣い（Fürsorge）という早期の相互行為モデルの内面化という助けによってはじめて構成できるということが正しいならば、主体と現実との統一、すなわち差異のない段階が早期の相互行為モデルに先行しているように見える。この段階では、独立して体験される他者は問題となってないのである。精神分析が「最初期のナルシシズム」から「共棲」に至る多かれ少なかれ適切な多くの概念を示しているこのもっとも初期の段階は、嬰児が自分自身の衝動と刺激を準拠人格のそれらに対応する満足させる反応に融合しているのを見出すので、この愛情に満ちた体験において自分の自己と実在との間にはいかなる断絶もあり得ないと考えられねばならない[13]。したがって、新たに生まれた子どもは、単なる生き延びるという実践的意味においてだけ、自分の有機体的欠乏状態のゆえに、自分の最初の準拠人格の養育態度（Pflegeverhalten）や世話する態度（Betreuungsverhalten）に完全に依存しているだけではない。子どもは、自分自身の体験という営みのより深い意味においても、満足させる〔準拠人格の〕反応態度というその子どもを取り巻く環境からけっして分離しているのではない。ウィニコットは、この最初の共棲経験の鍵となる内的心理的な重要性を、小児にとってのみならず、原則的に成人にとってもまた確信しているので、彼は自分の精神分析理論を、自立的な現実性を次第にありありと思い浮かべることを初期幼児期においてマスターさせるメカニズムを説明することに主として費している。しかしそこでもおそらくすぐにもう一度強調されねばならないのは、その際彼にとって、引き剝がされた客観的な実在性の図式の認知的創造の過程ではなく、むしろただ、子どもが自分自身の願望的幻想から独立して準拠人格の現実性を愛情を持って（affektiv）承認することを可能とするメカニズムが重要であったことである。ウィニコットが小児のこの決定的な学習過程を説明しようとするために用いる仮説は、私がここではせいぜいただ少しの要約を与えうるにすぎない「移行対象（transitional objects）」というすばらしい考えである。[14] つまり、乳児は、玩具の一部分であれ、毛布の切れ端であれ、自分の親指であれ、自分の体験できる環境にある対象への非常に愛情に満ちた関係において、準拠人格にたいていい黙って容認されながら、自分の内的体験にもまた既に客観的な事実世界にも属さない独自の現実領域を作り出すのである。反対に、実在するかどうかという問題を立てる必要がない存在論的な領域としてすべての参与者から思い浮かべられることが、そのような「中間的な」体験領域の特殊性をなしている。

このような中間的な準拠客体の発見がなされる成長段階を考慮に入れれば、準拠客体が外的な実在性を喪失した母親の代理形成であるという推測が自然と思い浮かぶ。準拠客体は存在論的には一種の中間的性格を持っているので、子どもは両親の前で、自分の最初の共棲幻想を分離体験を越えてさらに生き長らえさせ、同時に創造的に共棲幻想を現実性において試すために準拠客体を利用する。しかしながら、この遊戯的－現実吟味的な適用方法において示されるのは、移行客体の機能が、融合状態において体験された母親の役割を共棲的に引き受けることのみに制限されないことである。子どもは、自分が選んだ対象に共棲的な優しさによって関わるだけではなく、同時に常に荒々しい攻撃と破壊という試みにさらす。そのことからウィニコットが結論として引き出そうとするのは、移行客体においては、融合しているという最初の体験と分離しているという経験との存在論的媒介項がある程度問題になっているにちがいないだろうことである。つまり、愛情を向けた対象との遊戯的関わりにおいて、子どもは、痛みを持って体験される、内的現実性と外的現実性との間の裂け目をいつでももう一度シンボル的に橋渡ししようとする。ウィニコットは、間主体的に受け入れられた幻想を形成する始まりが同時にそれに結びついているという状況からさらに進んで、広範囲に影響を与える結論を持ったテーゼに到達する。つまり、かの存在論的な媒介領域の形成は人間にとって生涯存続する課題の解決に拠っているので、この媒介領域は、成人が文化的客体化(Objektivationen)に持ちこんでいくだろう利害関心すべてが心理的に成立する現場である、というテーゼである。ウィニコットはこのことを、ある程度は思弁的に先鋭化して次のように言っている。つまり、「ここで次のように仮定する。現実受容という作業は決して完結することはないし、人間は誰もが内的現実と外的現実を関連させる重荷から解放されることはない。そして、この重荷の軽減は、正当性を問われない、体験の中間領域によってもたらされる(芸術、宗教等)。この中間領域〔…〕は、遊びに《夢中》になっている小さな子どもの遊びの領域と直結しているのである[15]」。

かくて、「移行対象」という着想によって、人間が共棲の最初の状態から離れていく隔たりを耐えるために、その都度作られた自我境界(Ich-Grenzen)から時折退行に陥る傾向を生涯持っているだろうという考えに至る。しかしおかしなことにウィニコットは、集団の間主体的生活を、そのような安堵させる退行を可能とする経験領域に数え入れていない。その際、集団生活の営みにおける一定の期間を、彼が芸術と宗教という文化的領域において発見するモデルと同じモデルにしたがって解釈することはありえたことだったろう。共通の実践のなかで集団構成員の間の心理的隔たりが消え始め、愛情ある一致の感情が増す場合においても、各々の参加者に対する、外的現実を自立した実在として受容しなければならないという圧力は一気に弱まるように見える。数時間や数日という共通の時間を集中して過ごしたのちには、だれもが集団から分かれることには急でエネルギーの大きな消耗があることを知っているだろう。その際、取り扱うのが難しい分離体験は、集団の個々の構成員には関係せず、一緒にいることの生産的な成果にも関係せず、したがって、以前に他者に対して作られた境界が一時的に取り払われる特有の宙ぶらりん状態にだけ関係する。その限り、ウィニコットの魅惑的な考察は、芸術や宗教と並んで集団の間主体性も、内的実在と外的実在との境界が融合する経験領域を形成するということに拡張できる。この中間的な領域が子どもの遊びから由来するという彼の指摘を真剣に受け取るなら、おそらく、集団における融合の体験は、大人にとって、小児の経験をもっとも直接的に反映したものであるとすら言いうるだろう。

ウィニコットの判断をこのように拡張することから生じる結論とは、集団における間主体的な生は一般に、構成員間の強かったり弱かったりする融合をもたらす、規則的に繰り返されるエピソード的な状態によって特徴づけられるということである。そのような集団的融合体験の多様性の幅がいかに大きかろうとも、それらはすべて、参加者間の一体感が次第に盛り上がり突然クライマックスを迎え最後に大団円に至るという同一の経過という形態を辿る。つまり、完全に思考を失い恍惚に体験される協働という昇華された形態であろうと、歓声を上げる大衆の中で身体的に共鳴するという比較にならない陶酔の形態であろうと、サッカー場であろうと、ロックコンサートであろうと、または遊びに没頭したように時間を忘れたワーキング・グループの隔絶された形態においてであろうと、集団生活のこの状態は常に、デュルケームが「集団的熱狂」の契機として特徴づけた、まさに祝祭的な融合という傾向を持っている。[16] 確かにその際、集団内においては、原初的な衝動と結びつく葛藤が燃え立ちうる無意識的な問題が関わっているわけではない。むしろ不規則に繰り返される融合は、そのもとで主体が相互に承認し合うことができる光を与える尊敬規範や価値をお互いに分け合っているという共通の感情を育むのである。

したがって、私たちが、成長した個々の主体は普通は、自分のパーソナリティの持つ価値が体験しやすい形態で反映されている集団に加わる衝動を持っているだろうと主張するとき、私たちはさらなる新たな歩みを進めることができる。つまり、集団において自己価値を確認することに依拠した諸主体が同時にまた、かつて作られた自我-境界の向こう側に解き放たれて落ち込む欲求に駆り立てられるから、集団における間主体的な生活は常に融合への傾向を持っているのだろう。しかしながら、普通にはそのような融合体験と並行してある退行的な衝動は、病理的な再原初化を指し示すものではなく、再獲得された心理的活力を表現するものである。というのも、すべての社会集団は、それらが間主体的承認の再具体化の機能を果たす限り、解き放たれた共通性の状態において、諸主体が自分の自己価値の確認を依存させている価値や規範をまさしく強化しなければならないからである。したがって、従来の精神分析の誤りは、この「健康な」退行現象を完全に、集団内において原初的なエネルギーがアイデンティティを脅かす仕方で再活性されたものと同一視したことにある。[17]確かに集団生活のそのような病理もあるにはあるが、しかし、それは、集団が自分自身の承認文化を刷新する期間限定の融合と同一視されえないのである。

そうすることによって私は、自分の論考の第三の、最も短い歩みに至る。今まで示された考察も、ある意味で方法論的抽象の結果である。というのも、私は退行的な傾向を考察する際にも、社会集団が目立った、いや病理的でさえある性格を持つ主題と葛藤からいつでも自由であるかのように扱ってきたからである。確かに集団の内部で典型的に生じる葛藤はたいていの場合、実際のところ、意識しやすく合理的に簡単に再構成される種類のものである。一般にその葛藤は、諸主体が承認された構成員であるために示し得なければならない個人的成果（Leisutungen）の解釈欲求とヒエラルキー化と関係している。集団の内部で序列をめぐる戦いがあるという事実から、くり返し、部分的連携と派閥化を促進しうる競争が生じる。結局、そのような断片化から、個々人にとって痛みのある、いやアイデンティティを脅かしさえするほどコントロールを欠きうる心理的ダイナミクスが出現しうるかもしれない。しかし、この葛藤は、私たちがある集団の病理を語るときに、意味するものではない。というのも、この葛藤は、個人の成果をヒエラルキー化しうる状況――集団生活を戦略的態度、怨念、嫉妬で満たすことに至りうる状況――から生じる限り、合理的な核を持っているからである。確かに、集団の融合状態から分離することへ強制することも、常に再び、個々の構成員に防衛反応や否定傾向をもたらしうる。なぜなら、他者の自立を新たに受け入れるという課題は、常に簡単に解決されうるわけではないからである。しかしながら、構成員が、完全に目立たないがまさしく標準化された疑似治療的な援助を十分なすことができないときにのみ、そのような個人的適合困難も、全集団生活の病理化をもたらすことになるのだろう。

Ⅲ

フロイトは、その大衆心理学の著作においてしばしば、集団生活そのものが、構成員を全能だと空想された指導者像へ従属することへと動機づける退行についての責任を負っていると示唆している。つまり、個々人の心理的欠点ではなく匿名の大集団の恍惚とさせる雰囲気が、個人のコントロール能力を消失させるのであり、したがって小児期の投影（Projektionen）が社会行為への衝動となりうるのである[18]。アドルノも、おそらくナチス的大衆の体験と関連させて、長い間そのようなイメージを基本的に固持していたように見える。社会心理学に関する彼の論文では、諸主体が集団体験において彼らの心理的エネルギーをほとんどコントロールできないという考察が決定的な役割を果たしている。[19] 亡命から帰還して数年して初めて、彼の理解は明らかに変化した。というのも、ホルクハイマーと一緒に執筆した『現代社会学の諸相』のなかでは、「集団」の見出しのもとで、本論で支持している見解とおおよそ一致する文が見出せるからである。つまり、「すべての人間性にとって自明な前提とは、人間の親密な近さであり、したがって直接的な人間的接触を可能とする集団への帰属である」。[20] この規定に従えば、服従への投影的な（projektiv）準備という病理的現象へと至るものは、集団自身の心理的状況ではありえない。むしろ反対に、個人的な人格障害は集団内において非常に不幸な結合に入るにちがいないので、相互行為関係全体は、すべての構成員が退行的に参加するという解決できない紛争の火種を背負うのである。フロイトとその何人かの後継者たちとは反対に、ケルンベルクが主張するように、集団過程は「一般的に」「個人的アイデンティティの脅威[21]」ではない。脅威となるそのような展開へと至るのは、個々の構成員の再活性化された原初的エネルギーが、すべての他者のコントロール能力を奪う流れに合流してからのことである。その際ダイナミックな役割を果たしうる個人的障害のなかで、私は特に影響があるように見える二つのことを取り上げたい。

第一に、集団の病理化には、発達段階の移行が不完全であるために原初的理想化の段階に留まり続けているパーソナリティ・タイプの増加が、原因であるかもしれない。バリントが書いているように、[22] おそらくそのようなタイプの諸個人は、「依存症的な（oknophil）」反応行為と結びついて彼らが全能を与えた愛の対象との不安のある結びつきを求める傾向がある。この心理的性格を持った構成員の数が、他者が教化する影響が弱まり無意味となる一定数を越えると、集団全体は感染や感化によって病理的な行動様式を展開しうる。つまり、構成員は、理想化された指導者像が全能にして全知であるが、それに対して自分自身は不十分で未熟で能力がないと身をもって知るのである。その指導者が理想像に永続的にはふさわしくないならば、それを否定することやその評価を下げることで対応し、その場合すぐに代わりとなる指導者を探すことになる。ヴィルフレット・ビオンはそのようなタイプの集団を、彼の啓発的な分類の枠組みのなかで「依存集団（Abhängigkeitsgruppen）」と呼んでいる――いうまでもなくその諸集団は、承認の経験しやすい緊密な文化を構成員に与える機能をもはや全く持っていないのである。

集団の病理化の第二の形式は、早期の軽蔑経験（Missachtungserfahrungen）やネグレクト（Vernachlässigungen）によって、ほとんどコントロールされない攻撃潜在可能性を持ったパーソナリティ・タイプの累積から導き出しうる[24]。このタイプの諸個人は、彼らの破壊的な空想を投影して、常に外敵に脅かされ包囲されていると考える傾向があるだろう。そのような空想がコミュニケーション的な強化と刺激を通して集団の残りの他の人々に広がり、より成熟した構成員が現実主義的な立て直しの手助けができないならば、このような集団も直ちに病理的な集合様式を形成するだろう。つまり、構成員たちは彼らのパラノイア的空想を守るために展開されたイデオロギーの論争に耐えられないので、下位集団へ分裂する傾向を強めるだろう。包括的な共通性と親近性は内的な敵意の集団的否定によってのみ再び形成され、そうすることによって外へ、すなわち敵へと向けられた攻撃の強度はさらに高められるだろう。ビオンによれば、不信、闘争、抹殺される不安は、彼が「闘争‐逃走‐集団」の概念によって示そうとする病理的な共同体化の本質的根本特徴である[25]。当然のことながら、この共同体化の存在は、承認のパーソナルな形式への欲求にもとづく諸個人の集団からは、考えられうる限り非常に大きく隔たっているのである。

おそらく社会集団の病理化のこれら二つのモデルによっては、このような歪みの持つありうる限りの多様性は汲みつくされえない。ビオン自身は少なくとももう一つの基本タイプを取り上げており、彼はそれを臨床的指標の基準にしたがって障害と考えた。(26) しかし、私の最後に企てた考察が意味したものも、できる限り完全な見通しを与えることではなかった。否定的逸脱を示すという間接的な道において、私はもう一度、私の議論の中心にあるテーゼを確保しようとしたのである。すなわち、自我（das Ich）は成熟した後でもまだ、直接的な励ましや確認という緊密な性格を持つ社会的承認の形式に依拠しているから、自我は共通の集団体験である私たち（das Wir）を探すというテーゼである。自我の自己尊敬や自己価値感情も、自我が集団において共有される価値の実践によってなされる支持される経験がなければ維持されえない。したがって、集団は、パーソナルなアイデンティティにとって脅威であるのとは全く違って、アドルノの言葉によれば、原初的な、「人間性の源泉」なのである。それに対して、私たちが集団生活において繰り返し観察することができる病理化は、個人的な人格障害の浸透によって引き起こされているものである。したがって社会の中における集団の状態は常に、社会においてその都度優勢な社会化諸条件に合わせて、良くなったり悪くなったりするのである。

原注

（1） Sigmund Freud, *Massenpsychologie und Ich-Analyse*, in: ders., *Gesammelte Werke*, Bd. VIII, Frankfurt/M. 1999, S. 71–162〔「集団心理学と自我分析」藤野寛訳、『フロイト全集　17』岩波書店、一二九―一二三頁、二〇〇六年〕; Elias Canetti, *Masse und Macht*, Düsseldorf 1960〔『群衆と権力』（上・下）岩田行一訳、法政大学出版局〕; Theodor W. Adorno, »Freudian Theory and the Pattern of Fascist Propaganda«, in: ders., *Gesammelte Schriften*, Bd. 8, Frankfurt/M. 1972, S. 408–433. ドイツ社会学における大衆の概念の意味については以下参照。Helmuth Berking, *Masse und Geist. Studien zur Soziologie in der Weimarer Republik*, Berlin 1984.

(2) ギャングというテーマは、フレデリック・M・スラッシャーの古典的な研究へと遡る（ders., *The Gang. A Study of 1313 Gangs in Chicago*, Chicago 1927）。このテーマは、ドイツでは、一九五〇年代にちんぴら（Halbstarken）の概念として再び取り上げられる。Heinz Kluth, »Die ›Halbstarken‹ — Legend oder Wirklichkeit«, in: *Deutsche Jugend*, November 1956, S. 415ff.

(3) 典型的なものとして参照。Charles H. Cooley, *Social Organization*, New York ² 1963.〔『現代社会学大系 4 社会組織論』大橋幸／菊池美代志訳、青木書店、一九七一年〕

(4) Jean Piaget, *Das moralische Urteil beim Kinde*, Frankfuet/M. 1976, bes. Kap. 3〔『ジアン・ピアジェ子供の道徳観』霜田静志／竹田浩一郎訳・解説、東宛書房、一九三六年、特に第三章〕

(5) たとえば以下を参照。Michael Sandel, *Liberalism and the Limits of Justice*, Cambridge 1982〔『リベラリズムと正義の限界』菊池理夫訳、勁草書房、二〇〇九年〕；コミュニタリアニズムの理想化に対する、精神分析に影響された批判としては、以下参照。Hinrich Fink-Eitel, »Gemeinschaft als Macht. Zur Kritik des Kommunitarismus«, in: Micha Brumlik und Hauke Brunkhorst (Hg.), *Gemeinschaft und Gerechtigkeit*, Frankfurt/M. 1993, S. 306–322.

(6) Vgl. Axel Honneth, »Objektbeziehungstheorie und postmoderne Identität. Über das vermeintliche Veralten der Psychoanalyse«, in: ders., *Unsichtbarkeit. Stationen einer Theorie der Intersubjektivität*, Frankfurt/M. 2003, S. 138–161.〔「対象関係論とポストモダン・アイデンティティ——精神分析は時代遅れだという思い違いについて」、『見えないこと——相互主体性理論の各段階について』宮本真也／日暮雅夫／水上英徳訳、法政大学出版局、二〇一五年、一九九—二三三頁〕

(7) Erik H.Erikson, *Identität und Lebenszyklus*, Frankfurt/M. 1974, S. 62ff.〔『アイデンティティとライフサイクル』西平直／中島由恵訳、誠信書房、二〇一一年、五二頁以下〕

(8) George H. Mead, *Geist, Identität und Gesellschaft*, Frankfurt/M. 1973, S. 248f.〔『精神・自我・社会』河村望訳、人間の科学社、一九九五年、二五一頁以下〕

(9) John E. Mack und Teven L. Ablon (Hg.), *The Development and Sustenance of Seif-Esteem in Childhood*, New York 1983.

(10) Owen Flanagan, *Varieties of Moral Personality, Ethics and Psychological Realism*, Cambridge 1991, Part II.

(11) Axel Honneth, *Kampf um Anerkennung. Zur morarischen Grammatik sozialer Konflikte*, Frankfurt/M., 2nd 2003, Kap. 5.〔『承認をめぐる闘争（増補版）』山本啓／直江清隆訳、法政大学出版局、二〇一四年、第五章〕

（12） Richard Senett und Jonathan Cobb, *The Hidden Injuries of Class*, Cambridge 1972, S. 79–89. 例が以下にある。Philippe Bourgois, *In Search of Respect. Selling Crack in El Barrio*, Cambridge 1995.

（13） Vgl. Donald, Winnicott, *Reifungsprozeß und fördernde Umwelt*, Frankfurt/M. 1984.〔『情緒発達の精神分析理論――自我の芽ばえと母なるもの』牛島定信訳、岩崎学術出版社、一九七七年〕

（14） とりわけ以下を参照。Donald Winnicott, »Übergangsobjecte und Übergangsphänomene«, in: ders., *Vom Spiel zur Kreativität*, Stuttgart 1989, S. 10ff.〔「移行対象と移行現象」、『遊ぶことと現実』橋本雅雄訳、岩崎学術出版社、一九七九年、一頁以下〕

（15） Ebd., S. 23f.〔同上、一八頁〕

（16） Vgl. Emile Durkheim, *Die elementaren Formen des religiösen Lebens*, Frankfurt/M. 1981, S. 296ff.〔『宗教生活の原初形態』（上）吉野清人訳、岩波文庫、一九七五年、三八九頁以下〕; vgl. auch Hans Joas, *Die Entstehung der Werte*, Frankfurt/M. 1997, Kap. 4.

（17） Vgl. Axel Honneth, »Angst und Poltik‹ — Stärken und Schwächen der Pathologiediagnose von Franz Neumann«, in: ders.: *Pathologien der Vernunft. Geschichte und Gegenwart der Kritischen Theorie*, Frankfurt/M. 2007.

（18） Freud, *Massenpsychologie und Ich-Analyse*, a. a. O.〔前掲、「集団心理学と自我分析」〕

（19） Adorno, »Freudian Theory and the Pattern of Fascist Propaganda«, a. a. O.

（20） Institute für Sozialforschung（Hg.）, *Soziologische Exkursen. Nach Vorträgen und Diskussionen*, Frankfurt/M. 1956, Kap. IV, hier: S. 64.〔『現代社会学の諸相――社会学理論の補遺』山本鎮雄訳、恒星社厚生閣、一九八三年、六六頁〕

（21） Otto F. Kernberg, *Ideologie, Konflikt und Führung. Psychoanalyse von Gruppenprozessen und Persönlichkeitsstruktur*, Stuttgart 2000, S. 21.

（22） Michael Balint, *Angstlust und Regression*, Stuttgart ^{4}1994, Kap. II.

（23） Wilfred R. Bion, *Erfahrungen in Gruppen und andere Schriften*, Stuttgart ^{3}2001, Kap. II.

（24） Vgl. dazu: Ferdinand Sutterlüty, *Gewaltkarrieren. Jugendliche im Kreislauf von Gewalt und Missachtung*, Frankfurt/M. 2002.

（25） Bion, *Erfahrungen in Gruppen und andere Schriften*, a. a. O., S. 52ff.

（26） Ebd., S. 89ff.

第13章　前社会的自己の諸相
──ジョエル・ホワイトブックへの反論*

ジョエル・ホワイトブックは「相互承認と否定的なもののはたらき」と題する論文で、多数の古典的理論のアプローチを支えとして次のように主張し、いわゆるハーバーマス派を強く非難する。すなわち、批判理論の間主体主義的転回は、社会化理論の観点からすると不可避的に体制順応主義へとつうじ、これは主体と社会の不適合という考えを犠牲にし、したがって、ホッブズからフロイトにいたるまで意識されてきた個人の自己がもつ「否定性」というテーマを見捨てることになる[1]。著者自身によって対照されているわけではないものの、その議論の意図と展開の仕方は、約五〇年前、マルクーゼとアドルノが精神分析における「修正」に対しておこなった批判を想起させる。当時はフロイトの欲動理論を放棄することが体制順応主義への傾斜の証左だとされた[2]。今日、体制順応主義的傾向の指標だとされるのは、主体が非社会性をもつという考えからの決別である。この評価の根底には無論、批判的社会理論の課題についての一定の考えがあるのだが、この考えはまったく自明なものとはいえず、別の正当化を必要とするものだ。というのも社会理論が「批判的」であるのは、自身が前提とする社会化理論において、個々の自己と社会秩序のあいだに構造的な葛藤が存在し、この葛藤は主体の「否定性」というかたちで発現するという想定を出発点とする場合にかぎられるなどと、どういう理由でいえるだろうか。とはいえ、このメタ理論的問題については私の反論の枠外とし、ジョエル・ホワイトブックにとってもともと重要であったであろう論点に絞ろうと思う。すなわち、私たちは人間の中に根絶しがたい「否定性」の源泉とみとめられるような前社会的本性を想定すべきか否か、想定するとすればどのような仕方であるべきか。これが私の反論の中心となる問題である。もちろん以下、私が語りうるのは自分自身についてのみで、ホワイトブックが「ハーバーマス派」とかなりあいまいに示しているだけの人々全員の立場を代表してその概略を述べることができるわけではない。ともあれ、批判理論の伝統を方向性として共有しつつも、その時代に即した現代化の理論的手段のイメージについてはもはや考えを同じくしていない長年の友人との、こうした事柄をめぐっての対決は、私にとって重要だ。

I

ホワイトブックがその議論の様々な次元で擁護しようとしている中心的な関心事は、論文を一読しただけで明らかだろう。それは次のようなものだ。批判理論の間主体主義的転回の過程で、人間の主体性とは承認という社会的過程に完全に依拠するものであると考えられるようになったが、それは即、主体が前社会的性質をもつという仮定の理論的余地が失われることを意味する。だがそれにより、否定的なものという、あたかも自然であるかのような力を人間個人の中にみとめる可能性も同時に失われてしまうというのだ。この力は、社会からのいかなる影響も受けず、不適応、抵抗、反抗をもたらすものだとされる。この主張のわかりやすさはもちろん最初の印象だけで、正確な理解のためには、いくつかの部分に分解し、それぞれ別個に検討する必要がある。私の見るところが正しければ、ジョエル・ホワイトブックはその議論の過程で、個々の人間において発生論的に承認の過程に先立ち、それゆえに前社会的潜在力といえるような否定性なるものについて、三つのまったく異なる把握を提示している。便宜上、私はこの三つの選択肢を、テキストの中でそれぞれの把握を主張する際に理論的参照点として引き合いに出された古典的思想家の名で呼びたいと思う。ホワイトブックの論文では順番にホッブズ、カント、フロイトの思考のモチーフが援用され、間主体主義的転回によって視野からこぼれおちようとしている個々の主体における「前社会的」層に注意が喚起される。

(a) ホッブズにならって、ホワイトブックは人間にある種の自然的攻撃性を想定している。この攻撃性は、他の人間に対する原理的に敵対的な態度としてあらわれ、社会による社会化のいかなる形態によっても完全に統御しきることはできず、ましてや克服は不可能である。むしろ、資本主義的市場の制度化を念頭に置けば、近代社会は、人間の攻撃的潜在力のもつ破壊的威力を完全に喪失することなく、相対的に社会と折り合いがつくような仕方で表現しうる社会制度を生みだしえた、といえる。だが、ホッブズの政治的人間学が人間の生得の攻撃性を主張するものだと理解できるという考えに、私は大きな疑問を感じる。私自身の読みでは、ホッブズが主張しているのは以下のことだけだ。[3] 個々の主体は自己保存の自然衝動をもち、この衝動はさまざまな欲求の中にあらわれる。それに対し、攻撃性は万人の万人に対する闘争の心的副産物であり、この闘争はそもそもそれぞれの他者の動機がまったく見通し難いことから生じるのではないだろうか。しかし私たちの対決に関わるのは、ホッブズに溯る社会理論の伝統では、人間は自然な攻撃性にもとづき敵対的態度で向かい合っているという前提があると想定されていることであろう。つまりその場合、承認理論が社会化理論として視野から失ったものがあったとすれば、どの人間にも攻撃的潜在力が存在するということであり、これは、前社会的残余として、どのようなかたちで社会化が成功したとしても解消できないものだということになろう。

(b) カントにならって、驚くべきことにホワイトブックは、人間に同時にもう一つ別の前社会的ポテンシャルを想定する。彼はこの潜在力を個人が有する一種の根源的反省性だとする。ここで主体性の概念をめぐる最近の議論の二つの流れが一つにされているのだが、この二つの流れが実際、体系的にどう結びつくか、目下のところまだ私にはよくわからない。一方で、ホワイトブックはユルゲン・ハーバーマスとディーター・ヘンリッヒによるきわめて多層的な論争を引き合いに出し、ヘンリッヒの側に立ってハーバーマスに対してこう主張する。すなわち、間主体主義が自己意識の可能性を疑念の余地なく説明しようとするならば、やはり個々の主体に「根源的な自己信頼」を想定せざるを得ない。というのも、個人はつねにあらかじめ、相互行為のパートナーからの承認の受け手だと自己認識しているはずであるという事実を根拠づけるには、承認される主体が、それに先行的で残余的に存在する自分自身についての知をもっていると想定するほかないからだ、というのだ。[4] 他方、ホワイトブックはマーク・サックスの次のような考察を援用する。サックスは、超越論的主観主義というカントの直観を次のような論拠によって回復しようとする。個々の主体を、自身の社会的環境に対して批判をおこない、距離をとることのできる存在として捉えるためには、主体の反省能力を、完全に承認による社会化の産物として把握してはならない。というのも、もし個々の自己がひとえに社会化をうながす相互行為の産物であるとすれば、自己の持つ、あらゆる社会的所与から距離をとるための反省的な力が何に由来しているかを示すことはできないであろう、というのだ。[5] この二つの議論の違いは、第一の場合、前反省的な自己への信頼を、第二の場合にはあらゆる間主体性に対する根源的反省能力を考慮すべきだとされている点にある。

(c) 最後にフロイトにならい、ホワイトブックは人間が個体発生の原初期において全能志向を持つと想定する。この時期の特徴は、意のままにならない客観的現実についていかなるイメージも存在しないという点にあるとされる。すなわち、すくなくとも第一次ナルシズム、ないし共棲に関する精神分析理論の主張にしたがえば、最初期段階にある嬰児は、自身と自身の環境を区別できず、自身の関係する人格と他の対象を区別できないまま、出会った現実を、あたかも幻覚のように、全体として自身の意図どおり思いのままになるものとして体験する。とはいえ、ホワイトブックが本来念頭に置いているであろう主張に私たちがたどりつくとすれば、全能期の残余物が成人期にもひきつづき作用し、全能志向が人間の主体にとって不可欠であると考える場合である。つまり、どの個人も前社会的残滓を有し、生涯にわたり全能幻想の傾向を保持しつづけると考える場合にかぎられる。この傾向はあらゆる社会的承認の経験以前に発達し、そういった経験につねに抵抗しつづけるとされる。批判理論の間主体主義的転回により、その視野から外れたものがあるとすれば、それは個々の主体にある一定程度の現実否認、「非合理性」であり、これは小児の早期の全能幻想が持続することに由来するものだとされる。

私のみるところ、ジョエル・ホワイトブックのアプローチの難点は、これらの三つの思考モチーフを同時に求めうるものと考え、それら相互の調停可能性を十分に吟味していない点にある。それゆえ、間主体主義に対するそれぞれの非難の説得性を別個に検討するが（Ⅲ）、その前にホワイトブック自身の議論の一貫性について検討する。三つの思考モチーフを精神分析の基本命題をめぐる議論の現代的用語で描き直した場合、それぞれがどういう関係にあるかという問いが、ここでは格好の導入となるだろう（Ⅱ）。

Ⅱ

ホワイトブックが間主体主義に対する批判として持ちだす三様の考えはいずれも、精神分析と発達心理学的嬰児研究の関係をめぐる現在の議論にその等価物を見出すことができる。このあらたな研究文献の語彙に、それ以前の思想の財産を翻訳すれば、ホワイトブックと私のあいだで問題となっているのが何なのかを確定することが容易となろう。のみならず私のみるところ、そのような現代化によって、ホワイトブックは軽率にもいくつかの不整合な前提にもとづいて議論するという危険を冒していることが、よりよく理解できるであろう。これまで使ってきた整理にしたがえば、第一の批判は以下のようなものだった。人間に攻撃性は不可欠だが、これを間主体主義は、相互承認のプロセスの中に破壊的傾向の居場所を認めないため、無視するほかない。間主体的敵対性というホッブズを援用したこの考えは、精神分析の理論的伝統では激動の歴史をたどった[6]。フロイトは自身の最初の欲動理論を修正し、あきらかに第一次大戦の影響から、生の欲動と死の欲動の存在を主張するようになった。その後、精神分析の業界では、性衝動とならび、第二の身体的な欲動が潜在力として存在するはずであり、主体の攻撃的かつ破壊的傾向はこの力に由来するという見解が急速に広まった。そういった攻撃欲動の想定が実際に必要かどうかという議論は、実験的手法をとる嬰児研究の提供する経験的観察素材を利用しながら継続されている。そこから得られた知見をまとめると、攻撃的調子を帯びた発言、つまり原初的な怒りと敵意の表現は、不快な経験に対する反応であり、内因的に備給される欲動から発するものとは理解できない。この推論を多数の調査が明確に支持している。子どもの年齢があがるとますます、攻撃的傾向は結局のところ、拒絶や障害を克服しようとする反応であり、その源は社会関係であると理解できるものとなる。もちろん、ここでおもに問題とされているのは、虐待ないし性的暴行から生じるような実際のトラウマである。だがそれのみならず、感情的なネグレクトや人間関係の不安定さに由来する欲求不満も少なからず重要である。こういった研究結果をさらにどう解釈すべきか、すなわち遺伝的に残存し続ける攻撃欲求の指標と解すべきか、それともたんに二次的で、外界に対する反応としてつくられたものと捉えるべきか、そのいずれであれ、遺伝的に定められた攻撃欲動を想定しうるような証拠はほとんどない。ウィニコットもある種の「クライン主義者」であり、母親の乳房を嚙む嬰児の破壊的傾向を一種の存在論的吟味行動であり、世界の自立性を吟味するテストであると理解した(7)。

今触れた話題からは、まずホワイトブックの第三の異議に移り、それから複雑な第二の議論を考察した方がよいだろう。あらゆる個人の発達の端緒に幻想的全能感の時期が存在するという主張は、精神分析の支持者と経験的な乳児研究の支持者のあいだで今日、特に執拗に議論されているあるテーマと関わっている。「一次的ナルシズム」について語ったフロイトの理論的思弁に導かれ、精神分析運動の内部に、子どもの全能幻想を第一の時期とする仮定があたかも自明のこととして議論の出発点とされる傾向が出来あがった。すなわち、嬰児は自己と世界を認知的に区別できず、知覚できる自分の身の回りのすべてのものを自身の活動と融合したものと体験し、それらは自分の命令に抵抗なく従うように思っているとされたのだ。対象関係論は関係人物との相互行為に中心的な意味を置き、フロイト主義正統派と対立しているが、この端緒期のイメージについてはそのまま手をつけなかった。対象関係論の場合、「一次的ナルシシズム」ではなく、たいていの場合、端緒的「共棲」という言い方がされるものの、その語で捉えられる母との融合状態は、子の立場からは依然として、自身の力の「圧倒的」拡大と体験されるようなものであった(8)。

この最初期の全能感というイメージ全体に重大な一撃を加えたのは、数ある研究のなかでもとりわけダニエル・スターンによる実験的調査の総括であった。この総括によって、嬰児には生後一カ月の時期からすでに原初的自己感情の生成が確認された(9)。これによって、小児は人生の端緒では自身の自己と環境を区別できないという精神分析の仮説はもはやそのままでは維持できなくなり、最初期の幻想的全能感という考え方全体が経験的調査によって動揺させられることになった。以来、基本的に議論の中心となっているのは、原初的共棲という想定をどう修正すれば、嬰児の原初的自己感情に関する経験的調査と折り合いがつけられるかという問題だ。すなわち「共棲」との関連では、もはや認知的状態ではなく、情動的に体験された状態しか論じられないことがしばしばであり、共棲的体験はある期間全体としてではなく、一時的な過渡的期間としてしか語られないことがまれではない。(10) こういった理論的すりあわせがどういう結論にたどり着くにせよ、今日の時点でも明白に認識できるのは、早期小児期では全能幻想が最初の時期だという古典的考えは、実験で得られた、最初期の自己感情に関する調査結果とは一致しないということだ。

しかし、もっと驚くべきことは、ホワイトブックは、二つの命題を自身のテキストで並置しておきながら、両者の整合性にはたいして注意を払っていないことだ。間主体主義に対する第三の異議として、先に示したように、彼は主体には根源的、前社会的自己が与えられていると主張する。この発想は、ダニエル・スターンも発達心理学の見地から、嬰児が早期に自己感覚を有しているとの構想をもち、支持するところだ。スターンの主張は経験的なものであるのに対し、ヘンリッヒの考察は概念的ないし超越論的論理による規定を目指すものではあるとはいえ、実験からもたらされたこの調査結果はそれなりに哲学的思考が説得的であることの証左と評価することができる。すなわち、人間は「人格間の関係を確立できる」ようになる以前に、すでに遺伝的に「中核自己」と「中核他者」の感覚を獲得しているにちがいないとスターンは明言している。(11) しかしスターンの議論は、間主体主義の批判を目的としたものではまったくなく、むしろ逆にあらたな明証性を与えようとしているに過ぎない。彼が批判しようとしているのは「融合」とか「合体」といわれる根源的状態という考えに固執する精神分析の伝統である。すなわち、原初状態では自己と環境が未分化であるという主張は、嬰児は生後数週間後にすでに原初的な自己を区別する能力と、他者の意図を知覚する能力を獲得しているという経験的調査結果とは整合しない。そしてダニエル・スターンは実験的調査からこう結論する。「さまざまな観察からさらに判明するのは、精神分析が記述するような融合ないし合体といった種類の経験をする能力は、それに先だって存在する自己と他者の感覚に依存するもので、この感覚に対して二次的なものである、ということだ[12]」。だが、まさにこの帰結をホワイトブックは明確に意識していないように思われる。彼は一方で間主体主義に対抗して自己感覚の初期状態を持ちだすが、他方で自己と環境が認知的に区別されない、秩序化に先立つ状態が存在するとの想定を捨てようとしない。つまり嬰児は融合経験にもとづき全能幻想の状態にあるか、すでに嬰児は自身の自己に関する原初的感覚を有しているかのどちらかだ。後者だとすれば、全能幻想が心理に占める余地はごくわずかでしかないか、皆無であるということになる。

事態はさらに複雑だ。というのも、ホワイトブックは根源的な自己信頼というヘンリッヒの主張に、主体はあらゆる社会的相互行為以前に反省能力を備えているという説を読み込むからだ。ヘンリッヒはまさにそういった先鋭化を概念的に避けようとして、自己自身についての「意識」ではなく自己を「信頼した状態」と述べた。つまり、知的な関係性ではなく、情動的ともいえる状態を念頭に置いているのだ。だがこれをまったく度外視して、この読み込みから前社会的自己に第四の特性が帰されることになるのだが、これは結論的には詰め込み過ぎに思われる。その特性とはこうだ。あらゆる社会的相互行為と承認に先立って遺伝的に存在するこの自己は、攻撃欲求を不可欠なものとして備え、全能幻想に囚われており、自己を境界づけることができる存在であるばかりでなく、しばしば自己意識の概念に帰される反省能力をも有しているというのだ。この最後の特性を主張しうるためには、そもそも「超越論的」に考えられていただけの命題を発達心理学的に解釈替えする必要のあることは、まったく疑問の余地がない。すなわち、マーク・サックスの念頭にあったのは、個人的主体に合理的で基礎づけ能力のある存在という役割を帰すことができるためには、その主体をあらゆる社会的慣習や承認の期待とは独立したものと考えなくてはならない、という概念的強制であった。というのも、もしそういった主体が、社会からの行動要請を引き受けることによって作られる存在でしかないのだとすれば、所与の規範や主張を個人で吟味するために必要な自分なりの信念を獲得しえないだろうからだ。だがこの主張は、マーク・サックスのように、間主体主義そのものへの全般的批判にまで持ち上げることはできないだろう。というのも、間主体主義が個人の反省能力を考慮することができないといえるのは、間主体主義がパースペクティヴの取得（ミード）のメカニズムないし、ある言語的生活形式（ヴィトゲンシュタイン）への習熟メカニズムを、それに応じた内容的な信念をそっくりそのまま引き受けるという事態と同一のものと考える場合のみであろうからだ。ミードとハーバーマスによれば、事態はむしろ逆なのであって、主体は社会的パースペクティヴないし間主体的に共有された言語を形式的に獲得することによってはじめて、自身の信念を他の相互行為のパートナー全員のそれと区別することができ、その信念を人格の個人的な核として主張できるようになる[13]。とはいえ他方で、マーク・サックスの主張を、個々の主体はあらゆる社会的相互行為以前にすでに自身の信念といったものを獲得できるといった、発達心理学的に説得力のない主張と混同してはならないだろう。それではあたかも、われわれが志向的状態をすでに早い時期から身につけているばかりか、間主体的な交渉によって言語を習得する以前に、その状態に関して言語的に分節化可能な知識まで所有しているかのような、困惑を招くような印象を与えてしまう。したがって、主体が社会的相互行為に先立って反省能力を有するとの主張は、構造的なあり方を指摘したものと捉えるのが適当であり、発達心理学的再構成の基礎とするにはふさわしくない。デューイとミード、ヴィトゲンシュタインとハーバーマス以来、自分の信念と判断を合理的に根拠づける能力は、ひとえに象徴に媒介された相互行為の途上で獲得されるということに疑いの余地はない。ただしこの見解は、個々の主体は、あたかも相互行為のパートナーのパースペクティヴを取得することによって学習した信念、願望、意図のみからできあがっているといった想定と同一視されてはならない。むしろ、個人が成熟した人格をそなえた個性となるのは、間主体的に共有された一般的語彙という媒体により自分自身の衝動や見解を表明できる、その程度次第なのだ。

だがもちろん、これはホワイトブックがその論文で最終的に掲げようとしている異議ではない。彼自身、個人化という個体発生的過程は間主体主義の枠組みで問題なく考えることができると認めているからだ。それに対し、ホワイトブックがそのテキストで異議として述べようとしていることの合理的核心をあきらかにするには、たいした関連なしに並置されたいくつかの命題の意味内容ではなく、いわばテキスト全体の底流にある情動とでもいうべきものに注目しなくてはならない。すると、確かに私たちは、間主体主義が決して低く見積もることのできない重要な問題に突き当たることになる。すなわちその問題とは、個々の主体のアイデンティティと人格構造が完全に社会的承認過程によるものだとすれば、その主体のなかにある逸脱的なもの、反抗的なものをカテゴリーとして適切に把握するにはどうすればいいか、それが一見したところあまり明確ではない、というものだ。合理的に制御できない逸脱というものがつねに生じうると考えうるには、社会に敵対的な衝動が根絶しがたい残余として個人に存在すると想定しなくてはならないのではないか。ホワイトブックが全体としては整合しあわない主張によって問いかけようとしているのはこのことであるように思われる間主体主義の枠組みにおいて、主体における「否定的なもののはたらき」をいかに把握すべきかという問いに対して、生得的攻撃欲動が存在するという主張も、〔あらゆる相互行為に〕先行的な自己信頼という想定も適切な表現を与えられないことは明白である。前者の考えについていえば、それが間主体主義に対する真剣な批判の根拠たりえるかという点について、経験的に争う余地があまりに大きい。また攻撃欲動を想定するからといっても、それは承認概念を放棄しなくてはならないということにはならず、社会的敵対性には内因的な起源があるということをつねに同時に考慮すべきだ、という結論にしかならない。それに対し第二の考え、〔あらゆる相互行為に〕先行的な自己経験の想定だが、ヘンリッヒとスターンはそれぞれまったく異なる次元で議論しているとはいえ、両者ともに、社会的敵対性の発する構造的審級が人間の中に存在するという結論に達しているわけではない。むしろまったく反対に、個人が自身を愛情ないし承認の受け手として把握しうるという事実を説明するには、主体相互の出会いに先立って、概念的にか遺伝的にか、ともかく一種の原初的な自己感覚がかならず存在するはずだ、と主張しているにすぎない。従ってホワイトブックが提出した多数の論拠のうち、彼の核心的な推測を基礎づける候補として問題にできそうなのは結局、早期幼児の全能幻想という精神分析的イメージのみである。とはいえこの古典的主張は、すでにみたとおり、嬰児はすでに原初的自己感情を獲得しているという根拠ある想定とあきらかに摩擦を起こす。なぜなら、最初期において自己と環境が未分化であるとしておいて、まさにそれと同じ時期に「中核自己」がつくりあげられると想定することなどできないからだ。それにもかかわらず、早期幼児に由来しながら、後の生活史にも作用しつづける全能幻想が存在するという命題は、ホワイトブックの議論の隠れた核心であるように思われる。この命題から彼の『精神現象学』に対する補論の位置価も理解できる。[14] また、承認のプロセスに矛盾すると主張される社会的敵対性の生成がこの命題によって説明可能となり、ついには、彼のテキストにおいて人間のもつ本質的な非合理性という考えで述べられているものが何であるかも認識できるようになる。

この主張を適切に再現するには、ホワイトブックの論文が暗黙のうちに根拠としているかもしれないが、決して明白に正当化がなされていない概念的区別を導入すべきだろう。まず、原初的自己感覚という先行形態が存在するとの主張は、どの主体性のうちにも「非社会性」が不可欠の次元として存在することを示唆するものとして理解できる。なぜならこの主張は、それ以上遡及不可能なパースペクティヴとしての主体的体験を間主体性の反対の極として確保しようとするものだからだ。他方、全能性の希求が持続するとの主張は、どの主体の中にも反社会的層が存在することの証左として解釈せざるをえない。なぜなら、それが念頭においているのは、社会的間主体性を否定しようとする持続的傾向だからだ。この「非社会性」と「反社会性」の区別は、かつてジョージ・ハーバート・ミードがすでに唱えた主張を越えて、ホワイトブックが踏み出さなくてはならなかったその一歩を正確に示している。ミードによれば、主体の個人化とは、内面化された間主体性（「客我Me」）と主体的感覚（「主我I」）との緊張に折り合いをつけるという、しばしば紛争を招く過程である。どの主体にも間主体的視点の反対の極として、多少なりとも分節化可能な主体性のパースペクティヴを見出すことができるとされるが、それのみならず、間主体性において独立した他者の実存が意識される以上、間主体性を否認しよう、あるいは間主体性に抗おうとする持続的衝動も主体のなかに見出しうるとされる。ホワイトブックが「否定的なもののはたらき」を間主体主義の理論的欠落だと語る際、念頭においているのは、この不可欠な「反社会性」の層ではないかと思われる。

その際、間主体主義がその種の反社会的志向という想定を統合できるかどうか、できるとすればいかにしてかという問題を扱うには、まず議論の根底におかれた全能という概念をより正確に説明することが、その後の展開すべてにとって重要となる。この点についての研究は、理論的思弁と臨床的観察が交錯した広大なひろがりをみせており、経験的な嬰児研究もこの領野については、やっと少しずつ入りこめるようになってきたばかりだ。目下の研究結果から明らかだといえそうなのは、乳児期に自己と環境が完全に融合した根源的状態があるとは、もう前提できないということだ。それとともに、無意識的な全能志向を、現実が独立に存在することを否応なく知覚せざるをえないことの補償として生じる、まさに主体にとっての自然の賜物として捉える可能性も否定されている。他方、他者との融合という性格をもつ経験への感応性が、個々の主体に、少なくとも深層において存在するという事実は、臨床的観察のみならず、群衆心理学の知見や実存現象学的考察にも支持されている。すなわち、すでに確立した自我の境界の手前に戻り他者との融合状態に浸ろうとする傾向は、ごく広範に存在しているようであり、それ対する人類学的説明が求められたほどである。[15] このジレンマは今日、精神分析のパラダイムにとっては科学的に異例ともいえる諸特徴を備えているが[16]、このジレンマからの抜け道は、私の考えでは、嬰児期の初期を持続的融合状態とするかわりに、関係する対象との融合状態を重大ではあるがあくまでもエピソード的なものと想定すべきであるとの提案にある。つまり、確かに小児はその生の多くの期間、自分の自己の核を環境とは区別されたものと感じることのできる状態にある。しかし不規則な間隔でおとずれるある種の機会（授乳される、抱っこされる）の体験において、小児は関係する人格のすることが自身の欲求の延長と思われるような状態に浸り、その場合、関係する人格と自身が融合しているようにも感じている、と想定すべきなのだ。[17] このエピソード的時期に嬰児が快楽に満ちた拡張ないし融合という高揚感情を抱いていると想定するなら、他者の独立性の感覚が徐々に芽生える事態を、分離ないし非‐融合という否定的体験の時期として記述することはまったく正当である。すなわち、愛する対象は自身が影響を及ぼしえないような実在性を持続的に有し、それを受忍していくほかないとの情緒的確信が嬰児の中で、突然にではなく、段階的に育つのだ。

もちろんこの解釈の変更によって、精神分析がこれまで導きとしてきた多くの前提が失われる。すなわち融合体験は、嬰児の早期の体験世界において小さな場を占めるにすぎず、現実意識の発達によるその融合体験の解体はその衝撃性の契機を失う。むしろこの過程は、全体として、自我と環境の分離をすでに知覚した状態への追加的な適応という性格を呈することになる。確かにそのような部分的でしかない分離過程もまた、不快、悲しみ、痛みを与えるだろうが、関係する人格の独立性の経験はもはや小児の体験に外側から入りこんでくるようなものではなくなり、トラウマ的な要素を持つものとはほとんど言えなくなる。さらなる変化は、この部分的な融合状態の質について私たちが抱くイメージに関わる。この状態は、もはや小児の環境との接触の全体に及ぶものではなく、関係する人格との濃密な相互行為は一時的なエピソードという位置しかもたなくなる。それゆえ、この状態を「全能」という概念で特徴づけることは誤解を招くことになろう。すなわち、新たな理解によれば、子どもは自身の環境をもはや全体として、彼の言いなりになる一体のものと知覚しているのではない。子どもはある特定の状況下で、関係する人格と自己の融合が体験される状態にあると想像しているのだ。だとすれば、これに対する正しい表現は「融合状態」であって、「全能幻想」という表象は誤解を招くことになろう。子どもが自身の関連する人格の独立性をより強力に知覚するようになるにつれ自身と分離するものとは、一時的に一体のものとして体験された愛情の対象であり、想像上の全能状態ではない[18]。

ここでもちろん、ジョエル・ホワイトブックが私に概念的混乱があるとして、問題を突きつけるのは正当なことだ。私も間主体性という概念をこういった早期の融合状態に使うことがあるからだ。愛する対象との融合というエピソード的状態を構造的見地から相互行為と呼ぶことができるのは、観察者の視点からのみであり、嬰児（ないしは関係する人格）の視点からはそうはいえない。反対に、当時者の視点をとるならば、融合状態を間主体性の一形態とはいえない。なぜなら、そういえるための前提である、二人の自立的主体の向かいあう関係が十分に体験されないからだ。しかしこういった留保も、次の一般的主張にごくわずかな変更を迫るものでしかない。すなわち、一次的ナルシズム、全能が体験される原初的状態が存在するという古典的想定のうち、今日も保持しうるのはわずかな部分にすぎず、それは、そういった融合体験はエピソード的にしか生じない。結局、個人の成熟過程の端緒は、全能幻想が遍在する時期としてではなく、萌芽的な自己画定とその合間に出来する融合体験が併存する段階として規定される。

だがここでの本来の困難は、この変更をくわえた視点と、否定性という概念に含まれるホワイトブックの思弁的仮説のもっとも内的な核心とをどうすれば橋渡しできるか、という問題にある。前提が変わったうえでも、人間に早期幼児期に由来する反社会性の傾向が存在し、社会的なものという独立した現実に対する闘争の傾向が存在すると無理なく考えられるような、何らかの根拠ある想定は存在するだろうか。また分離という概念についても、これまで見てきたように関係づけの枠組みが変化した状況では、新たなごく弱い解釈しか維持できず、もはや当該の問題の原因を規定する鍵として当然のように引き合いに出すことはできない。すなわちその場合、分離の経験は、嬰児に現実知覚が育ち、その圧力によって一時的に不可分の状態にあった愛の対象の放棄を余儀なくされるが、それは徐々に進む過程でしかないとされる。だとすれば、この経験は、精神分析理論において全能幻想が生涯にわたって続く原因にふさわしいものと考えられてきた、ショックを伴いトラウマを残すような体験という性格を失うことになる。それにもかかわらず、成人にも融合経験に対する根本的な感応性が存在するとすれば、その端緒的原因はおそらく、融合していた愛の対象からの別離が、そういう融合状態がたとえエピソード的なものにすぎないとしても、小児にとって過剰な要求であったという点に求めるほかない。小児が授乳を終わって寝かしつけられる、一人で眠ろうとしている、あるいは自分は一人だと思い込む際に体験すると思われる分離不安を説明するのに、関係する人格が意のままにならず、独立した存在であると気づくことにより、赤ん坊に傾向的に過大な要求が課されていると想定する以外の方法があるだろうか。つまり、嬰児が「抱っこ」という特に濃密な瞬間のなかで得ると考えられる融合経験は、嬰児に対して身体的および心的な安心に関するある心理的な期待図式を呼び起こすに違いない。この図式は、現実感覚が育つにつれ裏切られることが急速に増加し、それに対する反応は当然のこととして、不安と痛み、怒りと悲しみが緊張をはらみつつ一体となった状態となる。だとすればさらに、この期待図式が嬰児の年齢を超えてもあらゆる主体の深部に宿りつづけるとの想定を付け加えるだけで、成熟年代の人格であっても種々の分離に対して予想しがたいパニック反応を示し、他者との融合を求める傾向へと何度も陥るという、奇妙な事態を十分に説明できる。こういった状況では、大人はまるで小児に戻ったようにみえるのだが、愛や欲求を向けた主体の独立性を承認し、それがもととなって生じる間主体的関係のほころびを受け入れるには、大人もまた感情的に多大な努力を必要とすることが多いのである。ちなみにこの点を考慮しなければ、ウィニコットが発見した「移行対象」が、小児期のみならず思春期を経て高齢にいたるまできわめて重要な機能を持ちうる理由を理解できない。移行対象の機能とは、分離の痛みに慰めを与えながらその痛みを乗り越えることを可能とするような潜在的空間を、たんなる幻想と客観的現実のあいだに開示することにあるのだ(19)。

ここで、このように早期に発達する安心の期待図式が生涯にわたって作用し続けることを「否定的なもののはたらき」と名づけるか、それともたんに無意識にとどまりつづける欲求と呼ぶかは、学問の性格による問題だろう。いずれにせよそれは、社会性を体現する他者が独立した存在で意のままになるものではないことに対し、つねに新たに生じる反発であり、そういう意味でこれを尽きることのない非社会性の源と考えることを私はまったくの的外れだと思わない。ただ、なにゆえにこのテーマが間主体主義に対置されることがあるのか、融合を求める傾向が生涯作用し続けるという考えが承認概念と矛盾するとされるのか、私にはいまだによくわからない。むしろ、移行対象が、ある時点で独立した存在として体験されるようになった関係する対象からの分離を感情的に克服するのに役立つという事実は、まさに間主体性の傑出した意義を示しているのではないだろうか。確かに小児の持つ初期の融合体験は、実際には間主体的構造を持っていないと考えられる。というのも、その体験には十分に分化された相手の姿が欠けており、そういう関係はこれから作りあげられるものだからだ。だが他方、逆説的ではあるが、この初期の状態は一次的間主体性という概念でしか適切に捉えることはできない。乳児は融合経験を積むことができるのは、他の人間に抱っこされたり可愛がられたりケアされるという交渉を通じてのみだからだ。おそらくそういう意味で、不規則に回帰する嬰児の融合体験は、あらゆる承認経験の「ゼロ地点」として捉えるのが正しいだろう。すなわち、そういった体験は、私たちに永続的に残る、深層に根ざす安心の暗号として、成長した主体のあいだの相互承認という、分離をはらんだ間主体性の形態を求めようとするあらゆる努力を駆り立てるのだ。

原注

＊　マルティン・ドルネスの助言と示唆に私はたいへん感謝している。またフランクフルト社会研究所の「精神分析」作業グループでの議論はおおいに得るところがあった。隔週でおこなわれた会合のすべての参加者に多くの刺激を得たことを感謝したい。

（１）　Vgl. Joel Whitebook, »Wechselseitige Anerkennung und die Arbeit des Negativen«, in: *Psyche* 55（2001）, S. 755–789.

（２）　Theodor W. Adorno, »Zum Verhältnis von Soziologie und Psychologie«, in: *Gesammelte Schriften*, Bd. 8, Frankfurt/M. 1972, S. 425–85; Herbert Marcuse, »Das Veralten der Psychoanalyse«, in: *Schriften*, Bd. 8, Frankfurt/M. 1984, S. 60–78.

（３）　最近の研究文献として以下を参照：Christiane Chwaszcza, »Anthoropologie und Moralphisophie im ›Leviathan‹«, in: Wolfgang Kersting（Hg.）, *Thomas Hobbes, Leviathan*（= Reihe Klassiker Auslegen）, Berlin 1996, S. 83–108.

（４）　例えば以下を参照：Dieter Henrich, »Selbstbewußtsein und spekulatives Denken«, in: ders., *Fluchtlinien. Philosophische Essays*, Frankfurt/M. 1982, S. 125–131〔『現代哲学の遠近法——思考の消尽線を求めて』藤澤賢一郎訳、岩波書店、一九八七年、一六三—二四二頁〕; ders., *Bewußtes Leben, Untersuchungen zum Verhältnis von Subjektivität und Metaphysik*, Stuttgart 1999.

（５）　Mark Sacks, *Objektivity and Insight*, Oxford 2000, 特に第四章を参照。

（６）　Martin Dornes, *Die frühe Kindheit. Entwicklungspsychologie der ersten Lebensjahre*, Frankfurt/M. 1997, 第九章を参照。

（７）　例えば以下を参照。Donald W. Winnicott, »Objektwerdung und Identifizierung«, in: ders., *Vom Spiel zur Kreativität*, Stuttgart 1989, S. 101–111.〔「対象の使用と同一視を通して関係すること」、『遊ぶことと現実』橋本雅雄訳、岩崎学術出版社、一九七九年、一二一—一三四頁〕

（８）　以下における概観を参照。Martin Dornes, *Der kompetente Säugling. Die präverbale Entwicklung des Menschen*, Frankfurt/M. 1993. 特に第三章。

（９）　Daniel N. Stern, *Die Lebenserfahrung des Säuglings*, Stuttgart 1992.〔『乳児の対人世界　理論編』『乳児の対人世界　臨床編』小此木啓吾／丸田俊彦監訳、岩崎学術出版社、一九八九／一九九一年〕特に第二部を参照。

（10）　概観的なものとして以下を参照：Dornes, *Die frühe Kindheit*, a. a. O., Kap. 5.

（11）　Stern, *Die Lebenserfahrung des Säuglings*, a. a. O., S. 105.〔『乳児の対人世界　理論編』、八三頁〕

（12）　同上。

(13) Lutz Wingert, »Der Grund der Differenz: Subjektivität als ein Moment von Intersubjektivität«, in: Micha Brumlik und Hauke Brunkhorst, *Gemeinschaft und Gerechtigkeit*, Frankfurt/M. 1993, S. 290–305 参照。

(14) 承認理論に対して『精神現象学』が果たす役割に関してホワイトブックと私のあいだに存在するちがいについてはここでは立ち入らない。実際のところ、『精神現象学』における承認概念の導入は余り明白でなく、あまり役に立たないと私は考えている。それとは対照的に、ヘーゲルがその法哲学の根底に置いた承認の観念を私はずっと肯定的にみている。Axel Honneth, *Leiden an Unbestimmtheit. Eine Reaktualisierung der Hegelschen Rechtsphilosophie*, Stuttgart 2001〔『自由であることの苦しみ――ヘーゲル『法哲学』の再生』島崎隆／明石英人／大河内泰樹／徳地真弥訳、未來社、二〇〇九年〕を参照。

(15) そのような方向を示しているのが以下である。Michael Baumgart, »Psychoanalyse und Säuglingsuntersuchung. Versuch einer Integration unter Berücksichtigung methodischer Unterschiede«, in: *Psyche* 45 (1991), S. 780–809. 以下は自己超越という現象に関する記述が豊富である。Hans Joas, *Die Entstehung der Werte*, Frankfurt/M. 1997.

(16) Thomas S. Kuhn, *Die Struktur wissenschaftlicher Revolution*, Frankfurt/M. 1967, 第六章〔『科学革命の構造』中山茂訳、みすず書房、一九七一年〕を参照。

(17) Fred Pine, »Infant Research, the Symbolic Phase, and Clinical Work. A Case Study of a Concept«, in: ders., *Drive Ego, Object and Self. A Synthesis for Clinical Work*, New York 1990, S. 232–246. すぐれた概観として以下がある：Dornes, *Die frühe Kindheit*, a. a. O., Kap. 5.

(18) Joachim Küchenhoff, »Verlorenes Objekt, Trennung und Anerkennung«, in: *Forum der Psychoanalyse* 15 (1999), S. 189–203.

(19) Tilmann Harbermas, *Geliebte Objekte. Symbole und Instrumente der Identitätsbildung*, Frankfurt/M. 1999, 特に第Ⅴ章を参照。

第14章　現実が力を失うとき
——慰めの世俗的形態

昨今、私たち西洋文化圏の構成員はみな、人生におけるもっとも厳しい運命の打撃に対し、生粋の自然主義者になってしまった。敬虔なキリスト教徒ですら、死を救済の機会とみることはもはやほとんどあるまい。そういう者にとっても、死はあらゆる有機体がたどる自然な衰退過程の決定的最終地点でしかない。重病の床にあって、それを私たちがこの世で犯した過ちをこの世ならざる存在が罰せんと思し召し、与えたもうた徴しであると考える者はいないだろう。無数の人間が犠牲となった自然災害に際しても、私たちは数時間後には基本的な因果関係に関する重要な知識を得られるようになった。望もうと望むまいと、信心深かろうと筋金入りの無神論者だろうと、この世の苦しみの原因に関する自然主義的説明に代わる選択肢はもはやなさそうだ。あらゆる自然な存在に定められたのと同じ運命が私たちを脅かす。私たちは生まれたとたん、リスクをはらんだ生にさらされる。つねに病に脅かされ、死においてあらゆる生命の滅びをまのあたりにする。私たちが自然に身を委ねるほかない存在であるという感覚は、どんな技術的可能性や医学的知識であろうと、毫も変えることができなさそうだ。ある病気の原因をつきとめ、治療で勝利をおさめたと思いきや、あらたな身体の危険に関する知識が増える。ある自然災害を技術的に克服できるようになっても、別のもっと危険な脅威がすぐ足元に迫ってくる。科学的啓蒙は宗教的信仰が与えてくれていた慰めを私たちから奪い、「避けられない以上、それに降参する」よう強いることになるだろうというフロイトの診断は、今日もはや揺るがしがたい。(1) 私たちは自然の因果的諸力にさらされ、あの世での報いや救済を何らかのかたちで見込むことはもはや不可能だろう。

ほとんど自明のものとなってしまったこの自然主義のことを考えると、それだけいっそう驚くべきことがある。それは、自然の因果連関の想定とまったく折り合いのつかない多くの行為や態度を、私たちはみな甘受するどころか、すすんで認めているようにすら思われるということだ。誰かが墓標のかたわらで死んだばかりの者と話しはじめても誰も慌てたりしない。親しくしている夫妻が、不慮の事故で亡くなった子どもの帰る場所を守ろうと、住人のいなくなった子ども部屋を生前のままにしていると聞けば、誰もが心打たれ共感を示すだろう。また葬儀というものは、程度の差はあれ、魂の不死を暗黙の前提として執り行われるが、私たちはそういう式に参列して、心を動かされこそすれ、不審の念を抱いたりはしない。私たちは自然主義者だが、心霊主義の特徴をもつ行動に慣れ親しみ、自然主義とは縁もゆかりもない態度をとる。今なおキリスト信仰を堅持しているか、筋金入りの無神論者であるかに関わりなく、私たちはみな、生活の特定の瞬間では自然主義的確信をさも当然であるかのように棚上げし、故人と心を通じ合い、それどころか、故人がまだ私たちのあいだにとどまっていると思っているかのように振舞う。私たちの世俗的日常に混入しているこの心霊主義の成分の奇妙なところは、それが当事者だけでなく、無関係な観察者にもまったく普通のこととみなされているという事実である。死者とコミュニケーションをとろうとするこのような行為を目の当たりにして、誰も矛盾だと主張したり他の日常的な信念との不整合を指摘したりはしない。むしろ両者は調停可能だとみなすすんで考えているようだ。それは、積み木を魂のある生きた存在のように扱う子どもの言い分を、もちろんそれがただのモノだと知りつつ、聞いてやる思いやりのある親と少し似たところがある。

あらゆる科学的な脱魔術化にもかかわらず、死者が私たち生者のなかで固有の存在を持っているという事情は、かねてより文学の主題の一つであった。ジェイムス・ジョイスはその素晴らしい物語『死者たち』において、ある女性の夭逝した恋人が現在の日常においてコミュニケーションの相手としての役割を持ちつづけ、ついには夫にまでその「気まぐれな揺らめく存在」を確信させるさまを描いた(2)。話が進むにしたがって、登場人物らは死者の国と生者の国のあいだの、いつもなら明確な境界線が薄れていくように感じる。ジョーン・ディディオンはこの数年、夫の突然の死後、夫の生が続いていることを確実にさせるような「呪術的」行為を自分でも気づかないうちにおこなうようになったという。とても胸に迫る話だ。この通常の態度とは全く相容れないような特別で奇妙な一連の行為に、読者はますます共感を覚え、同意するようになるのだが、ディディオンは読者自身がそのプロセスを観察できるように書いている。この物語の求心力はそこに由来する(3)。死を前にしたとき、ときに私たちはすすんで科学的な世界の把握を捨て、私たちの世界の境界を取り外そうとする。このことをどう説明するのかという問いはこうなるといっそう切迫したものとなる。繰り返すが、私たちがそういう状態で体験することは、宗教への根本的信頼が突如もどってきた、ということとはほとんど関わりがない。つまり、死に際して、私たちは神の手に突如委ねられ庇護されるのだと考えるものはごくわずかだ。一般的に私たちは彼岸の国で死者が存在しつづけているなどとは思っていない。私たちが経験していることといえば、私たちの自然主義的な想定を尺度にすれば生命なき世界の一部とみなさざるをえない存在とコミュニケーション的に関わる機会が突如として訪れるということ、それだけだ。だとすれば、生者と死者の区分という私たちの世界の見方のうちの確かな区分が突然、棚上げされるか廃棄されたような精神状態になること、それを私たちが自らに許すということとをどう理解すべきだろう。

さしあたり考えられるのは、こういう態度をすすんでとるのは、それが身近な人物、あるいは愛していていた人物の喪失に対する慰めを得たいという欲望と関連しているということだ。死者が永久に私たちから去ってしまったという考えはとても耐えがたいもので、そういう絶望的状況を私たちは自分自身について知覚し、他のみんなも同様な状況だろうと考える。そこからひそやかな連帯の絆が生じ、生き残ったものに従来の合理性の水準を適用することをやめ、ちょうど子どもに対してそうするように、〔死者がまだ生きているかのように振舞う〕存在論的幼稚化を許すのかもしれない。だが、ほんとうに私たちはこの奇妙な態度と行為を、あたかも苦しむ者に必要量の慰めを投与してやろうといった治療的まなざしでみているだろうか。私たちは遺されたものが悲しみを心理的に克服するには他にすべがないとわかっているために、死者との相互行為をカテゴリー錯誤だと知りつつ許容しているのだろうか。それとも、むしろそのような距離を置いた見方をすることはごくまれで、逆にそういう態度に自分も引き込まれるように感じ、少なくとも一瞬、そういうコミュニケーション的パースペクティヴを共有してはいないだろうか。また、確かに程度の差はあるだろうが、葬儀の際や故人の近親者とのつきあいで、私たちもまた非当事者ながら自然と故人の視線を感じ、気持ちを通わせようとする。私たちはそういう体験に事欠かない。そういうとき、私たちもまた病んでいるのだろうか。私たちも存在論的錯覚を必要としているのだろうか。それともむしろ、啓蒙された見方による世界の区分をいつでも棚上げできることは、大人の成熟した態度だというべきだろうか。

フロイトはこういう問題全体に関し、厳格で断固たる態度をとっているようにみえるが、そう思えるのは最初のうちだけだ。彼は『ある錯覚の未来』において一切の曖昧さもなく、「心の進歩」[4]の行程を、自然の諸力に対処するあらゆる虚構から次第に解き放たれ、私たちが自然の手に委ねられた苦しみに満ちた存在であることを冷静に認めることにみていた。そこでの言い方では、近代的で啓蒙された人間は、科学的世界像が生活世界にとってもつ含意を受容し、認知のうえで現実の境界を見失いその世界像をふたたび撹乱するような態度をとらない存在だ。とはいえ、ほんの三年後に公刊された『文化の中の居心地悪さ』ではもう論調は違ったものになっている。そこでフロイトは、ロマン・ロランにならい「大洋的感情」と名づけた意識現象の意味と長々と格闘している。[5] 彼にとって、そういった感情の状態が今なお広範に存在すると考えることはどうにも不本意なことだ。それでも彼はこの論文で、個人の心的生活の中のどこにそういう感情が存在するかを突き止めようとする。そしてすぐに彼は、健康な人格の自我が内に向かっても外に対しても「明確な境界」を示すことはない、と明言せざるをえない。[6] たとえば恋愛状態においては「自我と対象との境界が今にも消失しそうになる」[7] と彼は述べる。恋愛中の人格は自分がパートナーと一体であると感じ、パートナーとおなじ一つの活動の中心から行為しているかのように振舞う。だがこのような境界喪失が可能であり、心理的に健康な主体も自己超越の契機を知っているのだとすれば、それを理解する鍵はより根源的で、ずっと原初的な心的状態への回帰に求めなくてはならないというのがフロイトの主張だ。というのも、子どもはその発達の初期段階において、実在の諸対象との融合を体験する時期を過ごすからだ。それを克服するなかで、まさにここで問題になっている外界との境界が築かれ、それが今、成人の段階にあってこれまで述べてきたような状態においてふたたび崩されているように思われるのだ。したがって、成熟した自我における境界喪失という出来事は、精神的発達の以前の段階への逆戻りと考えるほか説明のしようがない。そのような退行は成人した合理的人間が普通になしうることであるという考えがフロイトにとっていかに厄介なものであったかは、つづく数頁での彼の議論をみるとよくわかる。最初、彼はこういった状態をまだ自我感情の「障害」であると述べ、[8] 次に心的なものの中に滅び去ったものが保持される可能性を空間的にイメージさせようとするが、これもうまくいってない。最後に、心的生活におけるその種の逆戻りはむしろ「普通のことであって、とりたてて奇怪な例外的事態でない」とほとんど匙を投げるようにして認めるのだ。[9] このようにフロイトは、二〇世紀の啓蒙された人間が独立した外界という観念でうまく引いた境界線を後になってふたたび消してしまうような認知状態に陥ること、それをあえておこなおうとすることを完全には認めようとはしない。喪の情動を取り扱う場合ですら、愛を向けていた対象が生き続けているという幻覚がその感情に伴い生じることが何故「当然のこととして映る」[10] のか、フロイトはかすかな不審の念をずっと抱きつづけている。

フロイトは『文化の中の居心地悪さ』において、私たちは自然の圧倒的威力から来る苦しみに対する「鎮痛剤」[11] を提供しなくてはならないということを人間学的必然性と理解している。だがそれでもやはり、彼は認知的退行を受け入れるという方向へは進もうとしない。科学的啓蒙という方向性に邪魔されて、彼は、私たちの存在論的想定を一時的に棚上げにすることより、責任を自覚し制御の効いたかたちで負担の緩和に到達できるということを認められない。私たち自身が啓蒙的態度を維持しつつ、自然にも魂があるとか、死者が存在しつづけているといった幻想に滑り込みたいと考えることがありうるということを彼は認めたがらない。結局のところ、彼にとって合理的啓蒙とは、あらゆる認知的退行から可能なかぎり解放するものでありこそすれ、退行を私たちの合理性の硬直をほぐすのに利用することではないのだろう。精神分析内部でフロイトによるこの世界観上の封鎖をはじめて打ち破ったのはドナルド・ウィニコットだった。彼の移行対象という概念によって、私たちは日常に混入している心霊主義の成分を理解可能とする概念的手段を獲得した。この成分とは、私たちが自然主義的な基本信念と併存させ、あたりまえのものとして受け入れているものだ。

移行対象によって、幼児は少し前に現実のものとなったばかりの外界の独立性に対する自身の欲求不満を実験的に処理する。だがウィニコットにとって移行対象はそういった「存在論的」補助手段にとどまらない。彼によると、⑫移行対象は成人にとっても、存在論的境界をきわめて多種多様な素材、例えばクッションのかど、テディベア、あるいは特定のメロディーなどを、内的体験と客観的現実のあいだの「境界世界」を築くための現象として利用する。この「相互媒介的」経験領域において、意のままにならない独立した外界について徐々に芽生える確信が一時的に棚上げされたようになる。情動的関わりをもつ対象の助けによって、小児は内的現実と外的現実の存在論的境界が宙に浮くような精神状態に遊びのなかで入っていく。小児につきあう大人たちも、注意深いケアと必要な安全策を講じながらこの遊びを支える。このこと一つだけでも、大人たち自身もそのような境界を乗り越える能力をまったく喪失してしまったわけではないということの証左となろう。ウィニコットの確信するところでは、「現実受容という課題は決して終わることがなく、どの人間も逃れられない」⑬。それゆえ、ときに成長した人格も、外界との境界がまるで消え去ったかのように感じる精神状態、たんなる内的体験でも客観的事実の領域でもないような、ある種の存在論的移行領域が生じるような精神状態に逆戻りするようなことがありうるだろう。この領域は、私たちがお互いにこの相互媒介的領域の「重なり合い」⑭があることを発見することによって、ウィニコットによれば、私たちのうち誰も疑いをもたないような共通の移行世界が形成される。つまり、私たちは幼児同様、私たちの意のままになり、希望のままになる世界の可能性と戯れることによって、耐えがたいものとなった外的現実の圧力からともに身を守る、そういう状態にともに身を置くのである。

以上のように考えると、この相互媒介的世界は、私たちの世俗的日常のうち、合理的で分化のすすんだ世界の諸関係を前提したのでは説明できないような多くの現象を理解する鍵として役立つだろう。ウィニコットは、その構想でとりわけ文化的経験の領域へ通路を見出そうとした。彼の把握によれば、この領域が生じるのは、本質的には、外的現実をこれまで述べたような意味で棚上げするためだ[15]。であるならば、彼の考えの初発のポテンシャルは、私たちの経験世界のさらなる一連の境界領域にも適用しなければ、それを活かしたことにはならないのではあるまいか。たとえば、古い黄ばんだ写真を触り指で撫でながら、写真の人物と心を通わせようとする人物を見ても、私たちは決して苛立たないでいられる。これもそういった中間領域にあたるのかもしれない。また、ひとがペットととても生き生きと意思疎通するのをあたりまえのように受け取るのもそういう例の一つだ。どちらの場合も人間である主体が、まるで他の人間と活発なコミュニケーションをしているかのように、命のないモノや言葉を発しない存在を扱っているわけだが、それを別に異様なことだとは感じない。そういう状況で、それを間違いだといって冷水を浴びせるようなことはふさわしくないと感じられる。それは、私たちがたんなる内的経験の領分でも客観的事実の領域でもない中間世界の存在を、経験的に確証される信念に反して想定するからこそだ[16]。外的世界の圧力が突如として棚上げされたように感じるその種の領域の踏み越えに馴染みがないわけではない、というのが私たちの共通の前提だ。私たちはみな、折にふれそういった重荷の軽減を必要とし、事実ではなくとも愛する者がそばにいると信じたり、意のままならない世界に直面して生じる不安を克服したりしているのだ。

はじめに述べた存在論的幼稚化も、この合理的に許容された形而上学の領域にあたるにちがいない。愛する人間の死という最大の困難に直面して私たちは、その人物がまだ私たちのあいだにいたらという可能性と現実の中で遊ぶことを相互に許すのだ。これはたんに内的に体験された幻想でもなければ、外的事実の世界に属する出来事でもない。これは存在論的な中間領域であり、別に疑問に付されたりはしないものだ。ここでは認知的退行が、生を啓蒙的に克服するためにおこなわれている。というのもフロイトとは異なり、私たちの合理的能力の向上は、場合によっては、その命令からはずれる能力にかかっている、ということを私たちは理解するようになったからだ。自然主義が全面的に受け入れられた条件下における慰めとは、すべての関係者に許容されたうえで、まだ望みが願えばかなった段階へと自身の存在を一段おとす、そういう度量を身につけることにほかならない。

原注

（1） Sigmund Freud, *Das Unbehagen in der Kultur*, in: ders., *Gesammelte Werke*, Frankfurt/M. 1991, Bd. XIV, S. 419–506, hier: S. 444.〔「文化の中の居心地悪さ」、『フロイト全集 20』嶺秀樹／高田珠樹訳、岩波書店、二〇一一年、九三頁〕

（2） James Joyce, »Die Toten«, in ders., *Dubliner*, Frankfurt/M. 1967, S. 179–229, hier: S. 228.〔『ダブリンの人びと』米本義孝訳、ちくま文庫、二〇〇八年、三八二頁〕

（3） Joan Didion, *Das Jahr magischen Denkens*, Berlin 2006.〔『悲しみにある者』（池田年穂訳、慶應義塾大学出版会、二〇一一年〕

（4） Sigmund Freud, *Die Zukunft einer Illusion*, in: ders., *Gesammelte Werke*, Frankfurt/ M. 1991, Bd. XIV, S. 323–380, hier: S. 332.〔「ある錯覚の未来」、『フロイト全集 20』高田珠樹訳、岩波書店、二〇一一年、一〇頁〕

（5） Freud, Das *Unbehagen in der Kultur*, a. a. O., bes. S. 421–431.〔「文化の中の居心地悪さ」、特に六七—七八頁〕

（6） Ebd., S. 423.〔同上、六九頁〕

（7） Ebd.〔同上〕

(8) Ebd. S. 424.〔同上、七〇頁〕

(9) Ebd. S. 430.〔同上、七六頁〕

(10) Sigmund Freud, *Trauer und Melancholie*, in: ders., *Gesammelte Werke*, a. a. O., Bd. X, S. 427–446, hier: S. 430.〔「喪とメランコリー」、『フロイト全集　14』伊藤正博訳、岩波書店、二〇一〇年、二七五頁〕

(11) Freud, *Das Unbehagen in der Kultur*, a. a. O., S. 432.〔「文化の中の居心地悪さ」、八〇頁〕

(12) Donald Winnicott, *Vom Spiel zur Kreativität*, Srutgart 1974.〔『遊ぶことと現実』橋本雅雄訳、岩崎学術出版社、一九七九年〕

(13) Ders., »Übergangsobjekt und Übergangsphänomene«, in: ders., *Vom Spiel zur Kreativität*, a. a. O., S. 10–36, hier: S. 23.〔「移行対象と移行現象」、『遊ぶことと現実』、一八頁〕

(14) Ebd.〔同上、一九頁〕

(15) Donald W. Winnicott, »Die Lokalisierung des kulturellen Erlebens«, in: ders., *Vom Spiel zur Kreativität*, a. a. O., S. 111–120.〔「文化的体験の位置づけ」、『遊ぶことと現実』、一三五—一四六頁〕

(16) その種の例については以下の重要な研究を参照のこと。Tillmann Habermas, *Geliebte Objekte. Symbole und Instrumente der Identitätsbildung*, Frankfurt/M. 1999.

初出一覧

第1章　欲望から承認へ――ヘーゲルの自己意識の基礎づけ

もともとは次のアンソロジーにおいて発表された。Klaus Vieweg/Wolfgang Welsch (Hg.), *Hegels Phänomenologie des Geistes. Ein kooperativer Kommentar zu einem Schlüsselwerk der Moderne*, Frankfurt/M.: Suhrkamp 2008, S. 187–204.

第2章　実現された自由の王国――ヘーゲル『法哲学』の構想

もともとは別のタイトルで次のアンソロジーで発表された。Manfred Brocker (Hg.), *Geschichte des politischen Denkens: Ein Handbuch*, Frankfurt/M.: Suhrkamp 2006, S. 403–418.

第3章　正義の織物――現代における手続き主義の限界について

もともとは次の雑誌において発表された。*WestEnd. Neue Zeitschrift für Sozialforschung* 6 (2009), S. 3–22.

第4章　労働と承認――新たな理論的規定の試み

もともとは次の雑誌において発表された。*Deutsche Zeitschrift für Philosophie* 56 (2008), Heft 3, S. 327–341.

第5章　イデオロギーとしての承認――道徳と権力の関連について
もともとは次の雑誌において発表された。*WestEnd. Neue Zeitschrift für Sozialforschung* 1 (2004), Heft 1, S. 51–70.

第6章　社会的なものの液状化――リュック・ボルタンスキーとローラン・テヴノーの社会理論について
もともとは次の雑誌において発表された。*WestEnd. Neue Zeitschrift für Sozialforschung* 5 (2008), Heft 2, S. 84–103.

第7章　社会研究としての哲学――デイヴィッド・ミラーの正義論によせて
もともとは次の本の序文として発表された。David Miller, *Grundsätze sozialer Gerechtigkeit*, Frankfurt/New York: Campus Verlag 2008, S. 7–25.

第8章　国家間の承認――国家間関係の道徳的基盤
書き下ろし。

第9章　組織化された自己実現――個人化のパラドクス
もともとは別のタイトルで次のアンソロジーで発表された。Axel Honneth (Hg.), *Befreiung aus der Mündigkeit. Pradoxien des gegenwärtigen Kapitalismus. Frankfurter Beiträge zur Soziologie und Sozialphilosophie*, Frankfurt/New York: Campus Verlag 2002, S. 141–158.

第10章　資本主義的近代化のパラドクス——研究のためのプログラム
もともとは別なタイトルで次の雑誌に発表された。*Berliner Debatte Initial* 15（2004）, Heft 1, Berlin 2004, S. 4–17.

第11章　否定性の仕事——精神分析の承認論的修正
もともとは別なタイトルで次のアンソロジーに発表された。Werner Bohleber und Sibylle Drews（Hg.）, *Die Gegenwart der Psychoanalyse — Die Psychoanalyse der Gegenwart*, Stuttgart: Klett Cotta 2001, S. 238–245.

第12章　私たちのなかの私——集団の駆動力としての承認
もともとは次の雑誌に発表された。*Jahrbuch für Gruppenanalyse*, Band 9, Heidelberg: Mattes Verlag 2003, S. 5–22.

第13章　前社会的自己の諸相——ジョエル・ホワイトブックへの反論
もともとは次の雑誌に発表された。*Psyche* 55（2001）, S. 790–802.

第14章　現実が力を失うとき——慰めの世俗的形態
もともとは次のアンソロジーにおいて発表された。Tiemo Rainer Peters/Claus Urban（Hg.）, *Über den Trost. Für Johann Baptist Metz*, Ostfildern: Matthias-Grünewald-Verlag 2008, S. 30–37.

既に他所で出版されていたテキストは、本書のために校閲し、本書の構成に合うように場合によっては少し修正したり補ったりした。

訳者あとがき

本書は Axel Honneth, *Das Ich im Wir. Studien zur Anerkennungstheorie*, Suhrkamp Verlag Berlin 2010 の邦訳である。著者のアクセル・ホネットの経歴を、簡潔に紹介したい。ホネットは一九四九年ドイツのエッセンで生まれ、ユルゲン・ハーバーマスの研究助手として採用されて以来、比較的若い時代から批判的社会理論の代表者と見なされてきた。彼自身が好むいい方ではないが、「フランクフルト学派第三世代の代表者」と称されることも多い。二〇一七年現在ホネットは、ゲーテ大学フランクフルト・アム・マイン哲学・歴史学科教授、フランクフルト社会研究所所長、国際ヘーゲル学会（Internationale Hegel-Vereinigung）会長をつとめている。二〇一一年からはアメリカ・ニューヨークのコロンビア大学哲学科でも冬学期の間、正教授として教えており、二〇一八年からはフランクフルトを離れ、コロンビア大学の通年の専任職となる。これはホネットが活動の拠点をアメリカ・ニューヨークに移すことを意味しており、それがホネットの理論をどのように変化させるか、またアメリカ批判的社会理論にどのような刺激を与えるかが注目されている。またそれは、トランプ大統領就任後のポピュリズム、ポスト・トゥルースと言われる状況にどのように関わるのだろうか。そこには、批判的社会理論の大衆と切り結ぶ新しい展開可能性が見られるのだろうか。

ホネットの著作としては、既に法政大学出版局から『権力の批判』（Honneth 1989＝一九九二）、『承認をめぐる闘争』（Honneth 1992＝二〇〇三、Honneth 2003a＝二〇一四〔増補版〕）、『正義の他者』（Honneth 2000＝二〇〇五／二〇一三〔新装版〕）、『物象化』（Honneth 2005＝二〇一一）、『再配分か承認か?』（Fraser, Honneth 2003＝二〇一二）、『見えないこと』（Honneth 2003c＝二〇一五）が出版され、本訳もそれに続くものである。さらに『理性の病理』（Honneth 2007）、『自由の権利』（Honneth 2011）、『社会主義の理念』（Honneth 2015）の邦訳も進行中である。未來社からは『自由であることの苦しみ』（Honneth 2001＝二〇〇九）も出版されている。

本書の内容について

それではまず、『私たちのなかの私』の各章の内容を簡単に紹介しよう。

第1章「欲望から承認へ——ヘーゲルの自己意識の基礎づけ」は、ヘーゲル『精神現象学』の「自己意識」章に焦点を当て、「承認」論の基本テーゼを明らかにすることを試みている。それは、ある主体が自分の「自己」の意識に到達しうるのは、他の主体と「承認」の関係に歩み入るときのみのことである、というものである。ホネットは、ヘーゲル『精神現象学』における「欲望」から「承認」への移行を再構成しようとする。自己意識は、欲望の態度において、対象を食い尽くすことによって自分の自立性を確認しようとするが、自己意識は対象に否定的に関係することによってはそれを無きものにすることはできず、かえって対象の自立性を経験せざるを得ない。ホネットはこの自己意識の経験を、ウィニコットの対象関係論において、嬰児が自分の全能幻想からの出口を見出すのが準拠人格の自立性を認めることであることに関係づける。自己意識は自分の自己意識の完成のためには、相手が必要であり、この相手は今度は否定を「自分自身において」行う。二つの主体は、両者が出会う瞬間に、相互に「我欲的な」欲望を制限し道徳的な性格を持つ経験の助けを借りて自分自身に到達する。「承認」とは、まさにこのこと——それぞれの他者のために自分の自己中心的な欲望を互いに制限すること——を示しているのである。

第2章「実現された自由の国——ヘーゲル『法哲学』の構想」は、二〇一一年出版の『自由の権利』につながるヘーゲル『法哲学』の、とりわけ「緒論」を中心とした読解である。まず、ヘーゲルの法概念が非常識的に広いことを示唆したうえで、「緒論」の出発点は、法によって創設される社会システムが正当と見なされるのは、全ての構成員に対して個人の自由の行使を保障できる場合だけであることが確認される。その上で、三つの自由のモデルが提示され、「他のもののうちで自分自身のもとにある」という第三の自由を実現する社会的諸条件を描くことが『法哲学』の目標になること、第一と第二の自由は不十分ではあるが、第三の自由に至るために必要な段階であること、これらの三つの自由のための諸前提が、近代社会の諸制度や慣習的行為のうちにすでに具体化されていると見なされ、その「規範的再構成」が目指されること、自由の各領域間の移行の必然性などが論じられる。

第3章「正義の織物――現代における手続き主義の限界について」において、ホネットはリベラリズムに共通する正義概念を承認論の観点から批判的に解釈することによって、承認論の政治哲学的含意を明確にしようとする。リベラリズムは自由な個人の自律の保証を第一の目標とするが、その正義は結局自律を可能にする何らかの量的な財の公正な分配に帰着する。また「財の公正な分配」は、財の内容とは無関係にかつ構成員の属性から中立の立場からなされる必要があり、その決定過程は「手続き主義」的なものにならざるをえない。さらには手続きによって定められた法を実行力として行使する国家を重視する「国家中心主義」をも帰結する。こうしたリベラリズムの正義に対して、ホネットはそもそもリベラリズムが主張する個人の自律が、自律を支える自己自身の欲求、確信、能力を「追求に値する価値あるもの」と見なしうることによってはじめて可能となると主張する。そしてそうした信念は、他者との間主体的な承認関係においてはじめて与えられるとする。その意味で正義はリベラリズムに見られるように唯一国家の独占物ではなく、織物＝細胞組織（Gewebe）のように社会（たとえば欲求の追求を受け入れる家族や能力の評価を与える職場）に隙間なく織り込まれた間主体的な相互承認関係の実現によって達成されるのである。

第4章「労働と承認――新たな理論的規定の試み」は、グローバル化する資本主義経済のもとで尊厳を持った形態を失っている社会的労働を、もう一度批判的社会理論の枠組みに関係づけることを試みている。ホネットはそれを次の三段階において行っていく。第一に、労働の形態に対する外在的批判と内在的批判との方法論的区別である。ホネットはかつて自ら行っていた、現在の労働の形態を、自己目的的な創造性を持ちロマン主義的とも言える手工業モデルから批判することを、外在的なものとして退ける。社会的労働の実際の組織化のあり方の内在的批判に至りうるのは、労働の現存する形態のなかに実在する道徳規範が考慮に入れられる時である。第二に、それは、社会的労働が近代的成果交換のなかで承認条件に結びつけられたときである。ホネットは、それらの規範を、ヘーゲルが『法哲学』において資本主義的市場経済の孕む問題を、「ポリツァイ（福祉行政）」、「コーポラツィオーン（職業団体）」という二つの補完的組織によって解決したことのなかに求め、①労働が公益への貢献という承認に値する形態を持つこと、②生計を維持することを保障する報酬を得られることとする。またデュルケームを用いて、社会的分業の「公正さ」と「透明性」も挙げられる。第三に、資本主義的経済形式に道徳的な社会基盤が備わっているのは、資本主義的労働市場が社会統合のメディアとして、社会的生活世界の一部として分析される場合であることが分析される。

第5章「イデオロギーとしての承認——道徳と権力の関連について」は、承認の慣習的実践が、主体に自律を可能にせず、従属をもたらし社会的支配を保証する役割を引き受けるのではないかという疑義を取り扱っている。これは、アルチュセールからの、批判的社会理論に対する挑戦に答えようとするものである。承認の正しい道徳的形態とイデオロギー的形態とを区別する基準はなんだろうか。ホネットはそれを次の三段階で解明する。第一に、承認の持つ規範的内容を確定することである。そこでは承認は、私たちが個人や集団の価値特性に肯定的に反応しうる合理的振舞いであるとされる。第二に、社会的承認がイデオロギー機能を果たすことができるために満たさねばならない条件の確定である。イデオロギー機能を果たす価値言明は、諸主体や集団の価値を肯定的に表現しており、当事者にとって信頼に足るものであり、その時々の新しい価値や特別優れた働きを顕彰するという意味で対比を際立たせるものでもなければならない。第三に、イデオロギーの非合理的な核は、価値評価的な約束と実質的な実現との間の不一致に見出される。ホネットはその実例として、新自由主義的な資本主義下で労働者を「労働力経営者」として把握する試みを挙げている。それは生産部門やサーヴィス部門における自律的で柔軟な働き方を示すものでありながら、その実現のための制度上の措置や対策がないのでイデオロギーと言わざるを得ないのである。

ホネットは第6章「社会的なものの液状化――リュック・ボルタンスキーとローラン・テヴノーの社会理論について」において、彼らの大胆な試みの困難と混乱を批判しつつ、その「批判の社会学」の可能性について吟味を加えている。ホネットによれば、近年、社会学の理論的語彙からは、道徳理論的な語彙はほとんど見出せなくなっている。そのなかで、P・ブルデューの社会学に強い影響を受けたボルタンスキーとテヴノーを中心とする集団は、社会統合の問題を道徳的確信のあいだの衝突に満ちた協奏から説明しようとする点で魅力的である。彼らは共著である『正当化の理論』において、個々の行為者が自分たちの行為意図を互いに一致させ、社会秩序の成立に寄与することをいかに理解すべきかという問題に取り組んでいる。しかし、彼らのアプローチはデュルケームのように集合意識を頼りにするのでもなく、経済学のように個々人の行為戦略の偶然的な一致にもよらない。すなわち、相互行為が破綻し、それまで前提とされていた規範的核心を互いに確認し合う場合に照らして、いかなる秩序表象がそもそも存在しているのか、それらがどのように正当化されているのかを明らかにしようとするのである。

第7章「社会研究としての哲学――デイヴィッド・ミラーの正義論に寄せて」は、ミラー『社会正義の諸原理』独訳版の序文である。ミラーの研究は、分配に関する正当な解決が社会の日常において社会的世界のどのような区別によって行われているかを経験的研究をもとに明らかにする。そこでは状況に応じて三つの正義の原理が適用されている。経験的研究によると国民同士の社会関係においては平等原理が優位を示すが、経済生活の領域で、基礎的生活保障が確保されている場合には業績原理が、その確保がされていない場合は必要原理が優先される。より小規模の価値統合がなされた共同体においても必要原理が支配的である。この結果からリベラルで民主的な社会は社会的世界が三つに区分されているとミラーは捉える。必要原理は連帯的共同体で、業績原理は道徳的アソシエーションにおいて、平等原理は法治国家的領域で支配的である。ミラーのこの研究は、支配的な手続き主義的正義論の土台を揺るがし、社会正義に関する私たちの理解に根本的な再考を迫るものである。

第8章「国家間の承認——国家間関係の道徳的基礎」は、国家間関係に承認のカテゴリーを転用することをテーマとしている。それは、日常的直観では、国家間関係における国家の行動を理解するのに、承認願望とか名誉棄損といった半ば道徳的な動機を考慮することが当然なのに、理論においては、目的合理的な利益追求というモデルが支配的であることに対抗している。第一節では、「純粋に記述的な問い」として、国際関係を説明するうえで、承認の次元が重視されるべき理由が論じられる。国家の行為は国民からの支持が不可欠であり、国民には集団としての承認願望があること、承認の規範的次元が自己利益追求の戦略的次元を規定すること、などが論じられる。第二節では、そのようなパラダイム転換から生じる規範的帰結が論じられる。すなわち、国際関係をいかに平和的なものにしていくかという問題との関係で、承認願望に関して政治家や権力者によって作り出される「正当化の物語」がいかに大きな役割を果たしうるかが論じられる。

第9章「組織化された自己実現——個人化のパラドクス」は、その副題が示すように資本主義的近代化がもたらす一つのパラドクスを「個人化」という趨勢命題に即して解明しようとするものである。その意味で、本章は第10章とテーマを共有するきわめて社会学的な色彩の強い論考である。ホネットはまず、個人化という命題の下で多様な現実が包摂されていることを指摘しつつ、戦後実現した個人化の過程を一方の個人のライフコースの多様化という社会的変化と、他方の「ほんもの」の自己の発見、つまり人格的な自己実現という文化的変化の交差として描き出す。本来、こうした個人の選択の自由を伴うロマン主義的な自己実現は、効率性を追求する資本主義の論理とは対立関係にあるが、テイラー主義的労務管理やフォーディズムが衰退し、階統秩序の緩和、チームの自律性、従業員のイニシアティヴを重視するいわゆる新自由主義型の「新しい資本主義」が登場することによって、外的な強制にもとづく「組織化された自己実現」へと変貌する。こうしてロマン主義的な自己実現は資本主義の新しい「生産力」となり、つねに自己実現を強いられる労働者は、鬱病をはじめとする新しい心的な病を抱えるようになる。

第10章「資本主義的近代化のパラドクス――研究のためのプログラム（マーティン・ハルトマンとの共著）」は、前章「組織化された自己実現」を全社会領域に拡大して展開したものであると同時に、ホネットが率いるフランクフルト社会研究所の学際的研究のプログラムという位置づけをもっている。ホネットは個人主義、平等主義、業績主義、ロマン主義的愛という四つの理念が近代化とともに承認領域として制度化されたとする。彼の批判的社会理論において重要な点は、これらの理念＝イデオロギーは常に現実（事実性）を上回る規範的な「過剰効力」（妥当性）を有しているとする点である。したがって、社会の構成員はこれら四つの理念に訴えかけることにより、資本の論理に抗して自らの要求の承認と実現を迫り、現実の社会秩序の地平を超え出ることができる。つまり、資本主義は一方の強制的な価値増殖というメカニズムと他方の過剰効力を有した対抗的な承認構造（理念）のダイナミズムを内包しているのである。その結果、「社会民主主義」の時代にはこれらの理念が資本の価値増殖運動を抑制する形で規範的進歩をもたらしたが、新自由主義的革命の下では価値増殖運動に組み込まれ、パラドクシカルにかつての規範的進歩を破壊し、社会の脱連帯化を推し進めるようになる。

第11章「否定性の仕事――精神分析の承認論的修正」は、精神分析における「否定性」の問題の位置価を明らかにしようとする。社会の批判理論は、社会事象をつくる行為主体としての人間が自身の行為の意味を十分に理解した意識的、合理的な存在ではなく、主体自身に十分に意識化されない衝動や情動に動かされる存在であると想定する。そういう人間把握において批判理論は精神分析の知見と結びついてきた。精神分析の各種の潮流のうちでも、さまざまな他者との相互関係のなかで心が組織されるプロセスに注目する対象関係論は、相互行為の社会的形態に関心を寄せる社会理論との接合が容易である。対象関係論との接合により、人間のもつ「否定性」、人間の社会に対する根本的な適応不全の側面が過小評価されてしまうとの議論があるが、対象関係論の立場では、人間の「否定性」は、死の欲動のような社会化と無関係な内因的要素としてではなく、人間の社会化のプロセスのなかで生じる必然的帰結として捉えられる。対象関係論との接合によっても、人間のもつ「否定性」は把握可能である。

第12章「私たちのなかの私——集団の駆動力としての承認」は、個人の承認にとって集団の持つ意味を明らかにしようとする。集団に関しては、フロイトからカネッティを経てアドルノに至る退行的な大衆のイメージによる否定的な見方と、アメリカの社会心理学やコミュニタリアニズムにおける肯定的な見方とが対抗していた。それに対してホネットはひとまず、集団を諸個人の人格的安定や成長を助けるゆえにその心理的欲求や利害関心のなかにある社会的メカニズムとして捉える中立的な立場を提起する。ホネットはこの立場を、次の三段階において展開・修正していく。第一に、ホネットによれば、諸個人がその成長の過程のなかで依拠する承認の形態は、集団の構成員であることに対応している。しかし、この過程も、無意識のダイナミズムから離れて自由であるかのように理想化されてはならない。第二に、ホネットは、ウィニコットの対象関係論の共棲的一体化や移行対象の理論を参照しつつ、それを集団の体験に拡張する。そこでは、集団の融合体験が、諸個人が共棲状態から離れていく隔たりに耐えるためになされる退行的傾向と規定される。第三に、集団における振舞いは、個人的な人格障害の浸透を受けるとき、コミュニケーション過程の病理化に至り、破壊的な結果を引き起こす投影やファンタジーからも影響を受けるのである。

第13章「前社会的自己の諸相——ジョエル・ホワイトブックへの反論」は、ホワイトブックのハーバーマス以後の批判理論に対する疑問・非難に答えようとするものである。ハーバーマス以後の批判理論は間主体主義的転回を遂げ、主体のアイデンティティーと人格構造がひとえに社会的承認の過程によって生成するものと把握する。その際ホワイトブックが問うのは、主体の中にある否定性、社会に敵対的、逸脱的な衝動はどのように説明することができるのかという疑問である。それに対してホネットは、最近の対象関係論では嬰児が母親と自身の区別を意識していない段階に抱くとされる、全能性の感覚は否定され、母親を他者と意識したうえでケアを受ける融合が体験されていると捉える。この融合経験が心身の安心感についての心理的期待図式を形づくる。成長し現実感覚が育つにつれ、その心理的期待は裏切られることが増えるが、この期待図式が主体の深部に宿り生涯にわたって作用し続ける。主体の内の否定性はそのような形で読み替えられる。この期待図式の出発点となる融合体験はあらゆる承認経験の「ゼロ地点」であり、成長した主体が相互承認を求める原動力となるのである。

第14章「現実が力を失うとき——慰めの世俗的形態」は、私たちが近親者の死や自然災害などに直面した時、かつては宗教的信仰が与えてくれた慰めを、今日私たちはどのように得るのか、という問いに関わっている。まったくの自然主義者となった現代人は、死後の魂の存続を真面目に信じてはいない。にもかかわらず、死者が身近にいるかのように語りかけたり、魂の不死を暗黙の前提としている葬儀に参列しても不審の念をいだくどころか、心を動かされたりする。合理的啓蒙からの一時的退行というべきこの現象に精神分析の内部で積極的な説明を与えるのがウィニコットの「移行対象」の概念である。幼児は、外界の独立性に対する自身の欲求不満を処理するために、移行対象を利用して内的体験と客観的現実のあいだの境界世界を築く。希望のままになる世界の可能性と戯れることによって、外的現実の圧力から身を守ろうとする。現実の受容とは終生続く課題であり、成人もときに死という過酷な現実の経験を乗り越えるために現実と願望のあいだの境界世界をつくりあげる。それは一種の認知的退化であるが、同時に生の啓蒙的な克服でもある。

本書の位置づけと課題

ホネットの理論における本書の置かれている位置、課題、その特徴はどのようなものだろうか。ここでは数点のみを取り上げて検討したい。

第一に、本書のタイトルになっている『私たちのなかの私』の意味するものについてである。それは、「私（自我）」と「私たち（共同体）」との関係を指していることは容易にわかるが、「私」が「私たち」のなかに埋没しているとするのだろうか。それとも、「私」は自立しているが自己実現しうるためには他者との関係が必要であるとするのか。答は後者であろう。ホネットはあるインタヴューの中で、個人の自己決定を重視するリベラリズムと、諸個人の具体的生活形式（習慣と徳）についての共同理解を視野に入れるコミュニタリアニズム（共同体主義）と自身の理論の位置関係を問われて、次のように答えていた。

この答に関係する私自身の構想は、個人の幸福の本質的な諸条件のなかにまさに承認の区分された諸形態を含めるので、いうなればコミュニタリアニズムと強い個人主義的アプローチとの間にあると言えます。そしてこの承認は、三つの異なる社会関係モデルを含んでいます。その限りにおいて私は、自分が強い意味でのコミュニタリアンであるとはけっして言うことができません。（Honneth 2003b, 一〇九頁）

この言葉によれば、ホネット自身は、リベラリズムとコミュニタリアニズムの両者の強いバージョンを排して、それらをより高次の立場で総合するものと言えるだろう。その限り、「私」と「私たち」の関係も、「私」が自己実現し成功した生に至りうるのは、「私たち」になかで他者に承認されてのことであり、課題は両項のバランスのうちにあると考えられる。

ホネットのこのスタンスは、諸個人の自己実現の条件を承認論として追求する彼独自の正義論の構想に見られる。本書第3章「正義の織物」において、ホネットは、（J・ロールズを始めJ・ハーバーマスも含まれる）既存の個人主義的リベラリズムの正義論を過度に手続き主義的なものと捉え、個人の自律を可能にするために、それに先立って各人の欲求等が価値あるものとして相互承認されることを主張している。本書第7章「社会研究としての哲学」においてはホネットは、D・ミラーの著作を題材に、手続き主義的正義論を乗り越えるために、連帯的共同体における必要原理、道徳的アソシエーションにおける業績原理、法治国家的領域における平等原理の総合を企てている。ここでは手続き主義的正義論は、法治国家の段階のみを射程に入れた狭いものと理解されることになろう。

本書と同名の論文、第12章「私たちのなかの私」は、この個人と集団（共同体）の関係を、精神分析の成果と、アメリカのコミュニタリアニズム等の試みを総合する形で扱っている。そこでは、集団は諸個人の人格的安定や成長を助けるゆえにその心理的欲求や利害関心のなかにある社会的メカニズムであると捉えられる。ホネットはウィニコットの対象関係論を参照しながら、集団の融合体験が、共棲状態から離れていく隔たりに耐えるための「退行」的傾向によると考える。しかし、ホネットはこのような集団の役割を両義的に捉えている。「自我は成熟した後でもまだ、直接的な励ましや確認という緊密な性格を持つ社会的承認の形式に依拠しているから、自我（das Ich）は共通の集団体験である私たち（das Wir）を探す」（本書、三一一頁）。一方では、自我の自己尊敬や自己価値感情も、自我が集団において支持される経験がなければ維持されない。しかし他方で、その集団が、早期の軽蔑経験やネグレクトによって攻撃潜在可能性を持ったパーソナリティ・タイプに主導されるならば、集団は病理的な役割を果たしうる。この集団分析は、今日の移民排斥に繋がるポピュリズム的現象を理解しやすいものとするだろう。

第二に、本書のホネットの思想形成における位置づけである。本書に集められた論文が書かれた経緯については、本書「序文」において端的に述べられている。つまり、それらの論文は、『承認をめぐる闘争』（初版、Honneth 1992）で最初に定位されたヘーゲル的アプローチの解釈を、さらに様々な方向に展開するなかで書かれた。ことにその後の進展のなかでは、ナンシー・フレイザーとの論争『再配分か承認か？』（Fraser, Honneth 2003）、タナー講義『物象化』（Honneth 2005）が大きな役割を果たした、とされる。これらがホネットの思想形成にどのように影響したかは、彼自身は「序文」で明確に語っていないが、推論することができる。フレイザーとの論争では、ホネットの普遍的な人間学的本質を捉える形式的人間学のアプローチと、フレイザーのあくまで歴史的な社会制度に注目する批判的社会理論との対決が一つの大きな焦点となっていた。英語版の『物象化』では、ホネットの論文のほかにジュディス・バトラー、レイモンド・ゴイス、ジョナサン・リアの批判的コメントが所収されており、それらはともにホネットの持つ人間学的前提に対する疑問を指摘している（Honneth 2008）。本書「序文」によれば、ホネットは、これらの批判や論争に大いに刺激されつつ、本書所収の論文を、ヘーゲル承認論の再構成、正義概念の新しい理解、社会化と個人化との新規定、経験的な研究成果を取り入れた規範的諸問題の取扱いの観点から執筆した。そして、本書のさらに先には、歴史的・コンテクスト的記述方法を採用した『自由の権利』（Honneth 2011）がある。この記述方法は、同書の「社会的自由」を三領域にしたがって具体的に記述している箇所で顕著である。このように考えていくと、ホネットは、『承認をめぐる闘争』の普遍主義的形式的人間学の方法論から、『自由の権利』における歴史的・コンテクスト的方法論へと大きく転換していったように見える。その経緯を、両著書の中間の二〇〇三年に出版された『承認をめぐる闘争（増補版）』の増補した論文「承認の根拠――批判的な反問に対する応答」は語っている。

ただし、当時、わたしの著作〔『承認をめぐる闘争（初版）』――引用者〕では、これら三つの様相（愛、法（権利）、連帯という三つの承認様相――引用者）が人間学的な定数ととらえられるものなのか、それとも歴史過程によってもたらされたものなのかをめぐって、どのように概念規定すべきなのかについて，なんらかの解決をみていたわけではなかった。〔…〕その間に、わたしは、人間学的な初発条件と歴史的な可変性とを、当初のアプローチよりもはるかに明確に区別するようになっていた。諸個体は、相互承認によってのみ社会の成員になっていくのであり、したがって、積極的な自己関係をつくりあげていくようになるということに人間の生活様式全体が規定される一方で、規範によって規制される行動領域が分化していく過程で、相互承認の形式も、その内容も、変化していくのである。（Honneth 2003, 二四八頁）

つまりホネットは、『承認をめぐる闘争』の後では次第に、形式人間学的な相互承認論の普遍主義的理解と、社会が歴史的可変性に合わせて変化していくにしたがって相互承認の形式も変化していくとする歴史的・コンテクスト的理解とを区別していくようになるのである。『自由の権利』は、特に後者の視点から歴史的に展開する社会制度における規範の発展を記述したものであると考えられる[(1)]。本書は、両者の方法論の端境期を示すものであり、ここに所収された諸論文は、ホネットのその重点の変化の過程を示すドキュメントであると言えるだろう。

第三に、本書と『自由の権利』の構想との連続性に関してである。『自由の権利』においては、「規範的再構成」が歴史的記述の全体を貫く基本的方法論として採用されており、本書においては随所でそれへの橋渡しとなる構想が見られる。

まず、『自由の権利』における「規範的再構成」の方法についてである。それは、社会において現実的歴史的に展開される諸規範・諸価値から社会的正義を導出する構想である。ホネットはその四つの前提を指摘している。

①社会の再生産は、人々によって共有される基本的諸理想と諸価値の方向性に規定されている。(Honneth 2011, S. 18)

②正義の構想は、これらの諸価値から切り離しては理解されえない。社会的実践や制度のうちにあるものは、一般的に受け取られた価値を実現している限り、「正しい(gerecht)もの」として妥当する(Honneth 2011, S. 30)。

③私たちは、社会的現実の多様性のなかから、一般的諸価値を現実化するのに適した諸制度や実践を選ぶ(Honneth 2011, S. 30)。

④規範的再構成の手続きがいつも、批判的適用のための機会をも持っている(Honneth, 2011, S. 27)。

社会の規範的再構成は、①から④の前提によって、「社会における諸理想・諸価値の定立——正義の具体化——現実の社会制度の間の選択——現実の批判」の過程によって行われる。ホネットは正義論を、その諸規範が歴史において動的に対立を孕んで社会制度において展開するものとして捉えるのである。

本書においては、この規範的再構成の方法に繋がるものは、第5章「イデオロギーとしての承認」において語られる、承認における「控えめな価値実在論」(本書、一二四頁)の構想であろう。詳しくは本文に当たっていただきたいが、ここではごく簡略に触れておく。ホネットはそこで、承認を、相手を一定の仕方で肯定するという意図を反映する実践的振舞いの様々な形態の類として把握する。その上で、承認についての「付加モデル」(本書、一二一頁)と「受容モデル」(本書、一二二頁)とを区別する。承認の付加モデルにおいては、ある個人や集団が持っている肯定的な特質が私たちの承認の行為によって構成的にはじめて作られると考えられる。それに対して、受容モデルにおいては、ある個人や集団が既に持っている肯定的特質が付随的に確認されたり公的に知らされたりするとされる。前者の場合はアドホックな相対主義に、後者の場合は価値実在論に至りつく危険がある。しかしホネットが選択するのは、両者のモデルをより高いレヴェルで総合する「控えめな価値実在論」の立場である。それは、私たちが、それらの価値が歴史的変化にさらされる性質を持つ生活世界的な確信を示していると考え、社会的生活世界が、諸主体がある特質を連続的に身につけることによってそのなかへと社会化される「第二の自然」のようなものとして把握するものである。つまり、この立場においては、承認は、相手に特性を付与する付加モデルでなく、また相手の特性を受け入れるだけの受容モデルでもなく、「第二の自然」としての社会的生活世界のなかで諸価値に関わる主体相互の応答の過程であると考えられる。

しかしホネットによれば、この「控えめな価値実在論」においても、「承認概念の規範的目標と根本的には一致しない相対主義の危険」(本書一二四頁)が生じる。なぜなら、承認の適切さが測られる諸価値がその規範的妥当性をそれぞれ唯一の文化に対してだけ持っているように見えるからであり、つまり様々な諸文化の多様性を受け入れることになりそれらを相互に比べることができなくなるからである。ホネットはこのような相対主義を退けるために、「強固な進歩思想」(本書一二五頁)を導入する。つまり、それに基づくことによって人間的価値特性が文化的に変化する中にも、承認文化の超歴史的妥当性についての判断が可能となるのである。

ホネットがこのように「進歩」や「歴史的目的論」（Honneth 2011, S. 22）について語ることは、『自由の権利』の理解の係争点ともなっている[2]。ホネットはどのように歴史全体を俯瞰する目的を語りうるだろうか。歴史の進歩、または退歩をもたらすものとそうではないものとを、どのように区別できるのか。「規範的再構成」の方法において、諸個人は様々に普遍的価値を具体化し、具体的な現実的諸制度に批判を行う。しかしその際、相対立する社会運動に二つの方向性があった場合、どちらがどのような立場から正しいと言えるのだろうか[3]。「歴史の目的」、「進歩」の概念はホネット理論にとってなくてはならないものである。その捉え方をめぐって今後論争がなされていくことだろう[4]。

第四に、ホネットは本書で、隣接する他の経験的研究成果を取り入れる形で規範的諸問題を扱うとしている。そのなかには、新自由主義における社会的労働の形態の批判、個人化等の社会学的説明、対象関係論の精神分析学的成果、国際関係についての政治学的成果までもが含まれているが、ここではホネットがことに最近集中していると思われる新自由主義批判を取り上げよう。

ホネットが前回日本来日時にシンポジウム・テーマ[5]でも取り上げた本書第4章「労働と承認」は、まさに新自由主義資本主義経済のもとで、派遣労働、パート労働、在宅労働等が増加し尊厳を維持しにくくなった状態を、批判的社会理論がどのように批判するのか、に関わっている。ホネットはそこで、批判的社会理論がその第一世代のアドルノから第二世代ハーバーマスに至るまで、労働をその理論の射程から外してきたことに根本的に批判を加える形で、批判的社会理論の再活性化を図ろうとする。その際ホネットは、資本主義的市場経済を批判的にその人倫論に摂取したヘーゲルの「コーポラツィオーン論」やデュルケームの「社会分業論」にまで遡及し、二つの規範――個々の労働の形態が公共善への貢献と見られるような尊厳を持った形態でなければならないこと、生計を維持することを保証する十分な報酬を得られねばならないこと――を抽出する。

「第5章　イデオロギーとしての承認」においては、労働の新自由主義的形態として「労働力経営者」が取り上げられている。これは労働者が、位階制のフラット化、チームの自律性、自分のキャリアを自己設計しコントロールすること等の観点から扱われる場合であり、日本でも最近の新自由主義的労働市場で強調されている論点を含んでいる。しかし、ホネットは、労働力経営者の構想が、その実現のための制度上の措置や具体的対策がないことから、イデオロギーであると喝破している。

近著『自由の権利』においては、本書で考究された様々な新自由主義の特徴が、理念と現実との拮抗する歴史的に展開する運動として具体的に記述されている。そこでは、単に西欧先進国の戦後の展開が語られるだけでなく、一九九〇年以降、金融・資本市場の命法が次第に自働化し、賃労働者の持つ規範的身分を侵食していく様が描かれている（Honneth 2011, S. 456）。ホネットによれば、賃金水準は労働によって与えられる社会的価値評価のシンボル的表現であり、賃金の低下と雇用の非正規化は、「集合的に経験される承認の喪失の指標」（a. a. O.）を示している。それにも関わらずごく最近まで、社会的労働の領域では大規模な反抗が沈黙化させられ抵抗も個人的なものに限られていた。ホネットはその背後にあるものとして、労働者が自分の職業的運命に責任があるという自己責任原則を見るのである。ホネットは、新自由主義のこのような状況に対抗し、新たな労働の規範を定立する根拠として、グローバルに展開される反資本主義的な社会運動を挙げている。

以上、本書の位置や論点について四つほど述べた。本書の様々な論点は集約されて練り上げられ『自由の権利』に至ることになる。ともすれば、規範主義的であり、国民国家の視点を強く残しているとも言われるホネットの理論が、現実にグローバルに貫徹する新自由主義とその理論に対してどの程度の説得力を持つかは、現在様々な国際会議等で議論がなされている。(6) これらの議論は、社会の実在性のなかで新しい労働の形態の規範性を描くことに至るのであり、それは近著『社会主義の理念』（Honneth 2015）へと繋がって行くと言えるだろう。ホネットは二〇一八年以降、ニューヨークを本拠地として活動することになる、と述べた。現在アメリカでは、トランプ大統領が就任すると同時に、それに対抗する様々な対抗的社会運動も起きている。例えば、それに先立つ民主党大統領予備選挙での、民主社会主義者を自称するバーニー・サンダースの善戦もその一例であろうし、トランプ大統領就任直後の、エスニシティ・ジェンダーへの差別に反対する全米女性行進は、五〇万人をワシントンで、八〇か国で四七〇万人を集結させたという。(7) 批判的社会理論がニューヨークの地で今後どのような議論を起こし、抵抗運動と結びついていき、どのような理論的結実を見るのか、が今後注目される。

最後に翻訳の分担について記しておく。本書の翻訳に参加した五人は、ともにホネットの理論に関心を持ち共同研究を行っている。それは、この五人がともに、批判的社会理論研究会に参加していることからも分かる。基本的には次の役割分担で訳稿を作ったが、すべての章について他の訳者による確認を細部にまで行っている。また、校正段階において日暮がすべての原稿を確認し主要ターミノロジーの統一を図ったが、各訳者の個性を尊重した部分もある。また、訳者あとがきについては、本書の各章の内容紹介は基本的にそれぞれの担当者が執筆し、日暮が全体をまとめ、それ以外の部分を執筆した。

日暮雅夫　序文、第1章、第12章
三崎和志　第7章、第11章、第13章、第14章
出口剛司　第3章、第9章、第10章
庄司信　第2章、第8章
宮本真也　第6章
日暮雅夫／宮本真也　第4章

日暮雅夫／庄司信　第5章

なお本翻訳書の刊行を企画した法政大学出版局編集部の方々、そして前田晃一氏には改めて感謝したい。

訳者を代表して　日暮雅夫

二〇一七年四月

注

（1）筆者は二〇一三年秋学期に、ホネットが教鞭をとるコロンビア大学哲学科で客員研究をする機会があった。その時、ホネットにインタヴューし、フレイザーとの論争を成果を聴いたところ、ホネットは相互承認が歴史的社会制度のなかで具体的な形態を取ることに着目したことをあげていた。また筆者の『自由の権利』は、人間学的方法から歴史的・コンテクスト主義的方法に変化したのか」という質問したのに対して、ホネットは「人間学的方法は後景に退いたのであって無くなったわけではない」と答えていた。

（2）この問題を扱っているものとして以下参照。Allen 2016.

（3）クラーセンは、ホネットが、市場を規範のなかに再埋め込み化しようとする社会民主的運動と、新自由主義を前進させるティーパーティのような運動との間で前者を選ぶことには根拠が示せていない、として批判を加えている(Claassen 2014, S. 75f.)。

（4）日暮 2016 を参照。

（5）アクセル・ホネット教授招待講演、明治大学ジェンダーセンター開設記念シンポジウム、明治大学リバティタワー、二〇一〇年三月二十二日。

（6）その一つとして、二〇一二年三月アムステルダム大学において、R・セリカテスとB・レスラーによってワークショップが組織され、その報告集が *Krisis* の一巻として公開されている。以下参照。*Krisis, Journal for contemporary philo-*

sophy, Issue 1, www.krisis.eu. http://krisis.eu/wp-content/uploads/2013/04/krisis-2013-1-00-complete-issue-1.pdf（閲覧日二〇一七年四月九日）。

（7） 朝日新聞二〇一七年一月二十三日朝刊一頁。

参考文献

Allen, Amy. 2016. *The End of Progress. Decolonizing the Normative Foundations of Critical Theory*, New York: Columbia University Press.

Claassen, Rutger. 2014. “Social Freedom and the Demands of Justice: A Study of Honneth’s Recht der Freiheit.” In: *Constellations*, Volume 21, Number 1.

Fraser, Nancy, Axel Honneth. 2003. *Umverteilung oder Anerkennung? Eine politisch-philosophische Kontroverse*, Frankfurt/M.: Suhrkamp.（ナンシー・フレイザーとの共著『再配分か承認か？——政治・哲学論争』加藤泰史監訳、法政大学出版局、二〇一二年）

日暮雅夫 2016.「ホネット『自由の権利』における「社会的自由」の境位」（日暮雅夫／尾場瀬一郎／市井吉興編『現代社会理論の変貌——せめぎ合う公共圏』、ミネルヴァ書房、二〇一六年所収）

Honneth, Axel. 1989. *Kritik der Macht. Reflexionsstufen einer kritischen Gesellschaftstheorie*, Frankfurt/M.: Suhrkamp.（『権力の批判——批判的社会理論の新たな地平』河上倫逸監訳、法政大学出版局、一九九二年）

——. 1992. *Kampf um Anerkennung. Zur moralischen Grammatik sozialer Konflikte*, Frankfurt/M.: Suhrkamp.（『承認をめぐる闘争——社会的コンフリクトの道徳的文法』山本啓／直江清隆訳、法政大学出版局、二〇〇三年）

——. 2000. *Das Andere der Gerechtigkeit. Aufsätze zur praktischen Philosophie*, Frankfurt/M.: Suhrkamp.（『正義の他者——実践哲学論集』加藤泰史／日暮雅夫他訳、法政大学出版局、二〇〇五年／二〇一三年〔新装版〕）

——. 2001. *Leiden an Unbestimmtheit. Eine Reaktualizierung der Hegelsschen Rechtsphilosophie*, Stuttgart: Reclam.（『自由であることの苦しみ——ヘーゲル『法哲学』の再生』島崎隆／明石英人／大河内泰樹／徳地真弥訳、未來社、二〇〇九年）

——. 2003a. *Kampf um Anerkennung. Zur moralischen Grammatik sozialer Konflikte. Mit einem neuen Nachwort*, Frankfurt/M.: Suhrkamp.（『承認をめぐる闘争——社会的コンフリクトの道徳的文法（増補版）』山本啓／直江清隆訳、法政大学出版局、二〇一四年）

——. 2003b. 日暮雅夫／岩崎稔「批判的社会理論の承認論的転回——アクセル・ホネットとのインタビュー」（永井彰／日暮雅夫編『批判的社会理論の現在』、晃洋書房、二〇〇三年所収）。
——. 2003c. Unsichtbarkeit. Stationen einer Theorie der Intersubjektivität（『見えないこと——相互主体性理論の諸段階について』宮本真也／日暮雅夫／水上英徳訳、法政大学出版局、二〇一五年）
——. 2005. *Verdinglichung. Eine anerkennungstheoretische Studie*, Frankfurt/M.: Suhrkamp.（『物象化——承認論からのアプローチ』辰巳信知／宮本真也訳、法政大学出版局、二〇一一年）
——. 2007. *Pathologien der Vernunft. Geschichte und Gegenwart der Kritischen Theorie*, Frankfurt/M.: Suhrkamp.
——. 2008. *Reification. A New Look at an Old Idea*, New York: Oxford University Press.（*Verdinglichung* の英訳）
——. 2011. *Das Recht der Freiheit*, Berlin: Suhrkamp.
——. 2015. *Die Idee des Sozialismus*, Berlin: Suhrkamp.

ニューハウザー Neuhouser, F. 14, 29n, 39
ネッケル Neckel, S. 272

ハ行

パーソンズ Parsons, T. 111n, 145, 146, 174, 176, 230, 237, 251, 252, 256, 270, 271
ハーバーマス Habermas, J. 78n, 79n, 83n, 86, 92, 93, 95, 146, 258, 284, 286, 317, 323, 324
ハイデガー Heidegger, M. 162
バトラー Butler, J. 114
バリント Balint, M. 309
ハルトマン Hartmann, M. 4, 266
ピアジェ Piaget, J. 284, 294, 298
ビオン Bion, W. R. 310
フィヒテ Fichte, J. G. 12, 16, 30, 32, 33, 80n
フーコー Foucault, M. 68, 135, 236
フランクフルト Frankfurt, H. 36
ブランダム Brandom, R. B. 12
ブラント Brandt, W. 221
ブルデュー Bourdieu, P. 146, 147, 176, 243
フレイザー Fraser, N. 1
プレスナー Plessner, H. 17
ブレヒト Brecht, B. 8
フロイト Freud, S. 282, 287, 288, 289, 293, 295, 308, 309, 314, 316, 317, 319, 320, 335, 337–39, 342
フロム Fromm, E. 283, 289
フンボルト Humboldt, W. v. 31
ヘーゲル Hegel, G. W. F. 1–4, 8–28, 29n, 30–47, 69, 82n, 83n, 95–109, 112n, 119, 192, 202, 203, 214, 223, 227, 333n
ベック Beck, U. 233
ヘッセ Hesse, H. 236
ベル Bell, D. 237, 238
ヘルダー Herder, J. G. 229
ヘンリッヒ Henrich, D. 317, 321, 322, 325
ボウルビィ Bowlby, J. 287, 288
ボシュエ Bossuet, J. -B. 158, 159
ホッブズ Hobbes, T. 158, 314, 316, 319
ポラニー Polanyi, K. 99, 100
ホルクハイマー Horkheimer, M. 283, 285, 309
ボルタンスキー Boltanski, L. 3, 146–55, 157, 158, 160–73, 175, 176, 178n, 181, 242, 256, 257
ホワイトブック Whitebook, J 5, 292n, 314–22, 324–26, 328, 329, 333n

マ行

マーシャル Marshalls, Th. H. 267, 278n
マルクーゼ Marcuse, H. 283, 314
ミード Mead, G. H. 148, 297, 298, 323, 324, 326
ミラー Miller, D. 3, 83n, 154, 179–99
ミラー Miller, H. 236
メルロ＝ポンティ Merleau-Ponty, M. 162

ラ行

ルカーチ Lukács, G 8
ルソー Rousseau, J. -J. 32, 33, 62, 80n, 157, 158
ロールズ Rawls, J. 52, 80n, 81n, 82n, 179, 183, 187, 197
ローレンツァー Lorenzer, A. 286
ロック Locke, J. 32, 41, 160
ロラン Rolland, R. 338

人名索引

ア行
アウグスティヌス　Augustinus, A.　158
アドルノ　Adorno, Th.　239, 283, 290, 293, 308, 311, 314
アルチュセール　Althusser, L.　114, 115, 118, 121, 127, 143n
イーグル　Eagle, M.　287
イロウズ　Illouz, E.　274
ヴィトゲンシュタイン　Wittgenstein, L.　113, 323, 324
ウィニコット　Winnicott, D. W.　21, 22, 25, 291, 296, 302–06, 320, 330, 339–41
ヴェーバー　Weber, M.　40, 145, 146, 226, 227, 233, 256
ウォルツァー　Walzer, M.　52, 168, 181
エーレンベルク　Ehrenberg, A.　244, 270
エリクソン　Erikson, E. H.　297
オバマ　Obama, B.　212

カ行
カステル　Castel, R.　84
カストリアディス　Castoriadis, C.　291
カヴェル　Cavell, S.　119
カント　Kant, I.　11, 12, 16, 25, 26, 30, 32–34, 41, 43, 44, 62, 80n, 119, 128, 160, 316, 317
ギデンズ　Giddens, A.　233, 238
キャンベル　Campbell, C.　235
ギュンター　Günther, K.　268
キルケゴール　Kierkegaard, S.　229
ケルゼン　Kelsen, H.　207–09, 211
ケルンベルク　Kernberg, O. F.　309
コールバーグ　Kohlberg, L.　284
コジェーヴ　Kojève, A.　8, 29n

サ行
サックス　Sacks, M.　317, 323
サン＝シモン　Saint-Simon　158
シャペロ　Chiapello, E.　178n, 242, 256, 257
シュライエルマッハー　Schleiermacher, F.　229
シュローア　Schroer, M.　230
ジョイス　Joyce, J.　336
ジンメル　Simmel, G.　228–31, 233, 237, 238, 244
スターン　Stern, D.　288, 320–22, 325
ストローソン　Strawson, P.　198
スピッツ　Spitz, R.　287, 288
スミス　Smith, A.　68, 159
セネット　Sennett, R.　300

タ行
ディディオン　Didion, J.　336
テイラー　Taylor, Ch.　52, 156, 231
テヴノー　Thévenot, L.　3, 146–55, 157, 158, 160–73, 175, 176, 181
デューイ　Dewey, J.　148, 324
デュルケーム　Durkheim, E.　40, 82n, 87, 102–09, 111n, 112n, 143n, 145–47, 226, 227, 230, 306
ドレーゲ　Dröge, K.　272

ナ行
ニーチェ　Nietzsche, F.　229

著者

アクセル・ホネット（Axel Honneth）
1949年ドイツのエッセンで生まれる。1983年にベルリン自由大学で哲学の博士号を取得。現在はゲーテ大学フランクフルト・アム・マイン哲学・歴史学科教授、フランクフルト社会研究所所長、コロンビア大学哲学科教授、国際ヘーゲル学会会長を務める。フランクフルト学派第三世代の代表的存在。邦訳された主な著作に、『権力の批判——批判的社会理論の新たな地平』、『承認をめぐる闘争——社会的コンフリクトの道徳的文法〔増補版〕』、『正義の他者——実践哲学論集』、『物象化——承認論からのアプローチ』、『見えないこと——相互主体性理論の諸段階について』、ナンシー・フレイザーとの論争的共著『再配分か承認か？——政治・哲学論争』（以上、法政大学出版局）、『自由であることの苦しみ——ヘーゲル『法哲学』の再生』（未來社）がある。

《叢書・ウニベルシタス　1056》
私たちのなかの私
承認論研究

2017年5月30日　初版第1刷発行

アクセル・ホネット
日暮雅夫／三崎和志／出口剛司／庄司 信／宮本真也 訳
発行所　一般財団法人 法政大学出版局
〒102-0071 東京都千代田区富士見2-17-1
電話03(5214)5540 振替00160-6-95814
印刷：平文社　製本：積信堂

Printed in Japan

ISBN978-4-588-01056-9

訳者

日暮雅夫（ひぐらし　まさお）

1958年生まれ。立命館大学産業社会学部教授。社会哲学。主な著作に、『討議と承認の社会理論――ハーバーマスとホネット』（勁草書房、2008年）、『現代社会理論の変貌――せめぎ合う公共圏』（共著、ミネルヴァ書房、2016年）、アクセル・ホネット『見えないこと――相互主体性理論の諸段階について』（共訳、法政大学出版局、2015年）など。

三崎和志（みさき　かずし）

1963年生まれ。東京慈恵会医科大学医学部教授。哲学。主な著作に、『西洋哲学の軌跡――デカルトからネグリまで』（共編、晃洋書房、2012年）、『マルクスの構想力――疎外論の射程』（共著、社会評論社、2010年）、コンラート・オット／マルチン・ゴルケ編『越境する環境倫理学――環境先進国ドイツの哲学的フロンティア』（共訳、現代書館、2010年）など。

出口剛司（でぐち　たけし）

1969年生まれ。東京大学大学院人文社会系研究科准教授。理論社会学、社会学史。主な著作に、『エーリッヒ・フロム――希望なき時代の希望』（新曜社、2002年）、『作田啓一 vs. 見田宗介』（共著、弘文堂、2016年）、「『ポスト真実』における社会学理論の可能性――批判理論における理論の機能を手がかりにして」（『現代思想』2017年3月号）など。

庄司 信（しょうじ　まこと）

1958年生まれ。日本赤十字秋田看護大学非常勤講師。社会哲学・社会学。主な著作に、「自己形成論序説」（秋田経済法科大学編『経済学部紀要』第28号、1998年）、ユルゲン・ハーバーマス『自然主義と宗教の間――哲学論集』（共訳、法政大学出版局、2014年）、クリスティアン・ボルフ『ニクラス・ルーマン入門』（単訳、新泉社、2014年）など。

宮本真也（みやもと　しんや）

1968年生まれ。明治大学情報コミュニケーション学部准教授。社会哲学、社会理論。主な著作に、『コミュニケーション社会学入門』（共著、世界思想社、2003年）、アクセル・ホネット『物象化――承認論からのアプローチ』（共訳、法政大学出版局、2011年）、シュテファン・ミュラー゠ドーム『アドルノ伝』（共訳、作品社、2007年）など。